학민글밭 • 70 **과학의 원수**

저 자 | 계봉우 주해자 | 김학민 펴낸이 | 김학민 펴낸곳 | 학민사
1판 1쇄 | 1999년 6월 10일 주소 | ㉾ 121-080 서울시 마포구 대흥동 303번지
전화 | 716-2759, 702-3317 팩시밀리 | 703-1494 등록번호 | 제10-142호
등록일자 | 1978년 3월 22일 천리안 | hakminsa ISBN 89-7193-107-8(03380)
• 잘못 만들어진 책은 구입하신 서점에서 바꿔드립니다.
• 값 8,000원

과학의 원수
科學 怨讐

학민글밭 • 70

과학의 원수

계봉우 지음

김학민 주해

학민사

□ 편집자의 말

이 책 『과학의 원수』는 계봉우 선생의 1930년 미발표 원고 노트를 간행한 것이다.

북우 계봉우 선생은 대한민국의 일반인들에게는 잘 알려져 있지 않은 일제 하의 역사학자이자 국문학자이고, 교육자이며 독립운동가이다.

그는 1880년에 태어나 일제가 조선을 병탄한 1910년에 북간도로 망명한 뒤 연해주 · 만주 · 상해 · 중앙아시아 등 이국땅을 떠돌다가 1959년 카자흐스탄 크즐오르다에서 영면하기까지 독립운동과 교육, 그리고 민족사 정립에 평생을 바쳤다.

1920년 상해에서 한인사회당에 입당하여 사회주의 운동에 가담했지만, 상해파와 이르크츠크파 사이의 파벌투쟁에서 상해파에 속했던 그는, 이 파벌투쟁의 여파로 소위 임시고려군사혁명재판에서 유죄판결을 받고 옥고를 치루면서 사회주의 운동과는 일정한 거리를 두게 되었다.

이후 그는 연해주의 이만에 정착하여 동포 교육과 민족사 · 국문학사 연구에만 전념했다. 그리고 1937년 구 소련내 한인들이 중앙아시아로 강제 이주당할 때, 그도 가족들과 함께 중앙아시아의 크즐오르다로 옮겨가 고려사범대학에서 조선어를 가르쳤다.

그러나 중앙아시아 이주 후 1년도 못되어 조선어 교육이 전면 금지당하자, 이후에는 세상을 뜰 때까지 농사와 저술활동에만 전념했다.

선생의 저작으로는 『조선역사』(1912, 중등학교 교과서용), 『안즁근젼』(1914), 『과학의 원수』(1930, 미간행 친필본), 『조선역사』(1936), 『조선문학사』(1950, 전2권), 『조선역사』(1953, 전2권), 『동학당 폭동』(미간행 친필본), 『꿈속의 꿈』(자서전) 등이 있다.

『조선문학사』는 1937년 중앙아시아로 강제 이주된 뒤, 그곳에서 각종 형식의 우리 문학 유산을 수집해 분류·정리한 저작으로, 현재 우리가 찾아볼 수 없는 새로운 문학사 자료도 적지 않게 실려 있다.

『조선역사』(1953)는 1912년 간행의 『조선역사』와 1936년 간행의 『조선역사』를 보완하여 선사시대 이후 8·15 해방까지의 우리 역사를 유물사관에 따라 쓴 저작인데, 1919년 이후 역사 기술에서는 공산주의 운동의 비중을 높게 한 것이 특징이다.

『동학당 폭동』은 동학농민전쟁을 유물사관에 따라 재해석한 것이다. F. 엥겔스의 『독일농민전쟁연구』를 전거로 삼아 독일농민전쟁과 동학농민전쟁을 비교, 분석한 접근방식이 독특하다.

자서전 『꿈속의 꿈』은 관노비의 아들로 태어나 10살에 아버지를 여읜 소년이 식민지로 전락한 조국에서 민족과 학문세계에 눈을 뜨는 과정을 그리고 있다. 특히 그가 직접 참가했던 1910~20년대 연해주와 만주에서의 독립운동에 관한 생생한 기록은 자료로서 가치가 높다.

계봉우 선생의 저작은 모두 한글로 씌어져 있고, 한자는 반드시 괄호 안에 넣었다. 그의 호 가운데 하나가 '뒤바보(북우의 우리말)'였다는 점을 상기하면, 한글에 대한 그의 애정 또한 무척 깊었음을 알 수 있다.

『과학의 원수』는 계봉우 선생의 미간행 친필본 저작이다. 이 저작은 표지에 레닌의 초상이 그려져 있는 노트 250여 페이지에 걸쳐 한글로 깨알같이 빽빽하게 씌어져 있다.

그는 머리말에서, 1928년 그와 함께 활동했던 무신동맹(無神同盟)의 오성묵 동무의 요청으로 이 저작물을 구상하게 되었지만, 참고자료의 부족 등 여러모로 어려움이 있어 주저하다가 1929년 7월에 집필을 시작하여 1930년 3월에 탈고한 것으로 밝히고 있다.

또 그는 머리말에서 '조선의 반만년 미신을 폭로'시킴으로써 '제3전선에 당면한 투사에게 적의 정형을 알게 하는'데 도움이 되기를 바란다고 피력하고 있다.

그가 무신동맹의 활동에 참여했던 1920년대 말은 레닌의 기치 아래 러시아의 볼셰비키 정권이 마르크시즘의 원론적 이데올로기에 가장 충실했던 시기이다.

따라서 종교는 노농혁명——곧 과학적·유물사관적 사회발전——을 가로막는 민중의 아편이라는 도그마가 아주 강력하게 공산주의자들의 관념 속에 자리잡고 있었을 것이며, 이미 볼셰비키 정권이 튼실히 뿌리를 내린 러시아에서 반종교—반기독교 투쟁이 각 부면에서 일어났을 것임은 쉽게 추론이 된다.

종교, 그중에서도 기독교를 주요 비판대상으로 하였겠지만, 계봉우 선생은 수천년 동안 조선인들에게 깊게 뿌리내린 샤머니즘적 제요소——조상숭배, 유교·불교·도교신앙, 정감록, 음양술수, 음력과 절일에 대한 민속——가 민중의 과학적 사고와 혁명적 삶의 전개를 가로막는 '미신'이라고 간주하고, 그 허구성과 비합리성을 냉철하게 비판하였던 것이다.

그는 '미신의 폭로'라는 명제에 맞게 합리성과 과학적 근거를 기준으로 조선인의 심성에 자리잡고 있는 토속신앙, 민속, 풍속관념 등을 철저하게 분석 비판했다. 그러나 그는 인간이 수천년 동안 개인적 또는 공동체적 삶을 영위해 오면서 자연스럽게 형성해온 신앙관념, 민속, 풍속의 현상을 과학성 하나로만 분석한 한계를 갖고 있다.

민속학 등 현재의 인문과학의 발전 수준에서 볼 때 그의 관점과 해석은 받아들이기 어려운 부분이 많은 것도 사실이다. 그러나 자신이 머리말에서 밝히고 있듯이, 참고할 자료가 전혀 없는 상태에서 그토록 방대하고 자세하게 우리 민족의 토속신앙, 민속, 풍속 등을 정리하여 놓은 것은 무척 의미있는 작업이다.

무신론자라는 저자의 사상적 파라다임과 특별한 집필 목표가 있었지만, 결과적으로 우리 민족의 토속신앙, 민속, 풍속이 일별 정리된 부수적 성과가 이 책에 귀중하게 남겨져 있는 것이다.

이 책의 친필 원본은 독립기념관에 기증되어 있는데, 독립기념관으로 옮겨가기 직전, 카자흐스탄 알마타시의 카작대학교에서 석좌교수로 강의하고 있는 김필영 교수로부터 먼저 이 자료를 입수하여 책으로 발간하게 되었다. 지면을 빌어 김교수에게 감사드린다.

1999년 5월

김 학 민

과학의 원수

차 례

제3장 유 교

제4장 불 교

제5장 『정감록』에 대한 미신

제6장 도 교

제7장 음양술수

제8장 예수교

제9장 구력과 절일에 대한 미신

제10장 통속적 미신

과학의원수

1930년 3월 脫稿

제일장 샤—만이즘

제일절, 샤—만의발생과그분포구역(分布區域)

계봉우 선생님의
친필 원고

□ 머리말

벌써 이태 전의 일입니다. 나로 하여금 무신동맹의 일원이 되어 본서를 쓰지 아니하지 못할 동기는 오성묵 동무가 준 것입니다. 그러나 참고할 것이 없는 아령(러시아 지역)에서 주저한 적도 한번이 아니었습니다. 그러다가 우연한 느낌을 받아서 지난 7월에야 비로소 붓대를 잡았습니다. 오래지 않은 그 동안에 단것도 쓴것도 갖추어 맛보고 이제야 뜻이 있는 자는 일을 마침내 이룬다는 그 말을 생각하게 되었습니다.

그리고 또 본서를 쓰게 된 동기를 돌아보고 기뻐하였습니다.

본서는 순전히 우리 조선의 반만년 미신을 폭로시킨 것뿐입니다. 그 내용이 충실하다고는 감히 말할 수 없으나 제3전선에 당면한 투사에게 적(敵)의 정형을 알게 하는 재료로 하여서는 적지 아니한 보조가 되리라고 믿습니다. 그러므로 나의 바라는 바는 본서가 만일 여러 투사에게 있어 수기응변하는 그 전략의 참고자료로 취하게 된다면, 그에서 더 기쁜 일은 없을 것입니다.

1930년 2월 3일
계 봉 우

제1장

샤머니즘

제1절 샤먼의 발생과 그 분포구역

샤먼(Shaman)은 지금에 이르는바 무당이니, 그것이 우리 조선에 있어 오랜 역사를 가지었던 것입니다. 조선의 역사는 반만년이 넘지 못하나 그것은 그보다 더 오랜 역사, 다시 말하면 원시시대에 발생하였습니다.

샤먼은 옛날의 조선말인데, 퉁구스족과 만주족의 말에는 그 명칭이 오늘날까지 남아 있습니다. 그러고 보면 샤먼의 발생지는 우리의 조선인 것이 여기에서 확실히 증명됩니다.

그것이 조선에서 발생하여 서로는 중국에, 동으로는 일본에 나아간 것은 동양 역사가 우리에게 밝히 말하여 주므로 더 말할 바가 없거니와, 그밖에도 그 전파된 곳이 또한 적지 아니합니다.

미국 크로에버(Kroeber)의 말에는 오스트리아(오스트렐일리아일듯/편집자), 아프리카, 또는 남북 아메리카의 토인에게도 있다고 하고, 영국의 토속(土俗)학자 에반스(Ivor H. N. Evans)의 말에는 영국 영지인 보르네오와 말레이 반도에도 있다고 하였습니다. 그러므로 그것이 옛날에 있어서는 세계적 의미를 가진 종교적 형식이었던 것을 가히 짐작할 것입니다.

그것이 처음에 어떻게 발생한 원인에 대하여는 러시아 학자 미카일로프스키가 명확히 말하였나니, "자연과의 영향과 맹목적 운명(運命)의 아래에서 살아가는 미개한 사람들이 불행을 피하고 악령(惡靈)의 힘(Force Sotevh)을 늦추고자 하는 수단에 마음을 두었다. 그들은 가무는 것, 모진 바람과 사나운 비, 번개치고 우뢰우는 것, 병들고 죽는 것, 또는 원수로부터 피하려고 하였다. 그러나 사람마다 복을 얻게 하고 악을 물리치는 방법을 가지지는 못하였다. 그래서 몇 개의 사람이 남보다 조금 뛰어난 지식을 가지고서 자기의 동족과 알지 못하는 힘과의 사이의 중재자(仲裁者)가 되었다. 그런 개인들이 샤먼이며, 그들의 술법(Art)을 곧 샤머니즘(Shamanism)이라"고 하였습니다.

과연 그런 것입니다. 어두운 시대, 쓸쓸한 그 처지에서 무섭고 기이하게 보이는 온갖 자연이 그들로 하여금 다신교(多神敎)의 형식인 샤머니즘을 만들게 하고, 또 그것을 신앙하게 한 것은 면할 수 없는 일입니다.

제 2 절 샤먼의 직성(職性)

샤먼이 어떠한 직성을 가지었는가함에 있어서는 부리아트(Buriat : 바이칼호 부근에 사는 몽고족/편집자)족의 학자 반자로프(Banzaroff)가 밝히 구별하였나니,

① **승려(僧侶, priest)로서의 샤먼** 이것은 모든 신(神)의 뜻을

짐작하여 어떤 짐승을 들일 것과 그 제사하는 법까지 말하고, 따라서 그는 온갖 종류의 제사와 기도를 주장하며,

② **의술(醫術, hala)로서의 샤먼** 이것은 병자에게서 악귀(惡鬼) 빼어내는 법을 행하며,

③ **예언자(預言者)로서의 샤먼** 이것은 양의 어깨의 뼈나 화살로써 점을 치어 장래를 예언한다.

고 하였습니다. 그는 몽고 민족 사이에 있는 흑교(黑教 : Khara-Shadjin or Black Faith)라는 이름을 가진 샤머니즘에만 말한 것입니다. 그러나 몽고에만 그친 것이 아닙니다. 어떠한 지방의 샤먼이든지 이 세가지의 직성을 다 가지었습니다. 만일 다른 점이 있다면 각기 그 시대와 그 지방의 여러 가지 형편이 서로 같지 않음을 따라서 그 직성의 행사에 조금씩 다른 것뿐입니다.

우리 조선으로 말하여도 영남지방에서는 별신제를 드릴 때에 산신(山神), 소도신(蘇途神 : 소도는 삼한시대에 천신을 제사지내던 지역을 일컬으며, 이후 각 고을에 있는 이 지역에 신단을 베풀고, 그 앞에 방울과 북을 단 큰 나무를 세워 제사를 올리었음. 현대 민속상의 '솟대'는 이것으로부터 기원했다함/편집자), 동신(洞神)들에게 기도식을 행하며,

그리고 각 지방을 통하여 큰굿과 작은 굿은 대개는 기도하는 제이니, 이것이 위에 일컬은바 승려의 직성이요, 질병과 재화를 물리칠 때에는 '굿'이나 푸닥거리로 하되 어떠한 신(神)의 힘을 빌어서 놋동애(놋동이, 또는 놋주발 : 무당이 작두를 타기 전 신이 올랐을 때 놋주발이 입에 붙는다 하는데, 이 모습이 놋주발을 입에 무는 것같이 보임/편집자)를 입에 물거나 작두를 타거나 칼을 던지는

따위의 시위도 하며, 혹은 병자를 어루만지어 악귀를 뽑아내나니 이것이 위의 일컬은바 의술의 직성이요,

목축시대에는 소의 발굽이나 혹은 소의 뼈로써 점을 치고, 철기시대에는 명두(明斗, 明圖 : 무당이 신으로 받드는 청동거울/편집자)를 붙이거나 방울을 흔들거나 엽전을 던지어 장래 길흉을 점치었나니, 이것이 위에 일컬은바 예언자의 직성입니다.

제3절 샤먼의 종류

샤먼 가운데에는 남자(박수)도 있고 여자도 있습니다. 그것은 조선에 있어서만 그런 것이 아닙니다. 예큐우트(Yakut : 터어키 인종의 일파로 동부 시베리아의 레나강 유역에 살았음/편집자)족도 가을에 드리는 제사에는 남녀 샤먼 각 아홉 사람이 집행한다 하고, 알타이(Altai : 알타이 산맥 지방의 달단인/편집자)족도 율겐(Baiyulgen)이란 신에게 제사할 때에는 남녀 샤먼이 집행한다 하고, 부리아트족도 모든 제사를 남녀 샤먼이 집행한다고 하였습니다.

이러한 전례에 의지하여 우리 조선에 있어서는 단군으로부터 삼국시대까지 하늘에 제사할 때, 또 그밖에도 고구려로 말하면 그 시조인 유화, 주몽, 또는 별과 사직에게 제사할 때, 백제로 말하면 그 시조인 위구태, 소서노, 온조에게 제사할 때, 신라로 말하면 성모, 일월신, 산신에게 제사할 때에 남녀 샤먼이 집행하였던 것을 친히 보는 듯 합니다.

그것은 그 따위의 제사를 지낼 때에는 남녀가 한곳에 모여서 노래하고 춤추고, 아울러 여러 가지 놀음을 하였다는 역사가 우

리에게 증거하여 줍니다.

남녀의 샤먼을 다시 구분하면 직업적 샤먼과 임시적 샤먼이 있고, 직업 샤먼 중에는 임금 샤먼(君巫)과 스승 샤먼(師巫)이 있습니다.

태백산 박달나무 아래에서 신시(神市)를 이루던 환웅천왕(桓雄天王), 마한의 각나라에서 제사를 주장하던 천군(天君), 장마지고 가뭄 들 것과 풍년과 흉년 들 것을 미리 알던 신라의 차차웅(次次雄은 方言에 무당 : 신라 때 임금의 칭호의 하나. 2대 남해왕 때에 일컬었음/편집자) 따위는 임금 샤먼이니, 조선의 옛날 임금들은 다 그러하며, 저마다 알지 못하는 일을 해석하여 주고, 거룩한 신과 착한 정령(精靈)의 힘을 빙자하여 악한 귀신들의 행위를 가르치기도 하고,

또 그런 악귀를 물리치는 따위의 것은 스승 샤먼이니, 예하면 백제는 둥근달과 같고 신라는 초생달과 같다는 거북의 등의 글을 해석하던 백제의 샤먼, 하늘에 제사할 돼지의 다리힘줄을 끊어놓은 탁리와 사비를 죽인 까닭으로 유리왕의 병난 것을 가르쳐 주고 기도하던 고구려의 샤먼이 곧 그것입니다.

임시적 샤먼 중에는 가장(家長)적 샤먼과 대표적 샤먼이 있습니다.

가묘(家廟)나 선영에 제사할 때에 가장(씨족에 있어서는 장손)이 특별히 제사장(祭司長)의 직권을 행사하는 따위의 것은 가장적 샤먼이라 하나니, 예쿠우트족들이 봄과 가을의 제사하는 그 중에서 봄의 제사는 반드시 족장(族長)이 집행하는 것과 같은 그것이며,

경상도 지방에서 해마다 정월이면 지신제를 지낼 때에 제관(祭官) 두 사람을 선거하는데 그중의 한 사람은 붉은 도포를 입고

다른 한 사람은 푸른 도포를 입고 각기 그 고깔에 통정대부, 어사대부라는 글을 쓰니, 그 본뜻은 어떤 한 신을 대표한 것이요, 그들은 제사하는 동안에 비상한 존경을 받되 그 촌 중에 노인이나 심지어 그들의 부모까지도 그들을 높이어 말하며, 또 그들도 누구에게든지 낮추어 말하는 따위, 제주도 사람들이 정월 초생에 해신(海神)을 위하여 포제(酺祭 : 제주도에서 해마다 정월 첫 丁日에 지내는 동제. 포제를 지내는 동산에 제단을 베풀고 유교식으로 지냄/편집자)를 드릴 때에는 그 촌 중에서 제관을 선거하는 따위, 서북 각 지방에서 동신제를 지낼 때에는 제관을 선거하는데, 그 제관은 적어도 사흘 동안 재계하고 조심하는 따위의 것들은 대표적 샤먼입니다.

제4절 샤먼의 다신숭배(多神崇拜)

샤머니즘은 사람의 지식 정도가 가장 유치하던 그 시대에 발생한 까닭에 그 신앙하는 님신도 여러 가지요, 또 그 무서워하는 악귀도 여러 가지가 있게 된 것입니다.

그러므로 네덜란드 사람 이스브란츠 이데스(F. Ysbrants Ides)는 퉁쿠스족(동부 시베리아 · 중국 · 만주 등지에 분포한 몽고계 종족/편집자)의 샤먼은 악귀 혹은 악정령을 적극적으로 물리치는 마술자(魔術者, magician)라 하고, 이탈리아 신부 브르니에르(M. de Bruniere)는 골디(Goldi)족의 샤먼은 사냥을 좋아하는 종족이므로 숫사슴, 여우, 청서(青鼠 : 날다람쥐/편집자)의 정령을 가장 높이는데, 누구든지 병에 걸리면 그것은 악귀의 까닭이라 하여 그들은 그 세가지 정령 가운데서 하나를 불러내 외우는 마축자(魔逐者, exorcist)라 하고, 러시아 학자 마아크(Maack)는 바이칼 호수 부근 민족의 샤먼은 여러 가지의 착한 정령과 악한 정령을 믿는데, 악한 정령들은 땅에 거처하되 깊은 숲속이나 험한 골짜기가 그것들이 있는 곳이라 하여 비상히 무서워하고 공경한다고 하였습니다.

조선의 샤먼도 또한 그러하나, 만일 다른 점이 있다고 하면 각각 그 지방의 생활상태를 따라서 그 형식이 얼마만큼 다른 것입니다.

이제 그 예를 들 것같으면, 개인의 집에는 성조신, 부엌각시, 조왕신, 구억각시, 굴대장군, 지신, 문신(수문장)의 따위, 그 집의 대주아비(가장)에게는 손각시, 대주어미(주부)에게는 직성(直星 : 인간의 연령에 따라 그의 운명을 맡아본다는 별/편집자), 성인(聖人 : 이것은 三神帝釋이니 桓因, 桓雄, 檀君)이 있고, 그 사당에는 증조부모, 조부모, 부모의 삼대 신위(神位)가 보통으로 있나니, 그것들에게 드리는 제사는 '안굿'이라 하여 집업적 샤먼이 집행하는데, 그 제물은 소찬(素饌)이요, 사당이나 지신……들에게 따로따로 제사하는 때는 임시적 샤먼 곧 그 가족 중의 개인이 집행하기도 합니다.

그리고 그 제물로 하여 소나 혹은 돼지를 잡아 대명(代命)으로 하는 '큰굿'에는 토공굿(土公은 음양가에서 말하는 땅의 신. 봄에는 부엌에, 여름에는 문에, 가을에는 우물에, 겨울에는 마당에 있는데, 그 때에 그 장소를 움직이면 神禍가 있다고 함/편집자), 감상첨배(벽의 오목한 곳에 모셔둔 불상이나 신주에 드리는 제사/편집자), 군홍물기, 제신을 놀리기, 또는 객귀들——싸움에 죽은 전장귀, 객지에서 죽은 객사귀, 물에서 죽은 수사귀, 불에 타서 죽은 화사귀, 목매어 죽은 결항귀, 범에게 죽은 호랑귀, 형벌에 죽은 형사귀, 굶어 죽은 아사귀, 떨어져서 죽은 낙사귀, 처녀 죽은 요귀, 총각 죽은 멍텅귀, 못살고 죽은 원혼귀, 그 나머지 무엇 무엇의 무명 잡귀들을 물리치는데, 그 제물이 소라면 양지머리에, 돼지라면 대가리와 다리에 칼을 박거나, 또는 소지(燒紙)를 올리거나 하는 것은 모든 님신에 대한 의식(儀式)이요, 도마에 칼산을 짓거나, 또는 작두를 타거나 놋동애를 물거나 하는 것은 객귀들을 물리치는 수단이올시다.

이밖에도 직업적 샤먼의 제식(祭式)에 또한 여러가지 종류가 있나니 '성조풀이'는 집을 새로 성조한 후에 성조신에게 제사하는 것이요, '간주풀이'는 헌데같은 것이 날 때에 제사하는 것이요, '살풀이'는 부부간의 정의가 좋지 못할 때에 살성을 푸는 제사요, '넋들이'(혹은 망묵)는 죽은 사람의 영혼을 좋은 곳에 가도록 하기 위하여 길 갈라 주는 것이요, '액막이'는 관재(官災), 구설, 질병 따위를 미리 막는 제사요, '살막이'는 상문살(喪門煞 : 사람이 죽은 방위로부터 퍼진다고 하는 살/편집자)같은 것을 막는 제사요, '개천변'은 개를 잡아 영산에게 제사하는 것이요, '조상예방'은 그 조상들에게 제사하는 것이요, '푸닥거리'는 잡귀들을 물리치는 제사요, '당굿'은 그 지방의 성황신에게 제사하는 것인데, 그 제사 중에 푸닥거리는 고리짝을 긁거나 혹은 쇠그릇을 두드리고, 그 나머지는 장구, 징, 제금을 울리는 것입니다.

또는 산에는 산신, 물에는 수신(용신), 나무에는 목신, 돌에는 석신, 골에는 동신, 읍에는 읍신, 각 관청에는 할멈신이 있다 하여 그것들에게 제사할 때에는 직업적 샤먼이 집행하는 일도 있고, 임시적 샤먼이 대표 혹은 개인으로 축문(祝文)을 고하기도 하고, 두 손을 비비면서 입발괄(억울한 사정을 입으로 하소연함/편집자)을 하기도 합니다.

지방적 특색으로는 영남의 소도신, 관서의 만신, 함북의 원귀가 있고, 인물 숭배로는 최영(최울 장군), 남이, 임경업, 관왕묘같은 것이 있고, 유행병으로는 처용가(處容歌)로써 물리치는 열병신, 천연두(天然痘) 돌 때의 마누라, 소병 돌 때의 우역대감…… 따위가 또한 적지 아니합니다.

속담에 "세살부터 무당질하여도 목덕이라는 귀신은 없다"고 하는 그것은 귀신의 수효가 얼마나 많은 것을 증명하는 말입니다.

그 다음에는 임금 샤먼이 어떠한 신들을 숭배하는가를 말하여 봅시다. 가까이 이조의 왕실로만 말하여도,

① **사직단(社稷壇)** 여기에는 국사(國社)와 국직(國稷)의 신좌(神座)가 있는데, 국사는 후토신(后土神)이요, 국직은 후직신(后稷神).

② **풍운뇌우산천성황단(風雲雷雨山川城隍壇)** 중앙에는 풍운뇌우의 신, 왼쪽에는 산천신, 오른쪽에는 성황신.

③ **환구단(圜丘壇)** 이것은 한울님에게 제사하는 곳.

④ **선춘단(先春壇)** 이것은 해마다 정월이면 봄신에게 제사하는 곳.

⑤ **선농단(先農壇)** 이것은 해마다 정월이면 농사 잘 되기를 빌고 임금이 친히 적전(籍田)에 밭갈이함.

⑥ **영성단(靈星壇)** 이것은 별신에게 제사하는 곳.

⑦ **오단(雩壇)** 이것은 비를 비는 데.

⑧ **마조단(馬祖壇)** 이것은 말이 잘 번성하기를 비는 데.

⑨ **여단(癘檀)** 이것은 유행병의 신에게 제사하는 데.

⑩ **삼청전(三淸澱)** 이것은 도교(道教)식으로 삼청성(三淸星)에게 초제(醮祭 : 별에게 드리는 제사/편집자)하는 데.

⑪ **종묘** 이것은 선조의 위패를 두고 제사하는 데.

⑫ **악해독단(嶽海瀆檀)** 악신(嶽神)에는 남에 지리산, 중에 삼각산, 서에 송악산, 북에 비백산. 해신(海神)에는 동해는 양양(襄陽), 남해는 나주(羅州), 서해는 풍천(豊川). 독신(瀆神)에는 남에는 웅진(공주), 가야진(梁山), 중앙에 한강, 서에 덕진(長端), 대동강(평양), 압록강(義州), 북에 두만강(慶源).

⑬ **관왕묘(關王廟)** 이것은 관운장이 임진란에 도움이 있었다 하여 제사하는 데.

⑭ **장충단(奬忠壇)** 이것은 역대의 충신들을 제사하는 데.

제5절 샤머니즘과 대종교

대종교(大倧教)라 하면 그 교주 나철(羅喆)을 연상하게 되고, 나철이라 하면 을사조약의 오적 대신을 암살하려던 전주서(前主書) 나인영(羅寅永)를 또한 연상하게 됩니다.

을사조약은 일한합병의 첫걸음이었습니다. 그래서 그 조약의 체결에 조인하던 오적 대신은 누구든지 애국적 정신이 있는 자면 죽이려고 아니할 수 없었습니다. 나인영은 오적을 죽이려는 사람 가운데의 한 사람으로서 그 비밀이 탄로되어 마침내 귀양갔었던 일까지 있었습니다. 그리고 그가 성명을 나철이라고 고치던 때는 단군교(그 후에 대종교라 함)를 주창하던 그때 ── 1908년이었습니다.

그의 애국적 정신으로서는 국수보전(國粹保全), 민족적 집단의 기관으로 하여 그런 종교를 주창하는 것도 그럴듯한 일이요, 또 그때의 객관적 형편, 다시 말하면 그 주위의 애국지사들은 그것을 찬성 혹은 방조하지 아니할 수가 없었습니다. 이러한 온갖 사실이 나인영으로 하여금 나철이 되게 하고, 단군교로 하여금 대종교가 되게 한 것입니다.

그 경전(經典)으로는 「삼일신고(三一神誥)」와 「신가(神歌)」 한 장(내가 지은 가악사를 참조할 것)이 있었는데, 그 역시 나철의 손에서 나온 것입니다.

그러나 「삼일신고」에는 옛날의 글자를 많이 넣고, 「신가」에는 듣도 보도 못하던 소위 옛날의 조선말이라는 것으로 조직한 그것도 물론 종교란 것은 거짓인 이상에는 또한 그럴듯한 일입니다. 믿는 사람들은 그것이 거짓이 아닌 줄로 덮어놓고 믿기 때문에 3·1 운동이 일어나던 그때까지는 그 교가 자못 발전상태에 있었습니다.

환인, 환웅, 단군으로써 삼위일체라 하여 그 경배하는 의식에 있어서는 산을 의지하여 지은 한칸 사당에 풀잎의 옷을 입은 어떤 영감장이의 사진 한 장(그것은 단군이었다)을 걸어놓고 「신가」를 부르며 「삼일신고」를 읽는 따위의 짓을 합니다. 단군시대에는 풀잎으로 옷삼아 입던 시대가 아니어늘 그렇게 상상하는 것부터도 인류 진화의 역사에 대한 판무식으로 볼 수 있거니와, 단군이 샤먼 중에 가장 두드러진 샤먼인 것을 알지 못한 그것이 더욱 무식한 일이올시다.

그들은 몇 지방의 농촌에서 상산제 드리는 10월 3일을 개천절

(開天節)이라 하고, 만주 풍속에서 동황제(東皇祭) 드리는 3월 15일을 어천절(御天節)이라 하여 그날에는 성대한 제사를 거행합니다. 옳습니다. 상산제와 동황제는 단군을 숭배하는 것입니다. 그러나 그 제사의 근본의식이 샤머니즘에서 나온 것을 잊어서는 아니됩니다.

그러고 보면 대종교가 어떠한 변태(變態)로 이 세상에 나타났든지 그 근본을 들추면 샤머니즘의 하나인 것은 의심할 여지가 없습니다.

제2장

조상숭배

제1절 그 숭배사상의 기원

우리 조선 민족은 한 옛날로부터 한울님과 조상을 일체로 보았습니다. 동양하고도 그 중에 조선과 중국이 더욱 그러합니다. 그것은 샤머니즘의 영향을 똑같이 받아서 그러합니다. 샤머니즘이란 것은 글자가 생겨나기 전에 벌써 있었던 까닭에, 자연계에 대한 어리석은 사람들의 공포증을 물리치려는 까닭에, 한 입 건너 두 입 건너서 대대로 전하여 내려가는 신화(神話)를 꾸며내지 아니할 수 없게 되었습니다.

그 신화는 자연계에서 뛰어난 사상으로, 또 인간으로서는 도저히 헤아릴 수도 없는 어떤 신기한 사실로가 아니면 안될 것입니다.

가령 말할 것같으면, 어떤 특별한 사람이 있다고 합시다. 그 사람은 날 때에 보통 사람과 같이 낳다고 하면 아마 특별히 여길 것도 없겠지마는, 만일 그가 하늘에서 뚝 떨어지었다거나, 땅에서 훌쩍 솟아 나왔다거나, 그렇지 않으면 둥글뭉스레한 알 속에서 나왔다거나 한즉 보통 인간의 처지로서는 누구든지 그 신기한 사실에 대하여 눈뿌리가 뒤집어지도록, 혀가 갈라지도록 놀랍게 여기지 아니할 수 없고, 따라서 고개를 숙이고 경배하지 아니할 수 없습니다.

그것이 곧 샤머니즘의 영구한 토대로 되고, 또는 일반 군중의 신앙적 조건으로 되었습니다.

이런 신화 가운데의 인물들은 어떤 나라를 창립한 임금이 아니면 그 임금의 다음에 높은 자리를 차지하였던 인물들입니다. 여기에서 지배하는 계급과 지배받는 계급이 생기게 되었습니다. 다시 말하면 생산하는 계급과 생산 아니하는 계급이 나누어지었습니다.

그러면 그 신화 가운데의 조상을 어느 때부터 숭배하게 되었는가? 이 문제에 대하여는 의론이 자못 많은 모양이올시다. 한학(漢學)에 중독된 사람들은 그것이 유교로부터 생기었다고 굳세게 주장할 것입니다. 그것은 오해 중에도 더할 나위없는 오해니까 말할 가치도 없거니와 미국의 사회학자인 앨우터는 그것이 부계(父系) 가정의 시대에 시작되었다고 하였습니다. 그러나 그것도 완전한 판정은 못됩니다.

그리스의 여신(女神) Demeter(농사 · 결혼 · 사회질서의 여신/편집자)와 로마의 여신 Ceres(곡물 · 곡식 · 수확의 여신. 그리스 신화의 디미터에 해당/편집자)가 모권(母權)시대에 있었던 것과 같이 우리 조선에도 지리산 성모가 홍수에 빠졌던 신화, 마고할미가 천지만물로 되었다는 신화가 지금까지 유전하여 온 것을 보면 그것은 분명히 모권시대에 크게 숭배하던 여신에 대한 전설인 것을 넉넉히 짐작할 수가 있습니다.

그러면 조상숭배의 예법이 벌써 모권시대에 비롯한 것임을 누구든지 의혹할 바가 없습니다. 그리고 샤먼 그것도 여무가 먼저 생기고 남무(男巫)가 그 뒤에 생긴 것을 또한 생각할 수가 있습니다.

제2절 한울님 숭배도 조상숭배

위에도 말하였거니와, 옛날 조선 민족은 조상과 한울님, 한울님과 조상을 따로따로 떼어보지 아니하였습니다. 그래서 그 조상의 탄생한 사실에 대하여, 첫째는 하늘에서 내려왔다는 관념적 신화와, 둘째는 알 속에서 나왔다는 상징적 신화를 신앙하였습니다.

알로써 하늘을 상징한 것은 우리 조선뿐 아닙니다. 중국의 유가(儒家)에서도 예로부터 하늘과 땅은 닭의 알과 같다고 하였으며, 타타르족도 하늘을 '둥글(続格落)'이라고 하였습니다.

그런데 우리 조선에서는 알로만 하늘을 상징한 것이 아니요, 혹 어떤 때에는 금(金)으로서도 하늘을 상징하였나니, 그러면 그 조상을 신격화함에 있어 성탕(成湯 : 중국 전설상의 성군인 성왕과 탕왕/편집자)의 어머니가 제비의 알을 삼키었다는 그것보다 얼마나 계통이 있고 고상한 사상을 표시한 것인가? 이것을 만일 조선의 특색이라 하면 한가지의 특색으로도 볼 수가 있습니다.

1 하늘에서 내려왔다는 신화

『삼국유사(三國遺事)』 옛적에 환(桓)이란 나라에 서자 환웅(桓雄)이 있었는데, 자주 그 뜻을 하늘 아래에 두며 사람의 세상을 탐내었습니다. 그 아버지께서 아들의 뜻을 아시고 삼위태백(三

危太伯 : 삼위산과 태백산. 삼위산은 중국 감숙성 돈황현 남쪽에 있으며, 태백산은 장백산이라고도 함/편집자)을 내려다보매 인간에 이익을 크게 줄 수 있다 하여 이에 천부인(天符印) 세개를 주면서 인간에 내려가라고 하였습니다. 그래서 그가 무리 3천을 데리고 태백산 박달나무 아래에 강림하니, 그 모임은 신시(神市)라 하고, 그는 환웅천왕(桓雄天王)이라 하였답니다. 풍백(風伯), 우사(雨師), 운사(雲師)를 거느리고 곡식, 목숨, 질병, 형벌, 선악……의 삼백육십가지를 주장하여 세상을 다스리었답니다.

그때에 범 하나와 곰 하나가 굴 속에서 함께 거처하면서 사람으로 화하여 아들을 낳아지라고 신(神)에게 빌었답니다. 신께서 쑥 한 줌과 마늘 스무개를 주면서 말씀하시기를, 너희들이 이것을 먹고 백날 동안 햇빛을 보지 아니하면 사람이 되리라고 하였습니다. 곰은 그대로 하여 여자의 몸으로 화하고, 범은 그대로 아니한 까닭에 사람이 못되었습니다. 그런데 여자곰은 혼인할 때가 없어서 날마다 박달나무 아래에서 잉태하기를 축원하더니 웅이 사람으로 화하여 혼인하매 그때부터 여자곰이 잉태하여 마침내 아들을 낳으니 그가 곧 단군임금이란 겁니다.

『배씨구보(裵氏舊譜)』 단군이 남으로 바다녘에 돌아다니실제 옥룡(玉龍)이 기이한 상서(祥瑞)를 드리고 신녀가 금서랍을 올리거늘 단군이 그것을 열어보시니, 그 가운데에 비의(緋衣 : 붉은 옷)를 입은 동자가 있더랍니다. 그 동자가 비의를 입었다 하여 성을 비(緋)라 하고, 하늘에서 내려왔다 하여 이름을 천생(天生)이라 하고, 젖어미에게 주어서 양하였더니 그가 자라서 모든 백성들의 높임을 받아 남해상장(南海上長)이 되고, 그 아들 왕신에게 이르러 배씨(裵氏)가 되었다고 하였습니다.

『삼국유사』 한울님께서 그 맏아들 해모수(解暮漱)를 부여(扶餘)의 낡은 서울에 내려 보내시니 모수는 용 다섯을 메운 수레를 타고 그 수종 든 사람 오백여 명은 흰 고니를 탔었는데, 채색 구름이 그 위에 뜨고 구름 속에서 풍악소리가 나더니 웅심산(熊心山)에서 유한지 열흘만에 강림하시니, 머리에는 새의 깃으로 꾸민 갓을 쓰고 허리에는 용트림한 칼을 찼더랍니다. 그가 부여의 임금으로 되어 낮이면 정사를 잡아 행하고, 밤이면 하늘에 올라가니, 세상이 그를 천왕랑(天王郞)이라 일컬었다고 하였습니다.

2 알 속에서 나왔다는 신화

『동국통감(東國通鑑)』 고허촌장(高墟村長) 소벌공(蘇伐公)이 양산 밑에 있는 나정이라는 우물 곁의 숲 사이를 바라보매 흰말이 꿇어엎드린듯 하더랍니다. 즉시 달려가서 보니까 말은 간데없고 큼직한 알 하나가 있더랍니다. 그것을 깨어본즉 그 속에서 어린아이가 나오더랍니다. 그래서 그 아기를 거두어 기르더니 나이 열 세살이 되매 키가 크고 숙성하더랍니다. 육부(六部)의 사람들이 그의 난 것이 남다르다 하여 받들어 임금을 삼고 이름을 혁거세큰한〔居西干〕이라 하고, 그 알의 크기가 박과 같다 하여 성을 박(朴)이라고 하였답니다.

『후한서(後漢書)』「부여기」 북고리(北槖離)라 하는 나라의 임금이 어디로 나들이를 간 뒤에 그 수종들던 계집아이가 잉태하였더랍니다. 임금께서 돌아와 그것을 보고 곧 죽이려 하니 그 계집애가 말하기를, 요전에 하늘에서 닭알만큼 커다란 기운이 내려오는 것을 보고 그리고 잉태하였노라 하더랍니다.

임금이 그리 여기어 가둬두었더니 얼마 후에 아들을 낳았더랍니다. 임금이 사람을 시키어 그 애를 돼지의 굴 속에 던지니 돼지들이 입김으로 불어주어 죽지 아니하거늘, 그 다음에는 말외양간에 던지었답니다. 그래도 말들이 또한 그렇게 하더랍니다. 임금이 그것을 보고 너무도 신기하다 하여 그 어머니로 하여금 거두어 기르라 하고, 그 이름을 동명(東明)이라 하였답니다.

동명이 자라서 활쏘기를 잘 하니 임금이 그의 날램을 거리끼어 다시 죽이려고 하였답니다. 그래서 동명이 남쪽으로 도망하여 아물(淹濾水)에 다달아 활을 들어 물을 치니 고기와 자라들이 모여 물 위에 뜨거늘, 동명이 그것을 타고 건너갔답니다. 그 길로 부여나라에 가서 임금이 되었다고 하였습니다.

『동국통감』 동부여 임금 금와(金蛙)가 태백산의 남쪽에 있는 우발수(優渤水)에서 여자 하나를 만나, 너는 어떠한 여자냐고 물었습니다. 그 여자가 대답하되, 나는 하백(河伯)의 딸 유화(柳花)인데 동생들과 함께 놀러 나왔다가 해모수의 꾀임에 들어 웅심산 아래 압록실(鴨綠室) 가운데에 가서 몸을 허하였더니, 그는 그후에 다시 만나볼 길이 없이 되고, 나의 부모님께서는 중매도 없이 남에게 몸을 허하였다 하여 이곳에 귀향을 보내어 이렇듯 오게 되었노라고 하였습니다.

금와가 야릇하게 여기어 데려다가 가둬 두었더니 햇빛이 그 몸에 비추임을 따라 마침내 잉태가 있어 알 한개를 낳았답니다. 그것을 버리라 하여 개와 돼지에게 주어도 개와 돼지가 먹지 아니하고, 또 길가에 버리어도 소와 말이 피하면서 밟지 아니하고, 들밖에 버리어도 새들이 그 날개로써 덮어주더랍니다.

그래서 금와가 그것을 깨려 하였으나 깨어지지 아니하매 이에 유화가 그것을 따뜻한데 놓아두었더니 얼마 후에 한 남자가 그 껍질을 깨치고 나왔는데 남다르게 생기었더랍니다. 나이 겨우 일곱 살이 되니 손수 활과 살을 만들어 쏘면 쏘는대로 맞히니 부여 풍속에 활 잘 쏘는 사람을 줌(漢譯에는 朱蒙)이라 하는 까닭에 그 이름을 주몽이라 하였답니다.

금와의 아들 칠형제가 주몽의 재주를 시기하여 죽이려고 하니, 주몽이 도망하여 아물에 다다르니 다리가 없는지라 그래서 주몽이 빌어 가로되, 나는 한울님의 아들이요, 하백의 외손자로서 오늘날 도망하여 여기까지 왔거늘 원수가 거의 따라오게 되었사오니 어찌하렵니까. 그 말이 금방 끝나자 고기와 자라들이 모여 다리로 되었답니다. 주몽이 건너간 뒤에 그 다리가 헤어지니 원수가 따라오지 못하고…… 주몽은 마침내 졸본부여에 이르러 비류수 위에 도읍을 정하고 나라 이름을 고구려(高句麗)라고 하였습니다.

『여지승람(輿地勝覽)』 아도간(我刀干) 등 아홉 사람이 물가에 모이어 액막이〔禊〕를 하다가 귀지봉에 이상한 기운이 있는 것을 바라보고 찾아가니 자주끈이 달린 금서랍이 놓이었다 합니다. 그것을 열고 보니 그 가운데 싯누런 금빛과 같은 알 여섯 개가 있는데, 둥그렇기가 해와 같더랍니다. 그것을 아도간의 집에 갖다 두었다가 그 이튿날에 아홉 사람이 다시 모이어 보니, 그 알 여섯개에서 아이 여섯이 각기 그 껍질을 깨고서 차례로 나오는데, 그 나이 각각 열 서너 살이나 되어 보이고, 얼굴들이 매우 거룩하거늘 여럿이 다 절하고 축하하였답니다.

그 아이들이 날마다 커 열흘이 지나매 키가 아홉자가 되더랍니다. 무리가 그중의 한 사람을 받들어 임금을 삼으니 그가 곧 수로왕(首露王)이오. 금서랍 속에서 나왔다 하여 성을 금(金)이라 하였습니다.

『삼국사기(三國史記)』 다파라국(多婆羅國)은 왜국의 동북쪽 1천리 되는 지방에 있는데, 그 나라의 임금 함달파가 여국왕(女國王)의 딸에게 장가 들었더니 그가 잉태한지 7년만에 큰 알을 낳았답니다. 임금이 말씀하되, 사람으로서 알을 낳은 것은 좋지 못한 일이라 하여 내버리라고 하였답니다. 그래서 그 어머니가 그것을 비단보에다가 싸서 궤 속에 넣고 그 다음에 배에 실어 바다에 띄우면서 빌기를, 네가 인연이 있는 지방에 가서 나라를 세우고 집을 이루라고 하였답니다.

그것이 진한(辰韓) 아진포(阿珍浦)에 닿으니, 어떤 늙은 할멈이 열어 본즉, 그 속에 어린 아기가 있더랍니다. 그래서 거두어 길렀는데, 그 아기가 자라서 풍신이 훨씬 좋고 지식이 남보다 뛰어나더랍니다. 그 아기가 처음 올 때에 까치가 울었다 하여 까치 작(鵲)자에서 새 조(鳥)를 떼고 옛 석(昔)으로서 성을 삼고, 또는 궤를 풀고서 나왔다 하여 그 이름을 벗을 탈(脫)자, 풀 해(解)자로 지으니, 그래서 그의 성명이 석탈해(昔脫解)가 되었습니다. 신라의 임금이 그의 어진 것을 듣고 사위를 삼았더니, 그 후에 그가 신라의 넷째 임금으로 되었답니다.

『삼국사기』 탈해왕이 밤에 들으매 금성의 서쪽, 시림(始林)의 나무 사이에서 닭의 울음소리가 나거늘 대보포공(大輔瓠公)을 보내어 본즉 금빛과 같은 작은 궤가 나무가지에 걸리어 있고, 그 아래서 흰 수탉이 울더랍니다. 왕이 기뻐하면서 말씀하시길, 하늘이 나에게 아들을 주심이라 하고 이에 거두어 기르되 그 이름은 얼치라 하고, 금궤에서 나왔다 하여 그 성을 금(金)이라 하고, 시림을 고치어 계림(鷄林)이라 하여 나라 이름을 삼었답니다.

이 위의 기록을 보면 한울님은 하나 둘뿐이 아닙니다. 환인은 첫째의 한울님이오, 그의 아들 환웅은 둘째의 한울님이오, 그리고 한울님은 아들도 많은 모양입니다. 한울님의 서자인 환웅을 또한 한울님이라 하고 보면 해모수, 고주몽, 박혁거세도 또한 한울님일 것은 조금도 의심할 바가 없습니다. 그렇다면 조선은 옛날에 지상천국(地上天國)이 되었던 모양입니다.

한울님의 아들 중에는 자칭 한울님의 아들이라 한 자도 있고, 다른 사람의 입으로서 한울님의 아들로 된 자도 있습니다. 첫째의 것은 해모수, 고주몽과 같은 그네들이오, 둘째의 것은 박혁거세, 김수로와 같은 그네들입니다. 그런데 여기에서 가리킨 한울님은 그 아버지가 분명히 누구라고 내세우기 어려운 그 사람들의 아버지를 대표한 별명입니다.

이제 그 내용을 해부하여 보면 환웅이 거짓화하여 여자곰과 혼인하여서 단군을 낳았다 하니 단군도 그 아버지가 숨기었으며, 유화가 압록실에서 해모수의 꾀인 바 된 것을 자백하고도 햇빛을 받아 주몽을 잉태하였다 하였으니 주몽도 그 아버지가 숨기었으며, 박혁거세의 어머니는 천도산(天挑山) 성모(聖母)인데 소벌공이 그것을 은휘하였으며, 석탈해의 아버지는 함달파요, 그 어머니는 여국왕의 딸이라 하고서도 그 온데를 모르는 듯이 성을 석가라 한 것도 또한 모순이며, 그리고 혹은 그 부모가 전혀 없으니 그것은 반드시 무슨 까닭이 있어서 그리 된 것임을 알아 두어야 합니다.

부여 법률에 남녀 간음한 자는 다 죽인다 하였나니, 그 법률은 그때에 부여에만 적용된 것이 아니요, 단군의 판도(版圖)로 되었던 그 천지에는 어느 시대를 불문하고 다 그러하였습니다. 그래서 혹은 그 아버지를 은휘(隱諱 : 꺼리어 숨김)하게 되고, 또 혹은 그 어머니까지를 은휘하게 된 것입니다.

이조 조선의 말엽까지도 부모가 누구인지 알 수 없는 사생아가 길가에 버리운 일이 종종하였었고, 그런 아이들을 거두어 기르는 이가 그 성명을 지어주는 일이 또한 종종하였습니다. 보통으로 그런 아이들은 시집가지 아니한 처녀에게서나 수절하는 과부에게서 난 것이 아니면 같은 일가 사이에서 생피붙어서 난 것입니다.

이러한 사실로써 미루어 본다면 하늘에서 내려왔다는, 알 속에서 나왔다는, 궤 속에서 얻어내었다는 그네들은 아버지나 혹은 그 어머니까지도 내세우지 못할 어떠한 까닭이 있는 사생아인 것이 확실히 보입니다.

그런데 홍만종(洪萬宗)은 검도령의 난데 대하여 이렇게 말하였습니다. "그의 탄생한 전설은 황당하여 믿지 못할 말이나, 생각컨대 무슨 까닭이 있어 물에 띄워 버린 것을 촌늙은이가 거두어 양육한 것인데, 자라서 날램이 있고 행위가 범상하지 아니하매 그 부모의 분명하지 못한 것을 가리우기 위하여 누가 이런 전설을 지어낸 것인가 하노라" 하였습니다. 그는 의심을 품고 그렇게 말하였으나, 거기에는 조금도 의심할 것이 없다고 나는 단언합니다.

이제는 그때의 중국에서 한울님과 그 조상에게 대한 사상이 어떠하였던 것을 그 대개나마 말하여 봅시다.

주역(周易)의 뇌지예괘(雷地豫卦) 뇌출지분(雷出地奮)이 예(豫)니, 선왕(先王)이 써하여 음악을 만들고 덕을 높이어 그것을 한울님에게 드리어서 조상을 짝하였다 하고,

주역의 풍수환괘(風水渙卦) 바람이 물 위에 행하는 것이 환(渙)이니, 선왕이 써하여 한울님에게 이바지하며 종묘(宗廟)를 세웠다 하고,

시(詩)의 생민팔장(生民八章) 주공(周公)이 예를 지을 때에 후직(后稷)을 높이어서 하늘에 짝한고로 그것은 조상을 높이어 하늘에 짝한 제사의 노래라 하고,

시의 아장일장(我將一章) 문왕(文王)을 명당(明堂)에서 제사하여서 한울님에게 짝한 노래라 하고, 정자(程子)가 그것을 해석하여 말하되, 만물의 근본은 하늘이오, 사람의 근본은 조상인 까닭에 동지에는 하늘에 제사하되 조상으로써 짝하나니 그것은 동지가 기(氣)의 비롯이 됨이오, 만물은 그 형체가 한울님에게서 이루고 사람은 그 공(功)이 아버지에게서 이루는 까닭에 늦은 가을에는 한울님에게 제사하되 아버지로써 짝하나니 그것은 늦은 가을이 만물을 이룸의 비롯이 됨이라고 하였습니다.

이 기록들을 보면 한울님과 그 조상을 동등하게 보는 관념이 표현될 뿐이오, 조선과 같이 신격상(神格上)에 있어서 사실화(事

實化) 못시킨 것이 큰 약점이올시다.

또 그 신화를 볼 것같으면, 신체의 구조에 있어서는 복희씨(伏羲氏)는 뱀의 몸에 사람의 머리라 하고, 신농씨(神農氏)는 사람의 몸에 소의 머리라 하였으니, 남달은 점으로 보아서는 특별하다고 할지나 짐승에 가까운 그 점으로 보아서는 그 신화가 매우 유치하며, 탄생한 사실에 있어서는 황제(黃帝)의 어머니는 번개가 북두칠성에 둘린 것을 보고 느끼어서 그를 낳았다 하고, 후직의 어머니는 큰 사람의 발자국을 보고 그를 잉태하여 낳았다 하였으니, 그 아버지의 분명하지 못한 것을 가리움에는 차라리 하늘에서 내려왔다거나 그렇지 않으면 알 속에서 나왔다는 그것보다 그 신화가 또한 유치합니다.

제3절 용신(龍神) 숭배도 조상숭배

용은 동양에 있어, 더욱 조선에 있어서는 이상적 영물(靈物)이었습니다. 그것으로써 나라의 이름을 지어 미리한(辰韓)이라 하였고, 그것으로써 상서라 하여 단군이 남쪽바다에서 옥룡(玉龍)을 보았다 하였고, 그것으로써 하늘에 있는 것이라 하여 해모수가 용 다섯을 타고 왔다 하였고, 또는 오랜 역사를 가진 팔괘도(八卦圖)를 지고 나왔다는 하수(河水)의 용마도 우리 진인(震人)과 깊은 인연이 있나니, 그러면 용에 대한 관념, 다시 말하면 그것을 꿈에만 보아도 귀한 자식을 낳거나, 혹은 높은 지위를 얻는다는 미신이 일반 군중의 뇌수 속에 깊이깊이 인상되었습니다.

그래서 아래와 같은 신화가 생기고, 그 신화 가운데의 인물은 유명한 조상으로 숭배하게 된 것입니다.

『동경지(東京誌)』 시조왕(始祖王) 원년에 용이 얼영정(閼英井)이라는 우물에서 나타나더니 그 왼쪽 옆구리에서 계집아이 하나를 낳아 놓았답니다. 늙은 할머니가 그것을 보고 이상하다 하여 거두어 기르니 우물의 이름으로써 그를 이름하여 얼영이라 하였답니다. 그가 자라서 덕성이 있으매 시조가 자기의 아내를 삼았답니다. 그가 착한 행실이 있어 능히 안으로 도와주므로 그때 백성들이 일컬으되 그 두 분을 다 거룩한 사람이라고 하였답니다.

『삼국유사』 헌강왕이 개운포(지금의 울산)에 가서 놀다가 장차 돌아오려 할 때 문득 안개 구름이 자욱하여 지척을 분간할 수 없으므로 왕이 놀래서 점치는 이에게 물은즉, 이는 동해 용의 짓이니 좋은 일을 하사이다 하거늘, 이에 영을 내리어 절을 짓게 하니 안개구름이 걷우고 용의 아들 일곱이 수레 앞에 나타나서 덕을 찬미하면서 풍류를 울리더랍니다. 왕이 그 아들 하나를 데리고 서울에 돌아와서 정사를 돕게 하고 이름을 주어 처용(處容)이라고 하였답니다.

『여지승람』 왕건(王建)의 증조부 작제건이 당나라로 들어가다가 서해에 이르러 용왕의 딸에게 장가들고, 또 칠보(七寶)까지 얻어 가지고 돌아오려고 할 때 그 딸이 말하기를 "나의 아버지에게 버들 지팡이와 돼지가 있는데, 그것이 칠보보다 오히려 나으니 그것을 달라"라고 하거늘, 제건이 그 말대로 하여 칠보는 돌려 올리고 버들 지팡이와 돼지를 얻어가지고 돌아왔다 하였습니다.

『해동역사(海東繹史)』 정명(貞明) 3년에 이인(異人)이 있어 저자에서 낡은 거울을 파는데 거기에 글이 쓰여 있으되, "삼수중사유하(三水中四維下) 상제강자어진마(上帝降子於辰馬) 선조계후박압(先操鷄後撲鴨) 사년중이용현(巳年中二龍見) 일즉장어청목중(一則藏於青木中) 일즉현어흑금동(一則見於黑金東)"이라 하였더라.

글 잘 하는 사람 송함홍(宋含弘)이 그것을 해석하되, "삼수의 가운데 사유의 아래, 한울님이 그 아들을 진마(辰馬)에 내리어 보냈다고 함은 진한(辰韓)과 마한(馬韓)을 가리킨 것으로, 사년 중에 두 용이 나타나서, 하나는 푸른 나무 가운데에 숨어 있고, 하나는 검은 쇠의 동쪽에 나타났다 함은, 푸른나무는 솔나무니 송악(松岳) 고을의 사람에 '용'이라고 이름하는 자의 자손이 가히 임금이 되리라 함이오, 검은 쇠는 철(鐵)이니 철원(鐵圓)을 가리킨 것이라, 지금의 임금이 처음 여기에서 흥하였다가 마침내 여기에서 망하려 함이오. 먼저 닭을 붙들고 뒤에 오리를 친다함은 왕시중(王侍中)이 나라를 얻은 후에 계림(鷄林)을 먼저 얻고, 그 다음에 압록(鴨綠)을 차지한다는 뜻"이라고 하였습니다.

궁예(弓裔)가 명령하여 물색(物色)으로써 그 이인을 찾으니 동주(東州) 발삽사(勃颯寺)에 흙으로 만든 진성(鎭星 : 토성)의 형상이 그와 같다고 하였습니다.

『여지승람』 옛적에 어떤 부자 하나가 무진주(武珍州) 북촌(北村)에서 살았는데, 자태와 얼굴이 단정한 딸 하나가 있었답니다. 그 딸이 아버지에게 여쭈어 오기를, 자주 옷을 입은 남자가 밤마다 와서 동품하고서 간다고 하였습니다.

아버지가 말하기를, 그러면 네가 바늘에 실을 꿰어 그 남자의 옷에 꽂아 놓았다가 이튿날 아침에 그의 간 자취를 찾아보라고 하였습니다. 딸이 그대로 하여 실이 간 데를 찾아가서 본즉 그 바늘이 북쪽의 담장 아래에 있는 지렁이(일명은 土龍)의 허리에 꿰어 있더랍니다. 그래서 그 딸이 잉태하여 견훤(甄萱)을 낳았다고 하였습니다.

『관북지(關北誌)』 도조(度祖, 곧 이성계의 조부)가 젊었을 때, 그 꿈에 흰 용이 와서 말하되, 나는 적지(赤池)에 있는 흰 용이노라. 그런데 검은 용이 나의 있는 그곳을 매양 빼앗으려고 하니 그대는 활놓이를 잘 하니까 나를 위하여 그 놈의 검은 용을 쏘아 달라고 하더랍니다.

그 이튿날에 도조가 활을 가지고 그 못가에 간즉 과연 두 용이 서로 싸우더랍니다. 그러나 어느 것을 쏘아야 좋을는지 분간할 수가 없어서 그저 돌아왔답니다. 그 날 밤에 흰 용이 또다시 꿈에 와서 말하되, 그대는 어째서 쏘지 아니하였느냐고 하더랍니다. 대답하되 어느 것이 흰 용이고, 어느 것이 검은 용인지 가릴 수가 없는 까닭에 쏘지 못하였노라 하니, 그러면 내일 다시 와서 보라! 거기에 먼저 오는 것이 곧 나니 단단히 기억하라고 하였답니다.

도조가 그 이튿날 아침에 가서 보니 두 용이 그 전과 같이 서로 싸우더랍니다. 이에 뒤미쳐 오던 용을 쏘니 첫 발에 검은 용이 그 허리를 맞아 흘리는 피가 적지에 가득 찼더랍니다. 그래서 그 못의 이름을 사용연(射龍淵)이라 하였다 하며, 흰 용은 도조의 조상이라고 합니다.

또 이성계의 삼용시(三龍詩)를 보면 '요락지(瑤樂池) 가운데의 옛날 용'이라는 그 글귀는 자기를 가리킨 것입니다.

이러한 각가지의 신화는 예로부터 계통이 있게 유전되었던 까닭에 물에는 반드시 수궁(水宮)이 있고, 수궁에는 반드시 용왕이 있고, 또는 용의 자손이거나 혹은 그의 도움을 받으면 가장 귀한 자리 위에 앉게 되는 것을 일반적으로 미신하게 되었습니다. 그런 미신에서 그것을 숭배하였습니다. 그리고 가장 유명한 조선의 고대소설에 「별주부전」의 용왕과 「심청전」의 용당수도 다 그러한 미신을 근거하여서 된 것임을 알아 두어야 합니다.

제4절 수신(水神) 숭배도 조상숭배

수신을 숭배하는 그것도 용신을 숭배하는 거기로서 나온 것입니다. 그리고 단군이 비서압(斐西岬) 하백(河伯)의 딸에게 장가들었다는 그 까닭에, 유화가 하백의 딸이라고, 그 아들 주몽이 또한 하백의 외손이라 한 그 까닭에 수신을 더욱 숭배하게 된 것입니다. 그뿐 아닙니다. 천지창조에 대한 원시시대의 사상은 물이 그 창조의 근본이라고 하였습니다. 그 사상으로 말미암아 수신——하백——을 숭배하게 된 것입니다.

제5절 석신(石神) 숭배도 조상숭배

『동국통감』 동부여 임금 해부루(解夫婁)가 늙도록 아들이 없으매, 산천제사를 드리면서 아들을 보아지이다고 빌더니, 그 타신 말이 곤연(鯤淵)에 이르러 큰 돌을 보고 마주 서서 눈물을 흘리거늘, 임금이 기이하여 사람을 시키어 그 돌을 굴리니, 그 아래에 금빛과 같은 누런 개구리의 몰골을 띤 어린아기 하나가 있더랍니다. 임금이 크게 기뻐하면서 말씀하시기를, 이것은 한울님이 나에게 아들을 주심이라 하고, 그 이름을 지어 금와(金蛙)라 하였답니다.

『삼국사기』 천개소문(泉蓋蘇文)은 스스로를 말하되, 자기는 탄생할 때에 못 가운데에 있는 돌함의 덮개를 열고 나왔노라 하여 그 성명을 지었다고 하였습니다.

『고려사』「고기(古記)」 맨 처음에는 사람이나 또 다른 동물들도 없었는데, 신인(神人) 셋이 땅으로서 솟아 올라오니, 그들의 솟아 나온 데는 지금의 이른바 진산(鎭山)의 북쪽 뫼발에 있는 모흥혈(毛興穴)이 곧 그것입니다. 맏이는 양을라(良乙那), 둘째는 고을라(高乙那), 셋째는 부을라(夫乙那)인데, 그 세 사람이 돌아다니면서 사냥하여 가죽으로는 옷을 하고 고기로는 먹이를 하였답니다.

하루는 붉은 인봉(印封)한 것이 동해가에 떠내려오거늘, 나아가서 보니 그 속에 돌함이 있고, 거기에 자주옷을 입고 붉은 띠를 띈 사자(使者) 하나가 따라왔더랍니다. 이에 그 함을 열고 본즉, 그 속에 푸른 옷을 입은 처녀 세 사람과 송아지, 망아지, 갖은 곡식 종자가 또한 있더랍니다.

그런데 그 따라온 사자가 말하기를, 저는 일본 나라의 사자로소이다. 우리 임금께서 이 딸 셋을 낳으시고 말씀하시되, 서해 중악(中岳)에 신자(神子) 셋이 강림하사 장차 나라를 세우려고 하는데 배필이 없다 하시고, 저로 하여금 그 딸 셋을 모시고 오게 하였사오니, 마땅히 배필을 삼으시어 큰 사업을 이루어지이다 하고 문득 구름을 타고 가더랍니다.

그래서 세 사람이 나이 차례대로 그들에게 각각 장가들고 땅이 기름지고 물맛 좋은 곳에 가서 제가끔 활을 쏘아 그 살대가 떨어지는 데를 따라서 그 거처를 정하니, 양을라가 있는 곳은 첫째 도읍이요, 고을라가 있는 곳은 둘째 도읍이요, 부을라가 있는 곳은 셋째 도읍이라고 하였답니다.

금와는 그 부모의 세계(世系)를 내세우지 못할 사생아로서 돌 틈에 버리었던 것입니다. 임금 해부루가 거두어 양하여 장차 후사(後嗣)를 삼으려는데 종실 친척의 반대를 막는 수단으로 하여 그 따위 이야기를 꾸며낸 것일지며, 소문은 동부대인(東部大人)의 아들로서 그 아버지의 지위를 이어 장차 그 뜻을 펴려는 계책으로 그 탄생에 대한 사실이 비범하다는 것을 그 성명에 나타낸 것입니다.

그리고 고 · 부 · 량 세 사람이 모흥혈에서 솟아 나왔다 하고, 또는 서해 중악에서 신자를 강림하였다 하니 그 탄생한 기사에 믿기 어려운 모순이 드러납니다. 그것을 깊이 생각하여 보면, 첫째의 것은 혈거(穴居)의 사실을 그렇게 신격화한 것이요, 둘째의 것은 풍파에 표류하여 거기에 하륙하던 사실을 그렇게 신격화한 것이요, 그 다음에 소위 일본 나라의 사자가 왕의 딸 셋을 모시고 왔다는 그것도 풍랑에 불리어 와서 그들 사이의 혼인하던 사실을 신격화한 것임을 엿볼 수가 있습니다.

제6절 해와 달의 숭배도 조상숭배

옛날에 동서를 물론하고 해와 달을 숭배하던 민족이 자못 많은 모양입니다. 우리 조선 사람처럼 그것을 심히 숭배하고, 또 그것의 창조에 대한 관념이 여러 갈래로 나누어지지는 못하였을 것입니다. 이제 그 갈래를 들면 셋으로 나누어지니,

1 두 눈으로 되었다는 말

동화(童話) 옛날의 옛날에는 하늘이나 땅이나, 그 가운데의 만물이나 아무러한 것도 없고 다만 마고할미 한 분이 있었더랍니다. 그 할미가 몇 만 살이나 살았든지 살다살다 못하여 나중에 죽었답니다. 그의 죽은 시체가 천지와 만물이 되었다는데, 오른눈은 해가 되고, 왼눈은 달이 되고, 입김은 바람으로, 피는 강과 바다로, 뼈는 돌로, 살은 흙으로, 털은 풀과 나무로, 그리고 높이 도드라진 것은 산으로, 넓은 것은 들로, 오므라진 것은 골짜기로 되었다고 하였습니다.

2 오누이로 되었다는 말

동화 옛날 어떤 산골에 과부 할머니 한 분이 돌이엉이 두 칸 집에서 열 두 살 된 아들 하나와 아홉 살 된 딸 하나를 데리고 외따로 살았답니다. 그 집 앞에는 조그마한 시냇물이 흐르고, 그 시내를 건너 높은 재 하나를 넘으면 얼마 가지 않아서 커다란 동리 하나가 있었답니다.

그 동리에는 그 할머니가 매일 출근하는 방앗간이 있습니다.

그는 먹을 벌이를 하기 위하여 날마다 새벽 조반하여 먹고 나갔다가 저녁 어슬어슬하여야 밥을 얻어가지고 돌아오곤 하였습니다. 그러면 오누이는 하루 동안 적적히 집을 지키고 있습니다.

어느날 저녁에는 밤이 어둡도록 어머니를 기다리어도 어머니는 돌아오지 않았습니다. 어머니는 늦도록 일하고 밤이 캄캄하여서 그 높은 재를 넘어 오다가 그만 범의 밥이 되었습니다.

욕심장이 범은 또 아이들까지 잡아 먹으려고 그 집을 찾아왔습니다. 어느덧 그 문 앞에 가서 문을 톡톡 잡아 당기어 보더니 "얘들아, 문열어라! 내가 왔다" 하고 거친 목소리로 말하였습니다. 오누이는 그런 목소리를 처음 듣고는 "그거 누구요?" 하고 둘이 한꺼번에 물었습니다. "얘들아, 누구는 누구야, 너의 어머니지!" 하고 밖에서 대답하였습니다. 그 목소리가 늘 듣던 어머니의 목소리가 아니므로 다시 말하였습니다.

"우리 어머님 목소리는 그렇지 않다."

"어이구, 오늘 내가 방앗간에서 일을 하느라고 겨를 너무 많이 먹어서 목소리가 변하였다."

"그럼 손을 보자! 어머니 손같은가?"

밖에서 범이 그 앞발을 창호지 찢어진 그 틈으로 들이어 밀었습니다.

"아이구, 망측해라! 이건 우리 어머니 손이 아니다."

"내가 일을 하느라고 손이 부르터서 그렇다."

"그럼 그것에 털은 웬 털이 그리 많으냐?"

"그게 털이 아니다. 겨가 너무 많이 묻어서 그렇단다."

그러나 오라비는 의심나서 창 구멍으로 몰래 내어다보니까 커다란 백호가 서 있었습니다. 그러나 오라비는 겁내지 않고 꾀를

하나 내어서,

“이 문은 너무 꽉 닫아서 못 열겠다. 부엌으로 들어오너라! 시렁 위에 바리때가 있으니 거기 밥 담아 가지고 들어오렴.”

범이 좋아서 부엌으로 들어간 사이에 오누이는 방문을 열고 도망하여 나아가서 시냇가에 있는 나무 위에 올라가 가지를 걸터앉았습니다. 범은 그릇을 더그럭거리다가 방안에 들어가서 본즉 아이들은 간데 없습니다.

그래서 범은 다시 밖으로 나가서 두루두루 찾다가 목이 말라 시냇가에 가서 보니 그 아이들이 무엇을 타고 물 속에 앉았습니다. 범은 너무나 이상스러워 “얘들아, 너희들이 어떻게 그 속에 들어갔니?” 하고 물었습니다. 경망한 누이는 그 묻는 것이 너무도 우스워서 그만 “해해” 하고 웃었습니다. 그제는 범이 웃음소리 나는 데를 쳐다보고 “오, 너희들이 거기 있구나. 이 나무에 어떻게 올라갔니!” 하고 물었습니다.

오라비가 “기름을 바르고 올라왔다”고 하니 범이 부엌에 들어가서 기름 항아리를 가지고 나와서 나무에 묻혀 놓고 올라가다가 미끄러져서 떨어지고 또 떨어졌습니다. 그러다 못하여 범은 올라가는 방법을 애걸하다시피 물었습니다.

그때 누이가 다시 입결에 “도끼로 한 발자국, 두 발자국 찍고 올라왔다”고 대주었습니다. 이 말을 들은 범은 또 부엌에서 도끼를 가지고 나와서 한 자국씩 찍으면서 벌써 한 절반이나 올라왔습니다. 오라비는 기가 막히어 아무리 할 줄을 모르다가 그 누이와 함께 한울님께 기도를 드리었습니다.

“한울님이여! 우리를 살리려거던 삼노끈을 내려보내시고, 죽이려거던 썩은 새끼 올가미를 나려보내 주옵소서”하니 하늘에서 노끈 하나가 내려왔습니다.

그때는 범의 앞발이 벌써 아이들에게 닿을락 말락하는데, 아이들은 벌써 노끈을 타고 하늘에 높이 떠서 올라갔습니다. 범도 또한 아이들의 흉내를 내어서 그대로 기도하니 하늘에서 앞서와 같이 기다란 줄이 내려왔습니다. 그것이 썩은 새끼줄이건마는 범이 그 줄이 제 앞발에 닿기 전에 매달려 얼마 올라가지 않아서 그 줄이 끊어지니 범은 수수밭에 뚝 떨어져 죽었습니다. 오늘날까지 수숫대에 피 얼룩이 진 것은 그때 그 범이 흘린 피가 묻어서 그렇다고 합니다.

그들은 하늘에 올라가서 어머니를 만나 서로 즐기더니, 하루는 한울님께서 말씀하시기를, 너희 어머니는 세상에서 일을 많이 하였고, 또 나이 늙었으니 저편 궁궐에서 쉬게 하였다. 너희들은 이제부터 일을 하되 총각 너는 해가 되고, 처녀 너는 달이 되어라! 어제 해와 달이 갑자기 죽어서 세상 사람들이 야단을 친다. 너희들은 빨리 번갈아 다니면서 세상에 빛이 되어 주고 하루 한 번씩 쉴 때마다 너희 어머니를 만나보라고 하였습니다.

그래서 그들이 오늘날까지 하나는 낮에, 하나는 밤에 날마다 체번(替番 : 순번이나 당번의 차례를 교대함/편집자)하여 동편 하늘로부터 서편 하늘로 천천히 걸어다닌다고 합니다.

3 부부로 되었다는 말

『여지승람』 신라의 아달타왕 때에 동해가에 부부 두 분이 살아가는 집 한 채가 있었는데, 그 남편의 이름은 영오랑(迎烏郞)이오, 그 아내의 이름은 세오녀(細烏女)라. 하루는 그 남편이 미역 등속의 나물을 캘 양으로 바다에 나갔다가 바람에 불리어 일본

나라 어떤 조그마한 섬 중에 가서 마침내 임금이 되었습니다. 그 아내가 또한 그 남편을 찾아서 가나니 필경은 그 나라에까지 가서 왕후(王后)로 되었습니다.

그때 신라에는 새삼스럽게 해와 달이 그 빛을 잃었습니다. 그래서 야단들을 치더니 점치는 이가 여쭈오되, 영오랑과 세오녀는 해와 달의 정기인데, 지금 그들이 일본으로 건너간 까닭에 이러한 변괴가 있다고 하였습니다. 그래서 왕이 그들을 데려오기로 하여 사신을 보냈더니 영오랑이 말하기를, 내가 여기에 온 것은 한울님의 명하신 바라 다시 돌아갈 수가 없다 하고, 이에 그 아내 세오녀가 짜서 두었던 생초(生綃 : 생사로 얇게 짠 紗붙이의 한가지/편집자)를 주면서 이것으로써 하늘에 제지내라 하였습니다.

사신이 돌아와서 전하는 그 말대로 왕이 못가에 가서 하늘에 제지내니 해와 달의 빛이 다시 밝아졌습니다. 그래서 그 생초는 나라의 곳간에 간직하여 두고, 못의 이름은 일월지(日月地)라 하고, 고을 이름을 연일(迎日)이라 하였답니다.

첫째의 것은 여신(女神)을 조상으로 숭배하던 모권(母權)시대에 생기어난 신화니, 그런 시대인 까닭에 천지만물이 여자로부터 창조되었다 한 것이오. 둘째의 것은 남신, 여신을 다 그 조상으로 숭배하던 봉건시대에 생기어난 신화니, 그 중에는 태양은 남자, 태음은 여자라는 학리상(學理上) 관념도 표시되었습니다.

우리가 드르릉하면 한울님이 성낸 소리를 친다느니, 번개가 번쩍번쩍하면 한울님이 성낸 눈을 번뜩인다느니, 벼락이 우직근 작근 치면 한울님이 천벌을 내린다느니 하던 그 어리석은 믿음, 일식(日食)이나 월식(月食)이나 하게 되면 그것은 불개살이가 집어 먹는 것이라 하며, 각 고을 원님들이 그 관속을 거느리고 객사 마당에다가 큰 상을 배설하고, 그 상 위에 먹물 담은 큰 대야를 놓고 중북을 울리면서 떠들어내던 그 행동을 우리는 아이 때에 친히 보았습니다.

그런 어리석은 생각은 지금도 무식한 군중 사이에는 오히려 남아 있습니다. 들어보시오! 무당의 성조풀이에, "하늘이 울어 천동대신, 땅이 울어 지동대신, 우직근작근 벼락대신, 삼대신이 내릴 적에, 죄있는 마누라는, 가슴이 덜렁한다"와, 또 그들의 노래가락에 "대천바다 한가운데, 뿔이 없는 남기 나서, 가지는 열 둘이오, 잎은 삼백 예순이다, 그 남기 열매 열었으니 일월인가"는 일반 군중의 그런 생각을 대표한 것으로 보아야 합니다.

제7절 산신(山神) 숭배도 조상숭배

산신숭배는 그 역사가 벌써 오랫습니다. 예(濊)의 백성들은 범을 숭배하고 맥(貊)의 백성들은 뱀을 숭배하던 그때에도 산신은 제일 높은 신으로 숭배하였습니다. 「고기(古記)」에 신인(神人)이 태백산 박달나무 아래에 강림한고로 그 이름을 단군이라 하고……후에 아사달에 들어가서 산신으로 되었다 하니 이것이 곧 산신을 숭배하게 된 원인이올시다. 단군은 우리 동방에 처음 건국한 시조라는 그것만으로 하여도 지나간 시대에 있어서는 누구든지 숭배하지 아니할 수가 없는 터인데, 하물며 그는 한울님으로 오셨다가 산신으로 돌아갔다는 그 거룩한 신격(神格)에 대하여는 일반 군중의 머리가 저절로 숙여지지 아니할 수가 없습니다.

그리고 태백산이라, 백악(白岳)이라는 그것이 글자의 모양으로 보아서는 그 의미가 다른 듯하나 '흰뫼'라는 조선말에 있어서는 똑같은 의미를 가진 것입니다. 그 산의 이름이 이 두가지에만 그친 것이 아니라 시대시대를 따라서 그 이름은 여러번 변하였으나, 그 주위에 있는 민족들의 경외(敬畏)는 줄곧 그러하였습니다.

이제 그 예를 들면 『위서(魏書)』에 "물길(勿吉) 나라의 남쪽에 도태산(徒太山)이 있으니 위나라의 말로는 태백(太白)이라. 거기에는 범, 곰, 승냥이 따위가 있으나 사람을 해하지 아니하며, 사람이 만일 그 산에 올라가서 오줌을 누게 되면 그를 무엇에다가 담아 치운다" 하였고, 『북사(北史)』에 "말갈국(靺鞨國)의 남쪽에 종태산(從太山)이 있으니 중국말로는 태황(太皇)이라. 예로부터 그 산을 매우 경외하는데, 누가 거기에 올라가서 오줌만 누면 그는 무엇에 담아 치움을 받는다 하고, 그 산 위에 곰, 표범, 승냥이가 있으되 다 사람을 해하지 아니하고, 사람도 또한 그것을 감히 죽이지 못한다"고 하였습니다.

그 산을 그렇듯 신성하게 여긴 것은 위에 말한 바와 같이 한울님의 아들이 거기에 강림하고, 또는 그 산의 신으로 되었다는 신화가 그리한 것입니다. 그 뿐이겠습니까. 그 산을 하늘의 대상(對象)으로 신앙하였습니다. 그 산 위에 있는 큰 못을 천지(天池)라 하고, 거기에서 발원하여 북쪽으로 흐르는 물을 만주말로는 '숭아리(松阿哩)'라 하나니, 그것은 천강(天江)이라는 뜻이오.

『북새기략(北塞記略)』에는 그 산의 주위에 있는 두만(豆滿), 토문(土門)의 북쪽, 압록(鴨綠), 파저(婆猪)의 서쪽, 혼동강(混同江) 좌우의 땅을 다 천평(天坪)이라 하였습니다. 그러므로 단군이 마니산(摩尼山)에 첨성단(塹星壇)을 쌓았다는(이것은 환웅천왕에게 제한 것) 그 후에 대대의 임금들이 하늘에 제사하였다는 것도 이 산에 제사한 것이며, 또 일반 군중의 '상산제' 도 이 산에 제사한 것임을 알아야 합니다.

그러나 그 후에는 산신이 점점 많아졌습니다. 예를 들 것같으면 박혁거세의 어머니가 천도산신으로 되고, 박제상의 아내가 질술연신으로 되었다는 것이 우리에게 증명하여 줍니다.

제8절 조상숭배와 가정제도

모계(母系) 가정이 무너지고 부계(父系) 가정이 일어난 그 시대——영웅시대(원시사회로부터 국가사회로 이르는 과도기 / 편집자)——에는 온갖 제도가 조상숭배라는 그 기초 위에 서게 되었습니다. 그것이 동양에만 그런 것이 아니라, 서양에도 또한 그러하였습니다. 그러므로 이제 조선과 로마의 옛날 가정을 비교하여 봅시다.

로마는 아리안(Aryan)족 가운데에 그 개화가 가장 일찍하고, 또 그 문명이 희랍(希臘)하고 서로 비슷한 까닭에 만일 로마의 그런 미신이 어떠한 것을 알게 되면, 그 때의 희랍——유럽 전체——의 미신이 어떠하였던 것까지를 잘 이해할 수가 있습니다.

옛날 로마의 가정은 순전히 종교적 가정이었습니다. 그 종교 중에는 물론 조선과 같이 여러가지 신(神)이 있었으나 조상에게 숭배하는 그것이 또한 우리 종교와 같이 제일 중요한 지위를 차지하였었습니다.

"사람은 그 육체만 죽을 뿐으로 그 영혼은 오히려 살아 있어 장사를 잘 아니하여도 평안히 여기지 아니하며, 제사를 안드리어도 기뻐하지 아니한다"는 그 점으로 보아 조선과 로마와는 거리가 그렇듯 멀고 풍속조차 서로 다름에도 불구하고 피차에 은근한 약속이나 있었던 듯이 조상숭배에 대한 미신이 신통하게도 비슷합니다.

그것으로 말미암아 가정제도의 발생 또는 발전된 정도도 아래와 같습니다.

1 가장(家長)의 특권

로마에서는 가장(家長)이 제사장(祭司長)의 직권(職權)을 가지고 죽은 조상들의 대표자로 하여 절대적 권력이 있었습니다. 그 가정의 조직체를 말하면, 사당에 있는 죽은 사람의 수효가 산 사람의 수효보다 오히려 더 많은데, 가장은 죽은 사람과 산 사람의 중간에 연락하는 노끈이 되는 까닭에 그 가족은 누구를 물론하고 거역만 하면 그것은 곧 조상의 의사를 등지는 것이라 하였습니다.

우리 조선에서도 가장이 그런 여러가지의 특권을 가지었는데, 그 사당에 3대의 신주(神主)를 모신 그것이 좀 다른 것뿐입니다.

2 친족의 관계

로마에서는 그 친족되는 관계에 있어 그 제사하는 조상이 같고 같지 아니한 그것으로써 판단하되, 만일 그 제사하는 조상이 같고만 보면 그 촌수의 멀고 가까운 것은 물론하고 다 친족으로 인정하였습니다.

우리 조선에서도 그 관계가 그러하나 로마보담도 그 족제가 더욱 발달되어 그 성씨(姓氏)가 지금에 와서는 493이나 되는데, 성씨마다 각각 그 친족이 있고, 친족마다 각각 그 족보(族譜)가 있고, 또는 장손과 문장(門長)이 있습니다.

특별히 장손은 그 조상의 대표자로 되어 만일 친족중에 항렬(行列)이 높은 자라도 가규(家規)를 범하게 되면 그 사당문을 열어놓고 그 앞에 앉아서 중한즉 달초를 치고, 경한즉 견책을 줍니다.

3 결혼의 예법

로마에서는 신랑이 신부를 데려다가 혼례식을 거행할 때에 신랑이 신부와 더불어 자기의 사당에 제사를 드리고, 그 음식을 서로 나누어 먹습니다. 그러면 신부는 그때부터 친정의 조상과의 관계를 아주 끊고 남편의 조상에게 제사하는 권리를 가지게 됩니다.

우리의 조선의 혼례식도 그와 비슷합니다.

4 의자(義子)의 계양(繼養)

로마에서는 아들이 없는 사람이면 남의 아들을 데려다가 계양하되 자기의 성을 달아주어 그 조상의 제사를 계대(繼代)하게 하나니, 그리하는 것을 의자라고 합니다. 그렇게 한즉 나라의 법률도 친히 낳은 아들이나 다름없이 인정합니다.

우리 조선에서도 의자를 양하는 일이 있기는 있으나 그다지 흔치는 아니하고, 보통으로는 자기와 가장 가까운 친족의 아들을 양하여 그 조상에게 제사를 드리게 합니다. 그것은 같은 혈족(血族)으로써 그 대(代)를 이으려 함이오, 또는 삼천가지의 죄에 불효에서 더 큰 것이 없고, 불효가 세 가지인데 후손없는 것이 제일 크다는 유교 도덕에 젖은 까닭이올시다.

딸은 암만 낳을지라도 장차 시집을 가서 남의 조상에게 제사하게 되므로 사람마다 딸을 천히 여기고 아들을 귀히 여기었습니다.

그래서 어떤 사람이 딸 넷을 이엄이엄 낳았는데, 그 딸들의 이름은 '섭섭이'라 하였나니 그것은 아들을 아니 낳고 딸을 낳으니까 섭섭하다는 뜻이오, 둘째로 낳은 딸의 이름은 '무던이'라 하였나니 그것은 딸이 둘이면 무던하다는 뜻이오, 셋째로 낳은 딸의 이름은 '고만이'라 하였나니 그것은 딸은 그만 낳고 다음에는 아들을 낳으라는 뜻이오, 넷째로 낳은 딸의 이름은 '답답이'라 하였나니 그것은 딸만 낳아서 정말 답답하다는 뜻입니다.

이것만 보아도 조선 풍습에 아들을 얼마나 귀히 여기었던 것을 가히 알 것입니다.

5 재산의 상속권

로마에서도 전가족의 재산을 가장이 관할하다가 만일 가장이 죽으면 그 재산의 상속권이 오직 맏아들에게만 있고, 다른 아들이나 더욱 딸들에게는 아무 권리도 없었습니다.

우리 조선에서도 또한 그리하여, 혹은 가장이 죽기 전에 그 재산의 분배가 비록 차등은 있으나마 여러 아들에게 나누어 주는 일이 있었다는 것은 아마도 근대에 와서 그리된듯 합니다. 그러나 맏아들이 승사전(承祀田), 기타 재산을 더 많이 차지하게 되는 것은 그 조상에게 제사하는 직책이 있기 때문이올시다.

위에 기록한 바 다섯가지의 제도는 새로 이영하고, 흙으로 바름하고, 종이로 문창하고, 돌로 구들한 그 속에서 지금까지 그 세력을 잡고 있습니다. 누구든지 그 제도 속에 종교적 성질이 포함

된 것을 깨닫지 못하며, 또는 조상숭배가 종교적 성질을 가진 것임을 깨닫지 못합니다. 그것으로써 동방예의지국의 특색이라 하였으매, 인생의 도리가 여기에 있다고 하였습니다.

그래서 갑산 산골의 무식한 백성이라도 축문(祝文) 부를 사람이 없으면 하다 못하여 언문반절(諺文反切)에 '기역, 니은, 디귿, 리을, 미음, 비업, 시옷, 외, 이행'을 부르고서라도 제사를 기어이 지내었으며, 돈에 인색하기는 진주 꼽작이(잘면서 성질이 칙칙한 사람/편집자)라도 제물을 차리기가 아까우면 하다 못하면 신주(神主)를 소매 속에 넣고 음식물 가게에 돌아다니면서 간색(看色 : 물건을 구경시킴/편집자)만 시키어서라도 제삿날을 거저 지내지는 아니하였습니다.

이것으로 보면 조상숭배가 일종의 종교적 성질을 가진 것이 아니고 무엇입니까?

자! 여러가지 만신과 투쟁하는 무신론자(無神論者) 한 분이 여기에 있다고 합시다. 그러나 그가 가정에 들어가서 가장인 체하고 처자를 눌러 보는 일이 그냥 있다면 그에게 종교적 성질이 아직도 없어지지 아니한 것입니다. 그가 국민의 의무로 '삭쓰'에 혼인 등록한다면 그것은 허물할 것도 없거니와, 그리고 공중 앞에서 결혼식을 만일 거행하였다면 그에게 종교적 성질이 아직도 없어지지 아니한 것입니다.

그가 아들과 딸을 동등으로 보지 아니하고 물질상과 정신상의 힘을 그 아들에게 더 준다면 그에게 종교적 성질이 아직도 없어지지 아니한 것입니다. 그가 소부르조아적 심리를 가지고 가정 경제를 처리한다면 그에게 종교적 성질이 아직도 없어지지 아니한 것입니다. 그러므로 새 사회를 건설함에는 봉건적 가정제도(자본적 가정제도)를 먼저 타파하여야 할 것입니다.

제9절 귀신이 있느냐, 없느냐

귀신이 있다함은 어떠한 종교에서든지 다 믿는 바입니다. 만일 그것이 없다는 종교는 그 본성질을 잃고 말 것입니다. 종교의 수효가 하도 많으니까 낱낱이 그 예를 들 수가 없습니다. 그래서 샤머니즘과 유교에 대하여 간단한 예를 들려 합니다.

1 유 교

『주역』「계사(繫辭)」 일음일양(一陰一陽)을 도(道)라 하고 음양의 헤아리지 못할 것을 신(神)이라 하였으며,

「괘효(卦爻)」 귀신은 음기양우(陰奇陽耦)가 생성함의 굴신왕래(屈伸往來)하는 것이라 하고,

『중용』 귀신의 덕(德)이 그 성(盛)한저, 또는 천지귀신이 그를 질(質)하여 곁에 있다 하고,

『열자(列子)』 정신이 형체를 떠나서 각각 그 참됨에 돌아가는 고로 귀(鬼)라 하나니 귀(鬼)는 귀(歸)라. 그것은 사람이 죽으면 뼈와 살은 흙에 돌아가고, 피는 물에 돌아가고, 혼기(魂氣)는 하늘에 돌아가는데, 그 음기(陰氣)만 어슴프레 혼자 남아서 의지할 데가 없는고로 귀(鬼)로 되었다 하였습니다.

2 샤머니즘

골디(Goldi)족의 샤먼은 악귀를 물리칠 때에 숫사슴, 여우, 청

서(青鼠)의 정령(精靈)을 불러서 내리운다 하니, 그것은 그 정령들이 착한 정령이라 함이오.

퉁구스족의 샤먼은 질병이나 재화의 원인은 악정령(惡精靈)의 소위라 하여 자기 손에 가진 나무로 만든 우상(偶像)에게 그 연고를 호소한다 하니, 그것은 그 우상을 착한 정령이라 함이오.

바이칼 부근의 샤먼은 볼칸(Bourkhan) 신(神)같은 것을 착한 정령이라 하고, 깊은 숲속이나 험한 산중에는 악정령들이 있다 하고,

사카이(Sakai)족의 샤먼은 한 큰 반신(半神, a great quasi-deify)을 믿으나, 그러나 거의 다 악정숭배(demon-worship)로 되어 있다 하였고,

조선의 샤먼은 착한 신의 힘을 빙자하여 악귀들을 물리치는데 '성주풀이'를 들어보면 "억만 대신이 내리소서"라 하였으니, 신의 수효가 얼마나 많은 것을 알 수 있고, 악귀의 수도 또한 그러할 것입니다.

『주역』에 이른바 귀신은, 음양으로써 천지의 온갖 현상을 배정(配定)하는 상대적 개념에 지나지 못합니다. 자세히 해석할 것같으면 빛깔도 없는, 냄새도 없는 거짓 것을 가리키어 귀신이라 한 것입니다.

『열자』의 이른바 귀신은, 사람이 죽으면 그 정신도 뼈와 살과 피와 같이 어떻게 된다고 대증(對證)하려는 추상적 개념에 지나지 못합니다. 다시 말하면 정신은 음과 양으로 하여 사람이 죽은 뒤에는 양기는 혼이 되고, 음기는 귀(鬼)가 된다고 구차히 설명한 것입니다.

샤먼의 이른바 귀신은 착한 정령과 악한 정령을 가리킨 것이니, 밝히 말하면 미개한 사람들의 경외(敬畏)하는 자연현상의 별명이올시다.

3 전 설

전설이라 하는 것은 한 입 건너 두 입 건너 대대로 전하여 오는 이야기의 종류를 가리킨 것입니다. 그것을 알고 보면 웃음거리에 지나지 못하는 거짓말이언마는 해가 가고 갈수록 어리석은 군중은 참 사실과 같이 더욱 믿게 됩니다. 그리고 그것이 필경 기록에까지 오르게 됩니다. 전설치고는 귀신의 말이 들지 않은 것이 적은 것은 그것이 원시적 종교의 사상으로부터 생기어난 까닭입니다.

『동경잡기』 혁거세 왕이 하늘에 올라간지 이레만에 팔과 다리와 몸뚱이가 제각각 땅에 떨어지니, 사람들이 그것을 한데 모아 장사하려다가 뱀의 방해로 인하여 그것들이 각기 떨어진 곳을 따라서 다섯 곳에 장사하고, 그 이름을 오능(五陵), 혹은 사능(蛇陵)이라고 하였답니다.

중국 역사를 보면 의총(疑塚)을 만드는 예가 있었나니, 조조(曺操)의 무덤이 일흔 둘이라 함이 곧 그러한 것입니다.

신라는 진한(秦漢)의 백성이 많이 이주하여 사는 까닭에 중국의 전례(傳例)를 본받아서 그렇게 무덤 다섯을 만들었을 것이며, 하늘에 올라갔다함은 얼마 전까지도 임금이 죽으면 승하(昇遐)하였다는 그 말과 같은 것이며, 이레만에 오체(五体)가 땅에 떨어졌다는 것은 죽은지 이레되는 그 때에 그의 시체를 땅에 묻었다는 말이오, 뱀의 방해가 있었다함은 그 장사 터에서 뱀을 보았던 모양입니다. 그러나 그 중에 사람이 죽으면 정령(精靈)이 있다는 그 미신은 확실히 보입니다.

『여지승람』 전설에 동명왕이 늘 기린마(麒麟馬)를 타고 하늘에 올라다니더니 마흔살이 되어서는 하늘에 올라갔다가 다시 돌아오지를 않았답니다. 그래서 그 아들이 그가 두고 가신 옥편(玉鞭)을 지금의 중화군 용산에 장사하니, 그 무덤의 이름이 진주묘(眞珠墓)로 되었답니다.

「광개토왕비문(廣開土王碑文)」 한울님께서 왕(동명왕)을 맞이하려 누런 용을 보내시거늘, 왕이 홀본동강(忽本東岡)에서 그 용을 타고 하늘에 올라갔다고 하였습니다.

동명왕(高朱蒙)의 탄생에 있어 이미 한울님의 아들로서 세상에 왔다하였는즉 죽음에 있어서도 하늘에 올라갔다함은 반드시 그럴듯한 말입니다. 그러나 그가 승천할 때에 기린마를 탔다느니, 황용을 탔다느니 한 그 말부터 거짓이 그 중에서 나타났으며, 또는 하늘에도 먹고 입고 유하고 할 데가 있는 듯이 한갓 인간적 관념으로써 그렇게 추상(推想)해서 육신승천하였다고 한 것입니다.

용산의 진주묘는 죽은 사람이 그 생전에 사용하던 기구를 합장(合葬)하는 그때 풍속에 의지하여 으레이 그의 옥편을 합장하고서 무덤의 이름을 지었을 것입니다. 그러면 그의 육신은 무덤 속에서 영원히 잠자고 있습니다. 그런데 무엇을 타고 승천하였다함은 그 정령의 있음을 미신한 까닭이올시다.

『동경잡기』 신라 유리왕 때에 이서국(伊西國)의 군사가 와서 금성(金城)을 치는데, 신라의 힘으로서는 도저히 대적할 수 없게 되었습니다. 그러한 중에 문득 귀에다가 댓닢으로 귀고리한 군대가 와서 도와주므로 적을 물리치었답니다. 퇴군한 뒤에 본즉 그 군대는 간데 없고 다만 귀고리하였던 댓닢만이 미추왕릉(味鄒王陵) 앞에 쌓이었다고 합니다. 그래서 그것은 미추왕의 도움이라 하여 그 능의 이름을 죽장능(竹長陵)이라고 하였답니다.

이 때의 신라는 그 지방이 육부(六部)에 지나지 못하였은즉, 그 군사가 많다면 얼마나 많겠습니까? 그 이웃나라 되는 감문국(甘文國)으로 말하여도 군사를 크게 징발한 것이 서른 명이라 하였으니, 그 따위의 작음작음한 나라가 그때에는 많았었습니다.

그러면 어떤 이웃나라가 신라의 위급함을 듣고 댓닢을 표호(標號)로 한 그 군대를 통지없이 보내어 도와주고, 물러갈 때에도 또한 통지없이 물러가다가 그 표호이던 댓닢을 미추왕릉에 던지었던 모양입니다. 그러나 그 군대의 왔다 간 자취가 다만 미추왕릉에 쌓인 댓닢뿐인고로 미추왕이 신병 귀졸을 보내어 도운 것이라고 생각한 것입니다.

『삼국유사』 진지왕(眞智王)이 사량부(沙梁部) 도화낭(桃花娘)이 곱다는 소문을 듣고 궁중에 불러들이어 고이려 하니 낭이 거절하되, 첩이 남편이 있는즉 비록 죽더라도 다른 이에게는 몸을 허할 수가 없다고 하였습니다. 왕이 우롱하여 말하되 남편이 없는 뒤에는 그러할 수 있느냐고 하니 네! 그렇다 뿐입니까 하였습니다.

그런데 그 해에 왕이 죽고 그 후 이레만에 낭의 남편이 또한 죽었습니다. 그런지 열흘이 되는 그날 밤에 왕이 생시와 같이 와서 말하되, 네가 그전에 허락한 바와 같이 이제 남편이 없으니 그러할 수 있느냐 하고 이레 동안 유숙하다가 문득 보이지 아니하였습니다.

그때부터 잉태하여 아들을 낳으니, 그 이름을 비형(鼻荊)이라 하였습니다. 진평왕이 그를 데려다가 궁중에서 기르더니 열 다섯이 되매 밤마다 날아서 월성(月城)의 서쪽을 지나 황천(荒川)의 언덕에 가서 귀신의 떼와 더불어 놀다가 절에서 울리는 새벽종 소리를 듣고야 헤어지더랍니다.

한번은 왕이 용사(勇士)를 시키어 과연 그러한가를 엿보아 알게 되었습니다. 그러고 네가 귀신의 떼를 데리고 논다는 말이 옳으냐고 비형에게 물었습니다. 네! 그렇습니다. 그러면 네가 귀신의 떼를 시키어 신원사(神元寺)의 북쪽에 있는 개천에 다리를 놓으라고 하였습니다. 비형이 그대로 하여 큰 돌다리를 놓으니, 그 이름을 귀교(鬼嬌)라고 하였습니다.

그 후에 왕이 또 물으되, 그 귀신들 중에 인간에 나와서 나라의 정사를 도와줄 자가 있느냐고 하였습니다. 네! 길달(吉達)이라는 자가 그러할 수 있습니다. 그리고 그 이튿날에 비형이 그를 데리고 왔거늘 왕이 집사 벼슬을 주었더니 과연 충직하기가 짝이 없더랍니다.

그 때에 각간(角干) 임종(林宗)이 아들이 없으므로 왕이 명령하여 그의 아들이 되게 하였습니다. 임종이 길달로 하여금 흥륜사

(興輪寺)의 다락문을 짓고 그 문의 이름을 길달문이라 하였더니, 하루는 길달이 여우로 되어 도망하니 비형이 귀신을 시키어 그를 잡아다가 죽이었습니다. 그 후부터는 그 떼가 비형이란 이름만 들어도 무서워 달아났답니다.

도화낭이 죽은 진지왕과 더불어 이레 동안 동침하여 잉태하였다는 것은 그가 과부로써 훼절한 그 자취를 감쪽같이 감추려는 그 방법에서 앞섯날 궁중에 불리어 들어갔던 사실을 다시 내세우지 아니할 수가 없을 것입니다. 그리고 그때 사람의 정도로는 그 사실이 아무라도 속일 만하고, 따라서 아무라도 속히울만 합니다. 그래서 비형을 사생자로 둘 수 없어 진평왕이 거두어서 양하게 되었습니다.

비형이 밤마다 함께 놀았다는 귀신의 떼는 오입장이 풍류낭들이 아니면 노래 잘하고 춤 잘 추는 궂중파 잡놈들일 것입니다. 궁중에서 생장하는 비형의 체면으로서는 그런 놀이를 백주대낮에 드러내놓고 할 수가 없으며, "동경 밝은 달에 밤들이 노니다가"라는 처용의 노래를 보더라도 신라의 습속에 밤놀이가 많았던 것을 또한 알 수가 있습니다. 그러면 길달도 그런 잡놈의 하나일 것입니다.

그가 여우로 변하여 도망하였다는 것은 집사로, 각간의 아들로 된 그 세력을 믿고 무슨 죽을 만한 죄를 짓고 도망할 때의 변장(變裝)한 사실을 그렇게 꾸미어낸 모양입니다.

동화 옛날 어떠한 곳에 빰에 혹난 사람 하나가 있었습니다. 하루는 그가 나무하러 먼 산에 갔었습니다. 해 지는 줄 모르고 나무만 하다가 아차, 늦었구나! 하고 불이 나게 집으로 돌아오게 되었습니다. 그러나 밤이 벌써 캄캄해지고 집은 아직도 멀었습니다. 할 수 없이 그 중로에 있는 어떤 빈집에서 자게 되었습니다. 냉돌에 혼자 누웠으니 잠이 와야 잠을 자지, 때마침 늦은 달이 떠서 창문에 비치었습니다. 그래서 본래 잘하던 솜씨로 노래 몇 마디를 불렀습니다.

그 근처에는 노래 좋아하는 도깨비들이 있었습니다. 도깨비들이 문 밖에 모여들어 노래를 듣다가 그 중 왕도깨비 한 놈이 대표로 들어와서 어찌하면 당신과 같이 목청 좋게 노래할 수가 있느냐고 물었습니다. 응! 나는 뺨에 혹이 있기 때문이라고 하였습니다. 그러면 그 혹을 나에게 주십시오 하고, 금방 허락하자 뚝 떼어가지고 가더랍니다.

그 사람은 어찌도 기뻤던지 그 이튿날 자기 집에 돌아와서 그 사실을 동리 사람들에게 자랑삼아 이야기 하였습니다.

그 이웃에 뺨에 혹난 사람 하나가 또 있었는데, 그 말을 듣고 자기도 혹을 떼려고 하여 그 전 사람이 하던 그대로 하여 그 빈집에서 노래하니, 아니나 다를까 도깨비들이 문 앞에 와서 듣다가 왕도깨비 하나가 들어와서 어찌하면 노래를 잘 할까를 물었습니다.

그래서 그 또한 그 전 사람의 하던 말대로 대답하니까 왕도깨비가 성을 내면서 말하되, 요전에도 어떤 놈이 그렇게 말하길래 그놈의 혹을 떼어 내 뺨에 붙이었으나 노래는 커녕 그냥 속았다 하고, 그 혹을 떼어서 그 사람의 한쪽 뺨에 또 하나 붙여 주고 갔습니다. 그러므로 혹 떼러갔다가 혹 하나 더 붙이었다고 지금까지 그 사람을 조롱합니다.

『가어(家語)』에 도깨비는 나무나 돌의 괴이한 기운이라 하고, 『포박자(抱朴子)』에 도깨비는 산의 정기(精氣)니 그 모양이 조그마한 아이와 같으나 외발이 뒤로 뻗어졌는데, 밤이면 사람에게 범하기를 좋아한다고 하였나니, 물론 우리 조선 사람도 그렇게 믿어왔습니다. 그래서 어떤 우스운 말 잘하는 사람이 혹때던 이야기를 정말 그럴듯하게 지어낸 것입니다. 그러나 오늘날에 와서는 그 전 사람들의 도깨비라 하던 그것이 인화(燐火)의 작용임을 소학교 학생까지도 다 알게 되었습니다.

국사당(國師堂) 누구든지 조선 각 지방으로 여행할 때, 고개의 마루마다, 혹은 큰 길 모루마다 '국사당'이라는 돌무더기를 본 일이 많을 것입니다. 당집이 있는 데는 그 집의 정벽 중앙에 하얗게 늙고도 거룩한 남정 노인이 범을 타고 앉은 것과, 그 좌우에는 꽃다운 여자가 수종 들고 서있는 그림이 붙어 있고, 그 집의 주위에는 돌무더기가 있으며, 당집이 없는 데는 울긋불긋한 히뜩번뜩한 헝겊 오라기들이 달린 나무와 돌무더기가 있습니다.

범탄 늙은이는 혹 산신령이라고 하는 사람도 있고, 혹 산천을 다스리고 길을 통하여 주던 단군 때의 팽오(彭吳)라고 하는 사람도 있습니다. 그러나 우리는 그 당집의 이름이 '국사'라는 그것으로 보아 둘째 사람의 말이 가장 근사하다고 합니다.

그런데 고개의 이쪽 저쪽으로부터 가고 오는 사람마다 반드시 손에 쥐게 알맞춤한 돌멩이 하나씩 쥐고 거기에 와서 놓을 때 침을 퉤! 뱉고, 혹은 소망을 이루어 주옵소서, 혹은 무사히 내왕하게 하여 주옵소서! 열 사람이면 열 사람이 다 그 소원대로 비는 것은 누가 시키어서 그러는지 여러분들 아십니까?

그것은 다른 까닭이 아니올시다. 우리 조선에서는 그 전에 적병이 오는 때면 고개 마루의 요해처(要害處)에 웅거하고서 흔히 돌싸움한 일이 있었는데, 평시에 그런 돌무더기를 미리 쌓아두자면 백성들을 일부러 시키어서 쌓게 하는 것보다 미신으로써 인도하는 것이 더욱 쉽고 치원들을 일도 없으리라고 누가 생각하였던 모양입니다. 그래서 고개의 마루나 길 모루에나 어떤 거룩한 신(神)을 그리어 붙인 국사당을 지어 놓고 백성들로 하여금 이리 이리하면 소원성취한다고 하였던 것입니다.

그것을 그렇게 인도하는 역할을 누가 맡았었을까? 우리는 서슴치 않고 샤먼이라고 하며, 거기에 침 뱉게 한 것은 무슨 까닭일까? 돌무더기에는 으레이 지네〔蜈蚣〕가 모여들고, 지네는 으레이 침에 죽는 줄을 알아서 그리하라고 한 것입니다. 그러나 지금까지의 백성들은 이것저것이 어찌된 셈인지도 모르고 미신하였습니다.

이밖에도 영남루의 윤낭자, 곡조문전의 설낭자, 얼굴에 분칠한 여귀……따위의 전설이 또한 적지 아니하나, 그것을 낱낱이 말할 수가 없습니다. 구태여 말할 것도 없습니다. 어쨌든 귀신이라는 것은 실없은 놈들의 심심풀이로 지어낸 것도 있고, 허물있는 놈이 그것을 감추기 위하여 지어낸 것도 있고, 혹은 자기의 상상에 의지하여 허깨비를 보고서 지어낸 것도 있습니다. 그러면 귀신이 있느냐 없느냐 하는 문제는 누구든지 넉넉히 해결할 것입니다.

제10절 보물에 대한 미신

『동경잡기』 신문왕(神文王) 때에 동해 가운데에서 조그마한 산이 떠내려 와서 감은사(感恩寺)를 향하여 물결을 따라서 오락가락 하더랍니다. 왕이 그것을 보고 야릇하게 여기사 배를 타고 바다를 거치어 그 산에 들어가니 산 위에 대〔竹〕나무가 있더랍니다. 대를 베어 저〔笛〕를 만들었는데, 그것을 불면 적병도 물러가고, 병도 낫고, 가뭄에는 비도 오고, 장마에는 날씨도 개고, 바람도 끊기고, 노〔波濤〕도 잔잔하더랍니다.

그래서 그 저의 이름을 만파식적(萬波息笛)이라 하고, 대대로 전하여 가는 보물이 되어, 효소왕(孝昭王)은 그 이름을 고치어 만만파파식적(萬萬波波息笛)이라 하더니 지금은 없어졌다고 하였습니다.

동해 중의 조그만한 산은 확실히 울릉도를 가리킨 것입니다. 거기에는 지금과 같이 그때에도 대가 많았을 것이요, 거기에서 대를 베어 저를 만들고 만파식적이라는 이상적 이름을 지었을 것입니다. 그 여섯가지의 근심을 없이하는 보물이 있기만 하면 어찌나 좋으랴의 생각이 얼마나 간절하여서 그런 이름을 지었겠습니까? 그 이름만 하여도 대대로 전하여 갈 만한 보물일 것입니다.

그 저를 만든 후에는 누구든지 한번도 불어 본 적이 없었던 모양입니다. 만일 불어만 보았더라면 그런 신통한 보물이 보잘것없다는 것을 곧 깨달았을 것입니다. 그런데 적병이나 질병이나, 또 그 무엇이나 한번 물리치어 본 일도 없이 그것은 그런 보물이거니 믿어만 두고 대대로 전하다가 잃었다는 것도 그럴 듯한 일입니다.

『동경잡기』 신라의 어떤 임금이 금척(金尺) 하나를 얻었는데, 그것으로써 죽은 사람을 재면 그 사람이 곧 살아나고, 병든 사람을 재면 그 사람이 곧 나았답니다. 그래서 그것이 나라의 보물로 되었더니 중국에서 그 소식을 듣고 사자를 보내어 달라고 하매, 왕이 주지 않고 서울의 서쪽 20리 되는 땅에 파묻어 감추고 거기에 원사(院舍)를 지어놓고 금척원(金尺院)이라 하였답니다.

이것은 어떤 말공부장이가 금척원을 두고서 추상적으로 사실을 부연하여 지어낸 것입니다. 병과 죽음의 고통은 사람마다 느끼는 바라 그런 고통을 없이하는 어떤 보물이 있었으면 하는 생각이 너무도 간절하여 말로 만들어서 위안되는 그런 이야기를 지을 수가 있습니다. 그러나 이때까지의 사람들은 정말 그런 것이 있었는 줄만 믿어왔습니다.

『여지승람』 진평왕 원년에 신인(神人)이 궁궐 마당에 내려와서 옥으로 만든 띠를 왕에게 전하면서 말하기를 "이것은 한울님이 주신다" 하거늘 왕이 꿇에 업드려 받으시고 종묘에 제사할 때면 그것을 띠었습니다. 그후에 그것이 대대로 전하여 가는 보물로 하여 남쪽 곳간에 간직하여 두었더니, 경순왕 때에 이르러 그 곳간을 열고 그것을 찾아내려 한즉, 갑자기 바람 불고 비가 오면서 대낮이 그믐밤과 같이 캄캄하여졌습니다. 그래서 왕이 좋은 날을 택하고 목욕재계하고 제사한 후에 그것을 내어 고려 태조에게 드리었다고 하였습니다.

이 옥대는 신라의 세 가지 보물 중의 하나올시다. 그 보물로 말하면 첫째는 봉덕사(奉德寺)의 장육상불(丈六像佛)이니, 그것은 구리 3만 5천 7근과 도금 1백 2냥으로써 만든 것이요, 둘째는 황룡사(皇龍寺)의 구층탑이니, 그것은 높이가 스물 두 길이요, 그 다음에는 진평왕의 옥대니, 그것은 길이가 열 뼘이요, 띠돈이 예순이나 됩니다.

그러면 그것들은 높이와 길이로써 보물이 된 것입니다. 진평왕은 신라의 임금 중에 성제(聖帝)라는 이름을 얻으리만큼 유명하였고, 더군다나 그 몸집이 그런 기다란 옥대를 띠리만큼 컸던 까닭에 그의 자손된 사람은 그것을 귀중한 기념품으로 영원히 보존하려고 아니할 수 없을 것입니다. 그래서 그것은 한울님이 주신 것이니, 만일 누구든지 그것을 간직한 곳간을 열려고 하면 바람 불고 비오면서 천지가 캄캄하여진다는 미신을 붙였던 것이요, 결코 경순왕이 그 곳간을 열려고 할 그때에 그리된 것이 아님을 우리는 알아두어야 합니다.

그렇지 않으면 고려 태조가 그 옥대를 먼저 요구하매, 경순왕이 그 요구를 거절하기 위하여 그런 미신의 말을 지어내었다가 필경 어쩔 수 없어서 좋은 날을 택하고, 목욕재계한 후에 얻어내는 형식을 차리었던 것입니다.

동화 굴뱀은 매우 잘음잘음하고 그 수효가 극히 많은데, 여름에 비가 오다가 개이고 해가 짱짱하게 비치는 때면, 그것들이 굴에서 하나하나 잇따라 나와서 논답니다. 그때 그것이 하나하나

나오는 족족 모조리 때려 죽이면, 맨 나중에는 제일 커다란 뱀이 그 머리에 팔모 야광주를 쓰고 나온답니다.

만일 앞서 죽인 뱀들을 죽이는대로 불에 태워 그 형투리까지 없애지 아니하면, 나중에 나오는 큰 뱀이 그 머리에 썼던 야광주의 어느 한 모를 그 죽은 뱀들이 있는데 둘러 대면 그것들이 일제히 다시 살아나서 그 굴로 도로 들어갈 뿐만 아니라 저희들을 죽이던 그 사람의 생명에 해를 준다고 합니다.

누구든지 그 야광주만 얻게 되면 세상에서 못할 일이 없다고 합니다. 왜 그런가 하면, 그 야광주는 해마다 신기한 조화가 있어서 죽은 이를 살리는 모, 병든 이를 낫게 하는 모, 원수를 죽이는 모, 돈 생기게 하는 모, 산을 평토되게 하는 모, 물을 육지되게 하는 모 따위.

그것을 얻는 방법에 있어서는 삼부자(三父子)가 협력하여야 된답니다. 그 삼부자 중에 한 사람은 쑥대를 베어오고, 또 한 사람은 그 쑥대를 가지고서 굴에서 나오는 뱀을 연이어 때려 죽이고, 나머지 한 사람은 불을 피워서 죽인 뱀을 낱낱이 태워 버린답니다.

그런즉 나중에 나오는 큰 뱀이 그 머리에 썼던 야광주로 아무것도 살릴 여지가 없이 되고, 그놈까지 때려잡으면 야광주를 얻게 된답니다. 그래서 지금까지도 그것을 미신하고 굴뱀을 꿈꾸는 사람이 적지 아니한 모양입니다.

제 3 장

유 교(儒敎)

제1절 유교가 들어온 것과 그 연혁

유교가 우리 조선에 들어온지 벌써 그 세월이 오래입니다. 역사의 기록으로써 보면 함허자(涵虛子)의 이른바 기자(箕子)가 조선에 들어올 때 시서예악(詩書禮樂)……외 류(流)가 따라왔다는 것이 그 처음이오, 그리고 한무제(漢武帝)가 사군(四郡)을 설하며, 또는 진한(秦漢)의 백성들이 진한(辰韓)에까지 많이 들어오던 그 시대가 그 교의 얼마만큼 발전된 것을 우리에게 증명하여 줍니다.

그러므로 고구려의 소수림왕(小獸林王)이 대학을 세웠다거나, 신라의 신문왕(神文王)이 국학(國學)을 설치하였다는 사실은 그 발전의 현상으로 우리는 알아두어야 합니다. 그러나 그 교의 세력이 고려의 말년까지는 불교보다 매우 잔약하였습니다. 그렇게 잔약한 중에도 장차 크게 홍할 세력을 가지고 있었습니다.

그것은 백이정(白頤正 : 고려 충선왕 때의 학자. 원나라에서 정주의 성리학을 배우고 돌아와 이제현 · 박충좌 등에게 가르쳐 고려의 성리학을 개척하였음/편집자)으로 말미암아 성리학(性理學)이 들어와서 이색(李穡), 정몽주(鄭夢周)같은 새 학파가 성립하여 필경 그 학파가 이조 조선에 이르러서는 정치상 위대한 세력만 잡을 뿐아니라 자기들이 신앙하는 그 교를 국교로 하여 상하 5백년 동안에 별별 연극을 다 흥행하였습니다.

제2절 그 학설의 변천

유교라 하면 유심적(唯心的) 철학인 것은 누구나 다 아는 바입니다. 그러므로 그 학설이 심리작용의 점점 발달함을 따라서 시대시대의 변천이 있게 되었는데, 그 변천의 시기를 아래와 같이 구분합니다.

제1기에는 태극설(太極說) 『주역』에 일렀으되 "역(易)에 태극이 있으니 그것이 양의(兩儀)를 낳은지라. 태극이란 것은 도(道)요, 양의란 것은 음양이니, 음양은 한가지의 도이며, 태극은 무극(无極)이라. 만물의 생긴 것이 음을 지고 양을 안아 태극이 없는 것이 없으며, 양의가 없는 것이 없다" 하였고, 또 일렀으되 "역에 태극이 있으니, 그것이 양의를 낳고, 양의가 사상(四象)을 낳고, 사상이 팔괘(八卦)를 낳았다" 하였습니다.

그렇게 일음일양(一陰一陽)을 추상적 법칙으로 하여 해와 달의 교대, 사시(四時)의 왕래, 밤과 낮이 바뀌는 것, 그리고 남녀, 상하, 길흉, 화복 따위의 말을 다 상대적으로 세웠나니, 그 결과를 간단히 말하면 음양의 변화를 괘효(卦爻)로써 표시하여 우주의 법칙, 인사의 진행을 점치는 그것에 지나지 못한 것입니다.

『주역』에는 복희씨의 선천설(先天說)과 문왕의 후천설이 있나니,

그 팔괘에 대한 차서(次序)와 방위(方位)와 그림은 이러합니다.

복희씨의 팔괘 차서

一	二	三	四	五	六	七	八	
乾	兌	離	震	巽	坎	艮	坤	八卦
太陽		少陰		少陽		太陰		四象
陽				陰				兩儀
太極								

복희씨의 팔괘 방위

乾一 ☰
兌二 ☱
巽五 ☴
離三 ☲
坎六 ☵
震四 ☳
艮七 ☶
坤八 ☷

문왕 팔괘 차서

	坤			乾	
	母			父	
	☷			☰	
兌	離	巽	艮	坎	震
少	中	長	少	中	長
女	女	女	男	男	男
☱	☲	☴	☶	☵	☳
得	得	得	得	得	得
坤	坤	坤	乾	乾	乾
上	中	初	上	中	初
爻	爻	爻	爻	爻	爻

문왕 팔괘 방위

離 ☲
巽 ☴
坤 ☷
震 ☳
兌 ☱
艮 ☶
乾 ☰
坎 ☵

제2기에는 예설(禮說) 이것은 공자의 교학(敎學)이니 공자는 기원전 551년에 탄생하고 73세에 죽었습니다. 그의 교학은 주공(周公)의 예(禮)에 근거하여 그것으로써 인격을 완성함의 필요 조건으로 삼았습니다. 그러므로 그가 안자(顔子)에게 말하되 "예

(禮) 아니어든 보지 말며, 예 아니어든 듣지 말며, 예 아니어든 말하지 말며, 예 아니어든 동하지 말라" 하였고, 또 말하되 "온공하고 예 없으면 가쁘며, 삼가고 예 없으면 어지러우며, 직(直)하고 예 없으면 교(絞)하다" 하였나니, 다시 말하면 아무리 온공하고 삼가고 직하고의 아름다운 덕이 있을지라도 예가 없으면 좋지 못한 결과를 보게 된다 함이올시다.

예라는 것은 인(仁)으로부터 발생하는 의식적 행동에 가장 중요한 것이니 "나의 도는 하나로써 관(貫)한다"의 하나는 인(仁)을 가리킨 것이요, "안자(顔子)는 석달은 인(仁)에 어기지 않는다"함은 예에 합한 것을 가르침이올시다.

제3기에는 충서설(忠恕說) 이것은 공자의 직접 문인되는 증자(曾子)의 학설인데, 몸을 닦고, 집을 가직히 하고, 나라를 다스리고, 천하를 평하는 도가 충서에 있다고 하였습니다. 충서도 또한 인(仁)으로부터 발생하는 의식적 행동을 가리킨 것이니 그의 이른바 "마음에 아파하는 바를 남에게 베풀지 말라" 하고 "말이 거슬리어 나아간 것은 또한 거슬리어 들어온다"한 것이 밝히 증명합니다.

제4기에는 지성설(至誠說) 이것은 증자의 문인 되는 자사(子思)의 학설인데, 그는 만물의 본성을 성(誠)으로 해석하여 말하기를 "하늘의 명한 것이 성(性)이요, 성을 좇는 것이 도(道)요, 도를 닦는 것이 교(敎)라" 하고 "지극한 정성은 쉼이 없나니라. 쉬지 아니하면 오래고, 오랜즉 징(徵)하고, 징한즉 유원(悠遠)하고, 유원한즉 박후(博厚)하고, 박후한즉 고명(高明)이라" 하고, 또 말하기를 "성(誠)이란 것은 물(物)의 처음과 나중이니 성이 아니면 물이 없다"고 하였으니, 이것이 곧 후세의 유교철학의 근본 학설이 되었습니다.

제5기의 성선설(性善說) 이것은 자사의 문인되는 맹자의 학설인데, 그는 말하되 사람의 본성은 선하다 하여 누구든지 요순(堯舜)이 될 수 있으나 다만 물욕의 가리움으로 인하여 그 선을 나타내지 못한다 하고, 또는 양지양능(良知良能)이 사람마다에 있는 것을 밝히 말하였나니 "사람이 배우지 않고 능한 것은 그것이 곧 양능이요, 생각지 않고 아는 것은 그것이 곧 양지니 어린아이가 그 어버이를 사랑할 줄 알지 못함이 없고, 그 자람에 미치는 그 형을 공경할 줄 알지 못함이 없는지라, 어버이를 친히함은 인(仁)이요, 어른을 공경함은 의(義)니, 이것은 다름 아니라 천하에 달(達)한 것이다"고 하였습니다.

제6기에는 성악설(性惡說) 이것은 순경(荀卿)의 학설인데, 그는 맹자의 뒤에 나서 사람의 천성은 악하다 하여 말하기를 "천성은 하늘이라 가히 배우지 못하겠고, 가히 섬기지도 못하겠다"하고, 또는 "생(生)의 자연이 천성이라"하고, "사람은 나면서부터 이를 좋아하고 악을 미워하며, 귀와 눈의 욕심으로 소리와 색을 좋아함이 있나니, 이를 좋아함으로써 다툼과 빼앗는 일이 생기고, 사양하는 마음이 없으며, 악을 미워하므로 남을 해하는 일이 생기고 충성과 믿음이 없으며, 소리와 색을 좋아하므로 음란한 일이 생기고 예의 염치가 끊어졌나니 그것이 곧 사람의 천성은 악한 증거라" 하고, "이제 어떤 사람이 시장하되 어른을 보고 먼저 먹지 못함은 장차 사양하고자 함이며, 가쁘되 쉬기를 구하지 못함은 장차 대(代)하고자 함이니 무릇 아들이 아버지에게 사양하며, 아우가 형에게 사양하고, 아들이 아버지를 대(代)하며, 아우가 형을 대(代)하는 그 두가지의 행위는 다 천성을 거스림이며 인정에 반대되는 것이니, 그런 것이 효도요 예이다"고 하였습니다.

그런데 사람마다의 성정 그대로만 맡겨두면 사회의 질서가 문란하여 치안의 도(道)를 얻지 못할지라, 그로 말미암아 예의를 중히 여기게 되었나니 예의는 외모로부터 사람을 만드는 것인 까닭에 개인에게 있어서 적지아니 고통을 느끼게 됩니다. 그러니까 그것은 자연이 아니요 인위(人爲)며, 인위는 곧 거짓 위(僞)니 성인(聖人)은 거짓으로써 성공한 자라. 그래서 순자가 말하기를 "거짓을 쌓아서 된 것이 성인이라"고 하였습니다.

제7기에는 성리설(性理說) 공자의 학설이 전한지 천 수 백년 후, 송나라 때에 정명도(程明道), 주회암(朱晦菴)이 성리학을 주창하였나니, 그것은 사람과 만물의 천성이 다 같으다 함이요, 다시 말하면 만물이 다 태극(太極)이라는 이론이올시다.

이 위에 이른바 학설의 변천은 유교 그 자체의 진화한 역사를 기록한 것이니, 그 학설뿐으로는 종교의 성질을 갖추었다고 못할 것입니다. 종교의 성질은 보통 어떠한 신앙 조건이 있어야 하나니, 이제부터는 유교의 신앙은 무엇인가를 말하여 봅시다.

1 한울님에게 대한 신앙

사서(四書)와 오경(五經)에 드러난 옛날 사상을 보면, 한울님에

게 대한 신앙이 얼마나 컸던가를 알 수가 있나니,

『상서(商書)』「중훼지고(仲虺之誥)」— 오직 하늘이 백성을 내셨으니 ……

「태갑(太甲)」— 한울님의 밝히 명하심을 돌보아……

「태서(泰誓)」— 오직 하늘과 땅은 만물의 부모요, 오직 사람은 만물의 영(靈)이니……

『대아(大雅)』「문왕대명(文王大明)」— 한울님의 모심이 아래에 있으니……

『대아』「증민장(蒸民章)」— 하늘이 뭇백성을 내시니 물(物)이 있고 법이 있도다.……

『맹자』— 내가 노후(魯侯)를 만나지 못함은 하늘이 그렇게 한 것이다.……

『중용』— 하늘이 명한 것이 성(性)이요……

2 조상에게 대한 신앙

『주역』의 예괘(豫卦)는 선왕(先王)이 써 풍악을 짓고 덕을 높이어 그것을 한울님에게 드리고 조상을 짝한다 하고,

『모시(毛詩)』의 「생민장(生民章)」은 후직(后稷)을 한울님에게 짝하여서 제사하는 악가(樂歌)라 하고,

『모시』의 「아장장(我將章)」은 문왕(文王)을 한울님에게 짝하여서 제사하는 악가라 하였으니,

위에 말한 것들은 한울님과 그 조상을 동등으로 본 것이오.

『논어』에는 신종추원(愼終追遠 : 신종은 喪制로서 장례나 忌服 따위를 정중히 하는 것을 말하며, 추원은 조상의 제사에 정성을 다하는

것을 일컫는 말/편집자)을 효도라 하고,

『맹자』는 살아서 그를 예로써 섬기고, 죽으매 그를 예로써 장사하고, 제사함에 그를 예로써 하는 것이 효도라고 하였으니,

위에 말한 것들은 아들이 그 부모에게 효도하는 방식을 가르친 것입니다.

3 다신(多神)에게 대한 신앙

유교의 신앙은 한울님과 조상에게만 그치는 것이 아닙니다. 그 교리가 원시적 사상에서부터 근거하였으므로 샤머니즘의 신앙과 조금도 다른 점이 없습니다.

『주례(周禮)』는 주공(周公)이 지은 것인데, 천관총재(天官冢宰 : 주나라 때 육관의 장. 지금의 국무총리와 같음. 천관과 총재는 후세에 와서 다같이 이부상서, 이조판서의 이칭이 되었음/편집자)의 아래에 여축(女祝), 사무(司巫), 남무(男巫), 여무(女巫)가 있어 각각 제사를 맡아 지낸다 하고,

『모시』의 「운한장(雲漢章)」은 주선왕(周宣王)이 난리와 흉년을 당하여 제사하던 악가(樂歌)인데, 거기에는 교(郊)로부터(한울님에게 제사하는 데) 궁(宮)에(조상에게 제사하는 데) 이르기까지 귀신이라고는 뺀 것이 없다 하였고,

『예기(禮記)』에 일곱가지의 제사법에 그 첫째의 제사는 회춤(中霤 : 중류는 실제로는 司命 다음가는 둘째 제사이다. 중류는 방의 중앙으로, 혈거시대에는 위의 창을 열어서 조명했기 때문에, 비가 내리면 류〔낙수물〕가 그곳에 떨어졌으므로, 류를 방의 뜻으로 사용했다. 고대 경대부의 집에서는 토신을 이곳에서 제사했기 때문에 그 제사를 중류라 했다/편집자)이요, 백성에게 있어서는 혹은 지게(戶)에, 혹은 부엌

에 제사한다 하고,

『논어』에 집의 아랫목(奧)에 아첨하는 것보다 차라리 부엌에 아첨할 것이라 하고,

『예기주소(禮記註疏)』에 거룩한 임금이 제사법을 지으심에, 백성에게 법을 베푼 이에게 제사하고, 죽기까지 부지런히 일한 이에게 제사하고, 힘써 나라를 편안하게 한 이에게 제사하고, 능히 큰 재화를 막은 이에게 제사하고, 능히 큰 근심을 없이한 이에게 제사하고 …… 해와 달과 별은 백성을 쳐다보는 것이며, 산림과 냇물과 큰 두덕은 백성의 쓸 것을 취하는 데니, 그러한 것들이 아니면 제사하지 않는다 하였습니다.

우리 조선의 상제례(喪祭禮)를 보면 사람이 갓 죽은즉 그 죽은 사람의 속적삼을 가지고 지붕에 올라가서 혼(그 성명을 세 번 부르면서)을 부르고, 그런 후에는 그 적삼을 개어 놓고 그 위에 또 십자형(十字形)으로 맺은 백지를 놓고 그것을 '혼백'이라 하여 종이로 만든 당직이에 넣어 두고 날마다 아침 저녁이면 음식상을 드리되, 그 드리는 때마다 애곡(哀哭)하며, 그러다가 장례식을 거행할 때에는 그 시체를 실은 상여는 앞서고 혼백 당직이를 실은 영여(靈輿)는 뒤서서 장지까지 나아가고, 장례를 필한 뒤에는 혼백 당직이를 실은 영여만 집으로 다시 돌아오는데, 혼이 돌아오는 제사를 드리며, 그 혼백 당직이는 소상(小祥) 때까지 두어두고 그 후에는 밤나무로 신주를 만들어(신주를 만든 목수는 아무 때든지 괄시를 못하나니, 그것은 그 자의 아버지를 만들어낸 까닭) 둡니다.

그런데 소상, 대상을 지낼 때에는 주자(朱子)의 『가례(家禮)』에 근거한 예문에 의지하여 절차를 행하되, 갖은 제물을 차리고 저

넉제와 밤제를 들일 때 강신잔(降神盞)을 부어놓고, 그 친족 중에서 선정한 대축이 축문을 부르고 반수(飯水)를 떠어 올린 후에는 그 문을 닫고 상주와 제객들은 제석에 서서 아무 기척도 없이 섰다가 문을 열 때에는 잔기침 몇마디를 먼저 하나니, 그것은 아무 기척도 없이 갑자기 문을 열게 되면 혼령이 놀랄까봐 그리하는 것이랍니다. 그러면 여기에서는 혼령이 있다는 신앙이 확실히 보입니다.

그리고 그들은 학리(學理)에 있어서도 공자의 말씀은 이러하고, 맹자의 말씀은 저라하다 할 뿐이요, 창작성을 조금도 발휘하지 못합니다. 치국평천하의 도에 있어서도 요순(堯舜) 적을 꿈꿀 뿐이요, 아무런 새 정책을 세우지 못합니다.

다시 말하면 옛 사람의 지난 자국을 그대로 꼭 밟으면서 감히 한 걸음도 전진을 못합니다. 만일 그 궤도에서 한 걸음이라도 탈선이 되면 사문역적이라는 죄명을 쓰게 됩니다.

그러나 그 신앙에 있어서는 과거보다도 현재를 더 중하게 보고, 그 현재보다도 미래를 한층 더 중하게 보는 것은 사실입니다. 살아서는 도덕, 문학, 정치 그 세가지를 겸하지 못하면 그중의 어느 한가지든지 입신양명하고, 죽어서는 백세(百世)의 스승이 되어 천추의 혈식(血食)을 받는 것이 그 신앙의 근본정신이올시다.

왜 그런가 하면 공자는 몸을 죽이어 인(仁)을 이룬다 하였고, 맹자는 사는 것을 버려서라도 의(義)를 취한다함이 우리에게 증거하여 줍니다.

그 인의(仁義)로부터 발생하는 동작을 덕행이라 하는데, 효도가 백가지 덕행의 근본이 된다고 하였습니다. 그것은 "대저 효도는 어버이를 섬김에서 시작되고, 임금을 섬김에서 가운데가 되고, 몸을 세움에서 마지막이 된다"는 『효경(孝經)』의 기록이 여지없이 해석하였습니다.

무릇 자식이 되어서 그 어버이를 공경하는 것이 무슨 잘못이 되리오마는, 유교에서 이르는바 효도는 백가지 덕행의 근본은 커녕, 백가지 악의 근본이 된다고 대담스럽게 말할 수가 있습니다. 공자의 말에 "아버지가 계실 때는 그 뜻을 보고, 아버지가 죽음에는 그 행함을 본다" 하였으니, 그 말대로만 한다면 자식된 자는 아무 자유도 없을 뿐아니라, 그 일생을 비참하게도 희생하고 말 것입니다.

과연 그런 것입니다. 우리 조선에서 그리하였습니다. 이제 들어보시오! 아버지가 죽으면 죽은지 사흘만에 성복제, 그리고 조석제, 삭망제, 그 시체는 석달 동안 사빈(似殯)하였다가 장례식을 거행하려고 떠나는 그 때 발인제(發引祭), 그리고 장지에 가서 개사토제(開莎土祭), 산신제, 성분제(成墳祭), 그리고 또 돌아와서 반혼제(返魂祭), 초우(初虞), 재우(再虞), 삼우(三虞)제, 졸곡제, 각 명절제, 대소상제, 그 다음에 담제를 지내면 상례를 다 필하였다고 합니다.

그 뿐입니까. 효행이 있다는 사람은 3년 동안 그냥 수묘(守墓)하는데, 수묘하는 동안에는 아니하는 것이 하도 많고 많습니다. 머리도 빗지 아니하고, 얼굴도 씻지 아니하고, 의복도 갈아 입지 아니하고, 손톱 발톱도 깎지 아니하고, 짐승의 고기 물고기도 먹지 아니하고, 범방(犯房)도 아니하고, 웃지도 아니하고, 머리나 의복에 이가 꾀면 그것은 죽이지 아니하고 잡는대로 밑이 막힌 참대통에 집어넣고 마개를 막아둡니다. 그리하는 것은 상인은 살생을 아니한다는 까닭이올시다.

그러다가도 그 동안에 만일 방색을 범하여 아이를 낳게 되면 세상이 이름하기를 복건동(服巾童)이라 하여 그 아이가 자라서 행세하는 길이 막힐 뿐아니라, 더욱 그 상인(喪人)의 효행은 일조에 소멸되어 다시 남볼 면목이 없이 됩니다.

그렇지 않고 그 금기하는 바를 다 아니하고 짚주절이 상막 속에서 짚자리를 깔고 굴건, 제복, 상장(喪杖)으로 3년을 그냥 잘 울고만 보면 그 도(道)에서는 도천(道薦)으로 보하고, 조정에서는 효자 정문(旌門)을 내려 보냅니다. 그들의 목적은 여기에 그칩니다. 그러면 부모에게 효성을 다하는 그것보다 도천이나 효자 정문을 희망하는 그것이 더 간절하다는 말입니다.

위에 말한 바와 같이 아버지 죽어 3년 수묘한 사람이 그 어머니가 죽었다고 수묘 아니할 수가 없지 않습니까? 그래서 또 3년 수묘하고 보면 벌써 6년이 됩니다. 그리고 조부 조모가 또한 있다고 합시다. 그 다음에 조부가 죽어서 3년 수묘, 또 그 다음에 조모가 죽어서 3년 수묘하고 보면 전후 합하여 열 두해가 됩니다.

그 열 두해 동안에 상례(喪禮)와 제례(祭禮)를 그냥 그대로 치르고, 금지하는 바를 아니하고 또 아니하고 보면 효자문 위에 효자문을 겹겹이 세우는 영광은 비록 있다고 하더라도 기왕에 있던 가정경제가 다 파산되고, 그 뿐아니라 더욱 그 동안 아무 생산도 못하여 생활의 곤란도 물론 그러하려니와 자손생식(子孫生殖)에 더할 나위없는 손실을 보게 되며, 또는 신체 건강에 큰 해를 받아 필경은 그 생명의 위험까지를 맛보게 될 것입니다. 이에서 더 비참한 일이 어디 있겠습니까?

한 집이 그렇게 미신하면 그 한 집이 망할 것이오, 온나라가 그렇게 미신하면 그 나라가 망할 것입니다.

결 론

유교에서는 충성과 효도는 두 가지가 아니라 하여 임금의 권리와 아버지의 권리를 절대 옹호하는 전제귀(專制鬼)며, 군자(君子)가 없으면 야인(野人)을 다스릴 수 없고, 야인이 없으면 군자를 양할 수 없다 하며, 또는 남을 다스리는 자는 남에게서 먹고, 남에게 다스리우는 자는 남을 먹인다 하여 노농군중의 힘을 착취하는 흡혈귀며, 양묵(楊墨)의 도와 같은 것은 이단이니 좌도(左道)니 하여 배척함도 물론이어니와 그 동료의 사이라도 그의 논과 의견이 서로 충돌될 때는 송나라에 있어서는 낙당(洛黨), 촉당(蜀黨), 삭당(朔黨)의 따위로 나뉘이고, 조선에 있어서는 노론, 소론, 남인, 소북 따위로 나뉘어져서 당쟁을 일삼는 파벌귀(派閥鬼)니, 이것들은 종교적 성질로 보아서 다만 그 특색을 들어서 말한 것입니다.

그러나 그 속에는 조상숭배, 자녀 압박, 농공(農工) 등의 생산자 학대, 기타 여러가지가 다 포함되었습니다. 그것이 더할 나위 없는 큰 세력을 잡고 전 조선 군중을 지배한지도 벌써 오백년이 넘었습니다.

그래서 해독준 것도 그 연조(年祚)가 오래니만큼 가지가지로 많이 있었습니다. 그렇게 많은 해독을 갑자기 퇴치하기도 어렵고, 기어이 퇴치하는 방법에 있어서는 많은 투쟁과 많은 세월을 요구하여야 할 것입니다. 그것은 러시아의 희랍정교보다도 그 뿌리가 더 깊이 박힌 까닭입니다.

제3절 유교와 샤머니즘

유교와 샤머니즘의 그 근본이 서로 같다고 하면 누구든지 그럴 수가 있나 하고 깜짝 놀랄 것입니다. 그러나 놀라지 마시오! 그 실은 그 근본이 꼭 같습니다.

샤머니즘은 처음부터 아무런 학리(學理)적 연구도 없는, 그런 연구를 하려고도 아니한 까닭에 한번도 개혁을 맛보지 못한 원시적 종교이며, 유교는 몇 백 몇 천 사람의 학리적 연구로써 개혁에 개혁을 더한 샤머니즘에 지나지 못한 것입니다.

바꾸어 말하면 앞서 것은 옛날의 경전(經典)과 의식(儀式)을 완고하게 지키어 오는 슬라브 족의 구교(舊教)라 할 것이요, 뒤의 것은 루터의 개혁을 여러번 경과한 예수교라 할 것입니다. 이것을 믿지 아니하는 사람은 마치 올챙이는 꼬리가 있고, 개구리는 네 발이 있으니까 그것들은 같은 종류가 아니라고 고집하는 그것과 조금도 다름이 없을 것입니다. 개구리가 비록 형태는 변하였을망정 올챙이와 동종류인 것은 누구나 다 아는 바올시다.

과연 그렇습니다. 유교와 샤머니즘이 꼭 그렇습니다. 이제 비교하여 그 실례를 들 터이니 누구든지 보면 환하게 아시리다.

1 점치는 법

유교의 원시철학——근본적 학리——은 『주역』이라는 그것이요, 『주역』은 팔괘(八卦)를 기초로 하여 생기었고, 팔괘는 순전히 점치는 법에 대한 그림이올시다.

그렇다면 팔괘는 무엇을 근본하여서 생기었는가? 『제왕세기(帝

王世紀)』에 의거하면 복희씨가 하수에서 용마가 지고 나온 그림을 보고 비로소 팔괘를 그렸다고 하였습니다. 이것이 곧 팔괘가 처음 생기던 사실입니다. 대저 용이란 것은 동양 사람의 추상적 영물임은 과학이 발달된 오늘날에 있어 누구를 물론하고 다 아는 바이올시다. 그러나 옛날 사람들은 그렇지 아니하여 사실을 그 사실대로 취급하는 대신에 황당한 신화를 일부러 만든 것입니다.

그것을 역사상으로 진정하게 살펴보면 '용'은 우리 조선말에 '미리'라 하는 것이니, 삼한(三韓)의 미리(彌離)·비리(卑離)와, 진한(辰韓)의 미리진(辰)과, 만주 벼슬의 비리(貝勒)가 곧 그것이며, 하수(河水)는 옛날의 조선족이 황하수(黃河水) 연안을 웅거하였던 자, 곧 하이(河夷)를 가리킨 것입니다. 그러면 그 신화 가운데에는 하이의 임금되는 '미리'가 팔괘의 그림을 비로소 만들어 내었다는 실지상 의미가 숨어 있는 것이 분명히 보입니다.

그러한 까닭에 태호 복희씨는 만일 하이의 임금이 아니라면 필시 하이와의 혈통상 관계가 있었음을 넉넉히 알 것입니다. 왜 그러냐면, 『제왕세기』에 "태호 복희씨는 동방(震)의 사람이니 태호(太昊)라 함은 동방에 있어서 봄을 주장하고, 해의 밝음을 형상(象)함이라"한 그것이 우리에게 증명하여 줍니다. 그러고 보면 그도 또한 샤머니즘으로 임금된 사람이올시다.

옛날의 조선 샤먼이 목축하는 그 가운데에서 소의 발굽으로 점치는 법을 발명하여 길흉을 판단하던 것이 부여 시대에까지도 전하였으므로 『삼국지(三國志)』에 "부여의 풍속이 짐승치기를 잘하는데, 전쟁하는 일이 있으면 소를 잡아 하늘에 제사하되, 그 소의 발굽을 보고서 길흉을 점치나니 발굽이 나뉘어졌으면 흉하다고, 들러붙었으면 길하다"고 하였고, 『왕굉복기(王宏卜記)』에 "동이(東

夷)의 사람이 소의 뼈를 가지고서 점을 치어 길흉을 판단하되 일마다 꼭 맞히는 지라, 소라는 것은 지혜있는 것이 아닌데 그렇듯 영험이 있다"고 하였습니다.

그런데 그네들은 소 발굽의 점과 팔괘의 점이 같은 근원에서 나온 것을 알지 못하고 그렇게 기록한 것이었습니다.

팔괘는 소의 발굽으로써 점치던 그 법이 진화하여 된 것입니다. 이 말이 만일 믿기지 않거든 자, 시험하여 보시오! 팔괘 중에 ☰은 소의 발굽이 맞들어 붙은 형상이오, ☷은 소의 발굽이 나뉘인 형상이오, ☳, ☶, ☵, ☱, ☴, ☲은 소 발굽이 혹은 맞들어 붙고 혹은 갈라진 것을 형상한 것이 아닙니까?

그리고 엄이(奄夷)의 사람인 신농씨(神農氏)가 육십사괘(六十四卦)를 만들어 놓고, 동이(東夷)의 사람 유우씨(有虞氏)가 이역(二易)으로 나누어 놓고, 서이(西夷)의 사람 문왕(文王)이 후천(後天)을 주창하였으니, 그런 것들을 어찌 우연한 일이라 하리오.

우리는 진(震)이니 이(夷)니 하는 그 명칭에 대하여서도 더욱 흥미가 있는 동시에 샤머니즘의 계통적 문화가 다음 방면으로 그러한 정도에까지 진화한 것을 더욱더 주목할 가치가 있다고 생각합니다.

그런데 조선 본토에 뿌리를 박은 샤머니즘의 점치는 법은 반대 방향으로 진화하여, 소의 발굽으로써 점치던 그 법은 그 그림자조차 사라지고 지금에 와서는 다만 엽전을 가지고 점을 치는 것을 보게 됩니다. 그것은 아마도 삼한통보(三韓通寶)가 생기던 시대——가장 가까이 잡아도 고려시대——에부터 그렇게 된 듯 싶습니다.

그러나 그것은 문제될 것도 없습니다. 팔괘를 근거하여 시초(蓍

草 : 가세풀. 국화과에 속하는 다년초로 식용 · 약용으로 쓰이며, 줄기는 점치는데 씀/편집자)로 점치던 그것도, 혹은 거북통에 엽전을 넣어서, 또 혹은 산(算)가지로, 혹은 파자(破字)로, 혹은 관매(觀梅)로의 별별 방식이 다 있습니다. 그런즉 그 방식이야 어떻게 변하였든지 점치는 법의 처음 발생한 그 원리로 보아서 유교와 샤머니즘이 서로 같다고 하는 것이올시다.

2 영혼설

유교에서 사람이 죽은 뒤에 혼을 부르며 대소상에 강신잔(降神盞) 꽂는 것은 앞서 기록하였으므로 여기에는 다시 말할 필요가 없습니다마는, 대저 그의 영혼설은 샤머니즘에서 발생한 것을 잊어서는 아니됩니다. 샤머니즘의 영혼설을 종합하여 보면 대개 이러하니,

1. 진한 때에는 장례할 적에 큰새의 깃(大鳥羽)을 날리었나니, 그것은 죽은 사람의 영혼이 날아서 하늘로 올라가라 함이오.

2. 옥저(沃沮) 때에는 길이가 열 발쯤 되는 큰 관을 만들어 두고 그 가족이 죽는대로 어디에 임시로 묻었다가 백골로 되면 그것을 모아 그 관의 한쪽에 있는 문을 열고 차례차례 넣어두며, 또는 질그릇에 쌀을 넣어서 그 관의 문 앞에 달아매고, 그러고 죽은 사람의 형상을 나무에 새기어 두나니, 그것은 가족이 죽어서 그 영혼으로도 함께 있으라 함이오.

3. '다리가름(망묵)'에는 솔나무에 죽은 사람의 옷을 입히어 그것을 '대'라 하여 손에 들고 춤추다가 다리를 가릅니다. 다리는 어떻게 가르느냐 하면, 베(布)나 혹은 무명(白木)의 앞뒤 끝의 좌

우에 각 한 사람씩 붙들고 서게 하고, 무당이 춤을 추면서 그리로 빙빙 돌아가다가 베의 한쪽 머리 바로 그 한복판을 손길로 툭 쳐서 얼마쯤 갈라놓고, 다음에 허리를 내밀면서 나아가고, 나아가면 베의 저쪽 끝까지 갈라지나니, 그것이 곧 다리를 가른다는 것이며, 그런즉 죽은 사람의 영혼이 그 다리를 지나 좋은 곳으로 간다 함이오.

4. '영내기' 에는 기다란 노끈에 수탉을 매어 물에 넣은즉, 그 물에 빠져 죽은 사람의 머리털을 물고 나온다 하나니, 그것은 머리털에 그 혼령이 묻어나온다 함이오.

5. '넋들이' 에 "넉이로다 혼이로다/낙양심산 초넋이야/넋이라도 네나오고/혼이라도 네오나라" 와, '성주풀이' 에 "마누라 마누라 어데메로 가오/만수산 넘어서 송림을 가오/백폭 비단장 옷에 송엽이 돋아/청청키로 하월이라 하노라/마누라 오시는 길에/거문고로 다리를 놓고/가야금 양금으로 지둥덩당실/나리소서" 는 영혼이 있다는 것을 단단히 내세웠습니다.

이만큼 그 예증을 들어도 유교와 샤머니즘의 영혼설이 서로 같은 것은 누구든지 짐작할 것입니다. 죽은 사람의 적삼을 가지고 지붕에 올라가서 혼을 부르는 것이나, '넋들이' 할 때에 "넋이라도 네나오고/혼이라도 네오나라" 를 노래하는 것이나 피차에 그 무엇이 다르겠습니까?

밤나무로 신주를 만드는 것이나 나무에다가 죽은 사람의 형상을 새기어 두는 것이나 피차에 그 무엇이 다르겠습니까? 대소상 지낼 때에 강신잔을 붓는 것이나, 굿할 때에 술을 꽂아 들고 신들을 맞이하는 것이나 피차에 그 무엇이 다르겠습니까? 만일 다른 것이 있다면 그 표현방식이 서로 같지 아니할 뿐입니다.

3 노래가락

노래와 춤과 음악이 종교로 더불어 그 발생, 또 그 발달을 함께 하였음은 우리가 다 아는 바입니다. 그런데 그 중에 노래와 춤은 가다가 기쁜 감정에 못견디어 저절로 표현되는 일도 없지 아니하나, 그것이 옛적에 있어서는 보통으로 종교적 색채를 띠지 아니할 수 없게 되었습니다.

옛적의 동양은 샤머니즘의 세상이었었고, 하물며 유교는 샤머니즘이 진화한 그것인 까닭에 하·상·주(夏商周) 3대의 제사하는 예식은 굿이나 고사가 아니면 푸닥거리나 막이로 볼 수밖에 없고, 또 그 제사에 쓰던 시가(詩歌), 다시 말하면 아(雅)니 송(頌)이니 하는 그것도 무당의 사설이 아니면 노래가락으로 볼 수밖에 없습니다. 다만 그렇게 볼 뿐만 아니라 확실히 그렇다고 인정하여야 합니다. 그러면 그때 중국의 시가는 어떠한 체제로 되었던가? 이제 그 예를 들면,

秋而載嘗 夏而楅衡 白牡騂剛 犧尊將將
毛炰胾羹 籩豆大房 萬舞洋洋 孝孫有慶
俾爾熾而昌 俾爾壽而臧 保彼東方 魯邦是常
不虧不崩 不震不騰 三壽作朋 如岡如陵

(『시경』「魯頌閟宮章」)

濟濟蹌蹌 絜爾牛羊 以往烝嘗 或剝或亨 或肆或將
祝祭于祊 祀事孔明 先祖是皇 神保是饗

孝孫有慶 報以介福 萬壽無疆

(『시경』「小雅 · 楚茨章」)

이 노래들은 임금이 그 종묘에 제사할 때에 쓰던 것이오.

倬彼雲漢 昭回于天 王曰於乎 何辜今之人
大降喪亂 饑饉薦臻 靡神不擧 靡愛斯牲
圭璧既卒 寧莫我聽
旱既太甚 蘊隆蟲蟲 不殄禋祀 自郊徂宮
上下奠瘞 靡神不宗 后稷不克 上帝不臨
耗斁下土 寧丁我躬(계봉우 선생의 원고에는 없으나 『시경』 원문에는 이 구절이 있음/편집자)

(『시경』「大雅 · 雲漢章」)

이 노래는 재변(災變)을 만난 임금이 모든 신에게 제사하는 때 쓰던 것이오.

有瞽有瞽 在周之庭 設業設虡 崇牙樹羽
應田縣鼓 鞉磬柷圉 既備乃奏 簫管備擧
喤喤厥聲 肅雝和鳴 先祖是聽 我客戾止 永觀厥成

(『시경』「周頌 · 有瞽章」)

籥舞笙鼓 樂既和奏 烝衎烈祖 以洽百禮
百禮既至 有壬有林 錫爾純嘏 子孫其湛
其湛曰樂 各奏爾能 賓載手仇 室人入又

酌彼康爵 以奏爾時

(『시경』「小雅 · 賓之初筵章」)

이 노래들 중에서는 제사로 말미암아 음악이 얼마나 발전된 것과, 또는 그 제물로써 잔치하는 것의 예절을 엿볼 수가 있습니다.

다음에는 조선 무당의 노래가락이 어떠한 체제로 된 것을 보아야 할지니, 이제 그 예를 들면,

대천바다 한가운데/뿔이 없는 남기 나서/가지는 열 둘이오/닢은 삼백 예순이라/그남게 열매 열었으니/일원인가

(무녀의 노래 가락)

이런저리 처용아비/옷보시면 열병신이 횟가시로다/천금을 주려 처용아바/칠보를 주려 처용아바/천금칠보도 말오/열병신을 날잡아 주소셔/산이여 뫼이여 천리외에/처용아비를 어여러가자/아으, 열병신의 발원이삿다 (「처용가(處容歌)」의 하절〔下節〕)

이제 그 체제를 비교하여 본즉 과연 규칙있게 그 사상을 4 · 4조로써 표현하였습니다. 여기에서 그때 샤머니즘의 문화가 서로 계통이 있었던 것을 확실히 알 수가 있습니다.

결 론

점치는 법이 서로 같고, 영혼설이 서로 같고, 신가(神歌)의 체제가 서로 같은 이상에야 제아무리 땅고집의 별호를 가진 학자님네라도 유교와 샤머니즘의 계통이 서로 같은 것을 승인 아니할

수가 없을 것입니다.

만일 다른 점이 있다면 하나는 신사(神事)만을 중심으로 하고 학리의 연구와 정치의 득실에 등한시하다가 시대 요구에 낙제(落第)한 자요, 하나는 신사, 학리, 정치 그 세가지를 다 중심으로 하여 시대 요구에 급제한 자에 지나지 못합니다.

이를테면 바나의 볼이 얕은 데도 있고 열은 데도 있고 깊은 데도 있으며, 또는 퍼런 데도 있고 파란 데도 있고, 또는 푸른 데도 있는 것과 마치 한가지입니다. 깊이와 빛깔이 다르다 하여 어느 것은 바다요, 어느 것은 바다가 아니라고 못할 것입니다.

과연 그렇습니다. 샤머니즘과 유교와의 다르다, 같다 하는 그 점이 또한 그러합니다.

제4장

불 교

제1절 불교의 기원

불교는 석가모니(釋迦牟尼)가 주창한 것입니다. 그는 인도 가비라국(迦毘羅國) 정반왕(淨飯王)의 아들로서 인생의 문제——낳고, 늙고, 병들고, 죽고——에 느낀바 되어 태자의 영광을 버리고 산중에 들어가 수도한지 6년만에 그 교를 주창하였답니다.

그런데 그 교의 종지로 말하면 '인과보응설(因果應報說)'——그것을 해석하면 좋은 씨를 심은즉 좋은 열매를 얻고, 나쁜 씨를 심은즉 나쁜 열매를 얻듯이 선한 사람에게는 선한 것으로써 갚아 주고, 악한 사람에게는 악한 것으로써 갚아 준다는 말입니다.

제2절 불교의 동래(東萊)

예전의 역사가들은 불교가 우리 동방에 처음 들어오던 그 사실에 대하여, 고구려에는 진왕(秦王) 부견(符堅)이 부도·순도(浮屠順道)와 불상·불경을 보내어 오던 소수림왕(小獸林王) 2년이 맨 처음이라 하며, 백제에는 호승(胡僧) 마라난타(摩羅難陀)가 진(晉)으로부터 들어오던 침류왕(枕流王)의 때가 맨처음이라 하며, 신라 때는 고구려의 사문(沙門 : 불교에서 출가하여 도를 닦는 사람을 말함/편집자) 묵호자(墨胡子)가 들어오던 눌지왕(訥祗王)의 때가 맨처음이라 하였습니다.

그 실은 그런 것이 아닙니다. 그보다 훨씬 먼저 들어왔습니다. 가락국 시조 김수로(金首露)의 아내 허씨(許氏)가 천축(天竺)으로부터 왔으니 불법(佛法)도 으레이 따라왔을 것입니다. 그렇다면 불교도의 발자국이 우리 동방에 처음 놓이던 때는 확실히 허씨가 오던 그때임을 알아 두어야 합니다. 어쨌든 불법이 사국시대(四國時代)에 비롯한 것은 사실입니다.

그런데 우리 동방에 들어온 그 종파가 몇이나 되며, 또 그 종파들이 각각 성하고 쇠하던 사실도 한번 말하여 볼 필요가 있습니다.

1 성실종(成實宗) 석가모니가 열반(涅槃)에 들어간지 대략 9백년 되는 그 때, 하리야발마(訶梨耶跋摩)라는 이가 나와서 대소승(大小乘)을 다 보고, 각 부분의 장문(長文)을 취하여 삼장(三藏) 가운데의 실지적 뜻을 해석하여 『성실론(成實論)』을 지으니 이것이 곧 성실종입니다.

우리 조선에 있어서는 신라의 원광법사(圓光法師)가 수(隋)나라에 가서 그 종(宗)을 받아왔습니다.

2 삼론종(三論宗) 삼론이라 하는 것은 첫째는 중론(中論), 둘째는 십이문론(十二門論), 셋째는 백론(百論)을 이름이니, 중론

과 십이문론은 용수보살(龍樹菩薩)이 지은 것이요, 백론은 제파보살(提婆菩薩)이 지은 것이랍니다.

우리 조선에 있어서는 그 전통을 누가 받아왔는지 알 수 없으나 고구려, 백제에도, 또는 신라에도 그 종이 전하였으니 원효대사같은 이는 『삼론종』 일권을 지었습니다.

3 열반종(捏槃宗) 이 종은 「열반경」에 의지하여서 세운 것이니, 대저 「열반경」은 석가모니가 49년 동안이나 설법하다가 필경 구시나성(拘尸那城)에 있는 바라(婆羅) 나무가 마주선 그 사이에서 열반에 돌아가려는 때, 여러 명의 사람이 둘러싼 그 중에서 소리치어 "일체 중생이 다 부처의 성품이 있다"고 말한 그것이랍니다.

우리 조선에 있어서는 신라의 원광법사가 성실의 종지(宗旨)를 받는 그때에 열반의 이치를 또한 배워 가지고 왔습니다.

4 천태종(天台宗) 중국의 북제(北齊) 때에 혜문대사(惠文大師)가 중론(中論)을 읽다가 삼관(三觀 : 空觀, 假觀, 中道觀)의 이치를 깨달아 그 제자 남악(南岳) 혜사대사(惠思大師)에게 권하고, 혜사의 제자 지이(智顗)가 「법화경(法華經)」을 배우다가 법화삼매(法華三昧)를 통투하여 천태산 국청사에서 많은 제자를 가르치니, 그래서 그 이름을 얻게 되었습니다.

우리 조선에 있어서는 신라의 법융선사(法融禪師)가 당나라에 들어가서 형계(荊溪)대사의 제자가 되어서 천태종지를 받아 가지고 돌아왔습니다.

5 법상종(法相宗) 본종(本宗)의 이름은 유식종(唯識宗) 혹은

자은종(慈恩宗)이라고도 하나니, 그 원조는 미륵보살이라 합니다. 미륵보살의 유가사기(瑜珈師記)와 분별유가론(分別瑜珈論)과 대장엄론(大莊嚴論)과 변중변론(辨中邊論)과 금강반야(金剛般若) 등 오부 대론(五部大論)이 있은 후에 무착보살(無着菩薩)의 현양론(顯揚論), 대법론(對法論) 등과 그 제자 세친보살(世親菩薩)의 오온론(五蘊論)과 백법명문론(百法明門論)과 유식삼십송(唯識三十頌) 등이 서로 우익(羽翼)이 되어 본종을 이루었습니다.

우리 조선에 있어서는 신라의 원측법사(圓測法師)가 당나라에 들어가서 현장법사(玄奘法師)의 강연을 가만히 엿어듣고 드디어 그 뜻을 통하고 돌아왔습니다.

⑥ 진언종(眞言宗) 본종의 이름은 또한 밀종(密宗)이라고도 합니다. 석가의 교를 대체로 구분하면 현교(顯教)와 밀교(密教)의 두 가지가 있는데, 현교는 모든 승경(乘經), 율론(律論)을 이름이요, 밀교는 '저부타라니(秘密眞言)'를 이름이라. 그런데 그 근본은 대일여래(大日如來)로부터 생기었답니다.

우리 동방에 있어서는 신라의 혜통화상(惠通和尙)이 당나라에 들어가서 선무외삼장(善無畏三藏)에게서 그 법을 받아 가지고 돌아왔습니다.

⑦ 정토종(淨土宗) 본종을 또한 연종(蓮宗)이라고도 하나니, 서방정토극락세계(西方淨土極樂世界)의 아미타불의 이름을 받아가지고 구품연대(九品蓮坮)에 가서 살기를 발원하는 종지(宗旨)랍니다. 그런데 정토의 원조는 보현보살(普賢菩薩)이요, 연종의 원조는 중국의 혜원법사(惠遠法師)라고 합니다.

우리 동방에 있어서는 정토의 종지를 특별히 세운 것은 없으나 『삼국유사』에 보면 신라의 강주(康州) 선사(善士) 수십인과 건봉사의 발징화상(發徵和尙) 등 31인이 다 거기에 가서 살기를 발원하여 염불로 위주한 일이 있으며, 또는 고려 말년에 이색(李穡)이 홍영통(洪永通), 이무방(李茂方) 등으로 더불어 남신사(南神寺)에서 백련사(白蓮社)를 열어 혜원법사를 본받은 일이 있었습니다.

8 율종(律宗) 석가여래의 큰 제자가 열이요, 그 열 사람이 각기 한가지씩 능한 것이 있었는데, 그 중에 우파리존자(優波離尊者)는 특별히 계율을 지키는 데에 제일 유명한고로 율종의 원조가 되었답니다.

중국에 있어서는 당나라 때에 종남산에서 유하던 도선화상(道宣和尙)의 율의(律儀)가 그 종(宗)을 얻은고로 그것을 남산종이라 일컬으니, 신라의 자장(慈藏)대사가 당나라에 들어가서 남산율종을 배워가지고 돌아왔습니다.

9 화엄종(華嚴宗) 본종의 이름을 현수종(賢首宗) 혹은 법계종(法界宗)이라고도 하는데, 그 원조는 인도의 용수보살이라 합니다.

우리 동방에 있어서는 원회법사와 의상국사(義湘國師)가 그 원조가 된다고 합니다. 왜냐하면 원회는 「화엄소(華嚴疏)」를 짓고, 의상은 당나라의 종남산에 가서 2조 지엄(智儼)에게서 화엄대교(華嚴大敎)를 받아온 까닭입니다.

10 선종(禪宗) 선(禪)이라는 것은 중의 말로 하면 선나(禪那)니, 그것을 번역하면 정혜(定慧)라고 합니다. 석가세존이 영산회

상(靈山會上)에서 꽃을 따와서 무리에게 보이니 무리가 다 멍멍한데 오직 가섭존자(迦葉尊者)가 히쭉이 웃거늘 세존이 말하되, 나에게 정법안장교(正法眼藏敎)의 별전(別傳)이 있는데, 이제 너에게 붙이노라 하니 이것으로 말미암아 가섭존자가 선종의 원조로 되었습니다.

우리 동방에 있어서는 신라의 마지막, 고려의 처음에 법안종파(法眼宗派)가 많았으나, 고려의 중엽에 보조국사(普照國師)가 호남 송광사(松廣寺)에 수선사(修禪社)를 세우고 도속(道俗)을 모이게 하여 정혜(定慧), 곧 선의 종지를 통하니 그것이 조계종(曹溪宗)으로 되었습니다. 이조에 이르러 조계종을 고치어 선종이라 하고, 그 나머지 각종을 합칭하여 교종(敎宗)이라 하였습니다.

불법이 그와 같이 우리 동방에 크게 전파된 것은 여러가지 이유가 있습니다. 첫째는 대국에서 보낸 것인지라 물론 환영하였으며, 둘째는 샤머니즘보다 가장 신기한 것인지라 신기한 것을 좋아함은 사람의 본성이며, 셋째는 신기한 중에도 미신할 조건이 많은 것인지라 그때의 몽매한 정도로는 미신하지 아니할 수 없습니다. 이러한 이유가 불교로 하여금 그 세력을 점점 펴게 한 동기로 되었습니다.

이제 한가지 예를 들면 묵호자가 신라에 처음 갔을 그때, 중국의 양(梁)나라 임금이 향을 보낸 일이 있었습니다. 그러나 신라의 군신은 그것의 이름이 무엇이며, 또 어디에 소용하는 것인지도 몰랐습니다. 그래서 묵호자가 말하기를, 이것을 불에 피우면 냄새가 좋으므로 신성(神聖)에게 치성하나니, 신성이라는 것은 세가지 보배에서 지나는 것이 없습니다. 그 세가지는 무엇인고 하니, 첫째는 불타(佛陀), 둘째는 달마(達磨), 셋째는 승가(僧伽)라. 만일 이것을〔香〕 태우면서 그들에게 발원하면 반드시 그 원하는대로 응하여 준다고 하였습니다.

그런데 그때에 마침 왕의 딸이 병중에 있었습니다. 묵호자가 그 향을 피우면서 기도하니 곧바로 그 병이 나았습니다. 그렇게 아니 하여도 그 병이 쾌차할 때면 쾌차할 것이 아닙니까? 그러나 신라의 군신은 그 기도에서 나은 것으로 미신하고 부처를 공경하게 되었습니다.

그리하여 백제의 성왕(聖王)은 불상과 경론(經論)을 일본에 보내면서 말하기를, 이것이 모든 교법(敎法) 가운데에 가장 우승한데 주공 · 공자도 오히려 알지 못하였다 하고, 그후 법왕(法王)은 살생을 금하고 교를 크게 권장하였으며, 신라의 법흥왕은 그 말년에 영흥사(永興寺)의 중으로 되었습니다.

그때의 국가관념은 지금과 달라서 임금이 곧 국가요, 백성은 임금의 부속물로 인정하는 까닭에 임금이 신앙하는 그것이면 일반 백성은 무조건 복종하여 그 뒤를 따라가게 되었습니다. 그러하는 데서 불교가 왕성하였습니다. 그래서 고려 태조도 신라의 말년에 부처의 말이 백성의 뼈속에까지 깊이 들어갔다고 말하였습니다.

더군다나 고려의 5백년 동안은 불교의 세상이었습니다. 고려 태조의 건국하던 그 원인을 말하면, 그가 섬기던 궁예(弓裔)왕이 스스로 미륵불이라 하고 불경 20여 권을 지어 놓고, 낡은 신앙을 타파하려다가 전국의 인심을 잃어버린 그 기회를 이용하였습니다. 그리고 백성들의 그전 신앙하던 바를 그냥 권장하였습니다. 원래 종교의 본성질은 권력을 옹호하는 까닭에 그것을 이용도 하고, 또는 권장하지 아니할 수 없었습니다.

그래서 그의 「훈요십조(訓要十條)」에도, 우리 국가의 대업은 반드시 부처의 호위하는 힘을 의지하여야 된다는 그것을 맨 첫째의 조목에 넣었습니다. 이로 말미암아 불교가 마침내 고려의 국교로 된 것입니다.

그리하여 고려의 임금들은 대대로 불법을 미신하여, 광종(光宗)은 공덕재(功德齋)를 드릴 때에 맷돌로서 차와 밀을 친히 갈았으며, 성종은 중으로써 국사(國師)와 왕사(王師)를 삼았으며, 덕종은 보살계(菩薩戒)을 받았으며, 문종은 백고좌회(百高座會)를 설하고, 중 3만명에게 사흘씩 밥을 먹이되, 1만명은 구정(毬庭)에서, 2만명은 외산(外山) 각 절에서 행하니 그 후부터는 임금마다 그리하였습니다.

문종은 이러한 일만 행할 뿐아니라 송경(지금 개성)과 서경(지금 평양), 또는 동남 각 고을에 명령하여 아들 삼형제 있는 자면 아들 하나는 반드시 중이 되게 하였답니다. 그러니 말이지 그때에는 누구든지 아들 삼형제를 낳아야 하나는 중에게 주고, 하나는 범에게 주고, 그 나머지 하나는 겨우 자기의 아들이 된다는 전설이 지금까지 있습니다. 그러면 그 시대에 불교와 범이 얼마나 왕성하였던가를 넉넉히 짐작할 수가 있습니다.

인종은 묘청(妙淸)의 말을 듣고 관정도량(灌頂道場 : 관정은 불교에서 수계하여 불문에 들어갈 때 향수를 정수리에 끼얹는 의식을 말함 /편집자)을 상안전(常安殿)에 설하였더니, 원종이 즉위할 때에는 관정례를 받고 퇴위 왕도 또한 관정도량을 설하였습니다. 대저 관정례라는 것은 마치 예수교에서 세례받는 것과 같은데, 임금의 귀하고 높은 그 지위로도 그 예식을 지내지 않고는 아니되게 되었습니다. 그런즉 임금에게 절대 복종하고, 또 그 정도 유치한 백성들이야 얼마나 미신하였겠습니까?

그러나 이조 조선에 이르러서는 유교를 높이고 불교를 억제한 까닭에 중들은 칠반천역(七般賤役 : 왕조 때 관아에 매였던 일곱가지 천한 구실. 즉 皁隸 · 나장 · 日守 · 漕軍 · 수군 · 봉군 · 역졸/편집자)에 처하게 되었습니다. 그뿐이겠습니까? 서울 성내에 들어오는 것까지 국법으로써 엄금하였습니다. 그래서 "중놈이 남대문통 들여다보듯 한다"는 속담까지 있습니다. 그것은 중들이 성안 구경할 마음은 간절하나 만일 들어가면 범법이 되는 까닭에 남대문 밖에서서 성안을 들여다 본다는 말입니다.

또 그뿐만 아닙니다. 중놈은 사람으로 보지 아니한 까닭에 "중 죽이고 살인이랴"는 속담이 있습니다. 그렇다고 불교가 없어진 것은 아닙니다. 다만 그 전시대에 비하여 그 세력이 쇠약하였을 뿐이요, 일반 군중에 있어서 미신하는 자는 그냥 미신하였습니다.

제3절 불교의 미신

불교의 교리를 대체로 해부하면 대승(大乘)과 소승(小乘)의 두 가지로 구분할 터인데, 대승은 이론이 고상하다 하며, 소승은 미신을 중심으로 하여 보통 군중을 인도하는 것이랍니다. 종교는 으레이 미신이라 하면 대승이니 소승이니 하여 구태여 분간할 필요가 없을 것입니다.

그런데 종교 중에도 미신이 많기로는 불교와 같은 것이 또한 없을 것입니다. 그 미신의 가장 중요한 것은 앞서 말한 바 인과

응보설(因果應報說)이 곧 그것입니다. 누구든지 '이승'에서 착한 일을 하면 '저승'에 가서 칭찬받고 극락세계 혹은 연화대(蓮花臺)로 들어가거나, 그렇지 않으면 내생에 다시 사람으로 되어 부귀영화를 누린다 하며, 만일 악한 일을 하였다면 저승에 가서 지옥의 악형을 받고, 내생에는 소와 말이나 구렁이, 뱀으로 되어 무한한 고초를 받는다고 합니다.

이제 저승의 이야기를 대강 말하여 봅시다. 저승에는 열시왕이 있다는데, 열시왕의 순서는 이러합니다. 제1에는 진광대왕, 제2에 초관대왕, 제3에 소계대왕, 제4에 오관대왕, 제5에 염라대왕, 제6에 번성대왕, 제7에 태산대왕, 제8에 평등대왕, 제9에 도시대왕, 제10에 보도전륜대왕이라 하니, 아마 저승에도 나라 수효가 많아서 각 나라의 임금의 국제회의가 영구히 열리었던 모양입니다. 그렇지 않고 한 나라 안에 임금이 이렇게 많다고 하면 인간의 국가제도와는 매우 다른 모양입니다.

그리고 더욱 이상한 것은 열시왕의 앞에는 다만 일직사자(日直使者), 월직사자(月直使者)가 있어 시왕의 명령하는대로 수많은 인간을 날마다 잡아들인다는 것과, 또 그들을 심판할 때에 최판관(崔判官) 한 분이 문서(文書)를 잡는다는 그것입니다.

다시 말하면 명령하는 시왕은 그렇게 많고, 그 명령대로 시행하는 사자와 판관은 그렇게 적은 것이 이상하다는 말입니다. 아무리 지부(地府)라고 해도 기관조직이 그렇게 단순할 수가 있겠습니까? 그래도 듣는 사람이 속을 만하게 아무 모순도 없이 거짓말이라도 꾸며내지 못한 것이 큰 결점이올시다.

그들은 사람의 낳고 살고 죽고에 대하여는 이렇게 말하였습니다. 누구든지 세상에 날 때에 세존(世尊)이 점지하여 아버님전 뼈를 빌며, 어머님전 살을 빌고, 칠성(七星)님전 명을 빌며, 제석(帝釋)님전 복을 빌어서 탄생하였답니다.

그리고 사람마다의 성명과 또 그 목숨의 장단이 최판관의 문서에 개개이 기록되어 만일 예정한 기한이 차는 그때면 일직 · 월직 두 사자가 시왕의 분부를 받아 한 손에 철퇴를 들고 또 한 손에 창검을 들고 쇠사슬 빗겨 차고 달려가서 그 사람을 잡아가는데, 인간에게는 그렇게 잡혀가는 사람을 일컬어 죽었다고 한답니다.

그 사람이 쇠사슬에 동이어 잡혀 갈 때에 일직사자는 손을 끌고 월직사자는 등을 밀면서 풍우같이 몰아가다가도 조금만 까딱하면 쇠뭉치로 등채질한답니다. 그리하여 저승 원문(轅門 : 군문/편집자)에 바로 다달으면 우두나찰(牛頭邏察)과 마두(馬頭)나찰이 달려들어 인정(뇌물/편집자) 달라고 야단을 친답니다. 그런 야단을 칠 때마다 옷을 벗어 인정을 쓰고 또 쓰면서 열 두 대문을 들어가서 대령하고 있답니다.

그렇게 대령하고 있는 남녀 죄인을 잡아들여 판결할 때에는 열 시왕이 좌기하고, 최판관이 문서를 잡고, 귀두(鬼頭) 나찰과 나졸들을 시켜 갖은 형벌을 쓰면서 문초하여 인간에서 착한 일한 사람과 악한 일한 사람을 낱낱이 갈라낸 후에 착한 이는 그 소원대로 하여 혹은 극락세계로, 혹은 연화대로 가게 하든지, 또 혹은 선관(仙官)의 제자로 되게 하든지, 그렇지 않으면 인간에 다시 내어보내서 남자면 왕후나 장상이 되게 하고, 여자면 재상의 부인이나 왕비 혹은 황후(皇后)로 되게 하며, 악한 이는 지옥에 갇혀 온갖 고통을 다 맛보게 하든지, 인간에 다시 내어보내서 소나 말이나 되어 남의 부림을 받든지, 구렁이나 뱀이나 되어 남의 짓밟힘을 받게 한답니다.

그런데 지옥에도 도산지옥, 화산지옥, 한빙지옥, 검수지옥, 발설지옥, 능사지옥, 아비지옥, 거해지옥, 석산지옥, 지악지옥, 풍도지옥의 따위가 있어 죄의 경중에 따라 어떤 놈은 이런 지옥에 가두고, 어떤 놈은 저런 지옥에 가둔답니다. 미련한 인간들은 인간의 현실을 미루어 그럴듯하게 믿지 아니할 수 없습니다.

그래서 배곯는 이에게 밥을 주어 기사공덕을 하느니, 헐벗은 이에게 옷을 주어 구란공덕을 하느니, 좋은 곳에 집을 지어 행인공덕을 하느니, 깊은 물에 다리를 놓아 월천공덕을 하느니, 목마른 이에게 물을 주어 급수공덕을 하느니, 병든 이에게 약을 주어 활인공덕을 하느니, 높은 산에 불당을 지어 중생공덕을 하느니, 좋은 밭에 원두 심어 행인 해갈하느니의 선심(善心)을 닦노라 하는 사람도 없지 아니하였습니다.

그러나 그것이 오직 거짓에 그치고 말았습니다. 왜그러냐면 극락세계와 지옥이란 말이 원래 실지가 없는 까닭입니다. 불교가 전혀 미신인 것은 이조의 성종(成宗)이 벌써 해결하였습니다.

그전에 어떤 사람이 밭과 논을 어떠한 절에 많이 시주하였더니 그 후손이 가난하여 그 전답을 도로 찾으려고 그 절의 중놈들과 송사하게 된지라. 성종이 그 송사를 해결하되, "밭을 부처에게 들인 것은 복을 구함이어늘, 부처가 신령하지 못하여 그 자손이 가난하니 밭은 그 본 남자에게 돌리고 복은 부처에게 돌리라"고 하였답니다. 이것이 얼마나 통쾌한 판결입니까? 그러나 이때까지의 사람들은 그 교를 그냥 미신하고 있습니다.

결 론

고려 태조의 「훈요」 제2조에 "신라의 말년에 부도(浮屠)를 다투어 만들어 지덕(地德)을 해롭게 하고서 망하는데 이르렀으니 어찌 경계하지 아니하랴" 하였으니, 다시 말하면 신라에서는 불교를 넘치게 숭상한 폐해로서 나라가 망하였다는 것입니다.

부처가 만일 영험하다면 설혹 지덕을 해롭게 하였더라도 나라가 망하는 지경에까지는 이르지 않게 하였을 것입니다. 그러나 신라는 망하였으니 불교가 한갓 미신에 지나지 못함을 여기에서 크게 증명되었습니다. 지덕도 본래 없는 것이려니와, 그 지덕보다도 못한 부처의 힘에 의뢰하여 나라를 안보하려는 고려 태조의 훈계가 더욱 우스운 일입니다.

그의 후손되는 임금들은 그 훈계를 더할 나위없이 잘 지키었습니다. 그러나 묘청의 난에 나라가 거의 위태할 뻔하였고, 우(禑)와 창(昌)이 신돈(辛旽)의 자손이라는 조건으로 나라가 마침내 망하였습니다. 그러고 보니까 불교가 미신에 지나지 못함은 여기에서 더욱 증명되었습니다.

그뿐입니까? 이조 조선의 시대처럼 불교를 더 압박한 시대가 없습니다. 그렇다고 부처가 이조의 흥망에 아무 영향도 준 것이 없습니다. 그러므로 불교가 한갓 미신에 지나지 못함은 여기에서 또한 증명되었습니다.

폐일언하고, 절당이라는 것은 사기취재(詐欺取財)하는 놈들의 양성소로 보아야 합니다. 그래서 중놈들은 대지주로 되었습니다. 손가락 하나 까딱 아니하고 호의호식하는 놈을 찾으려면 반드시 절간에 가서 찾아야 할 것입니다. 사회의 실생활에 아무 이익도 주지 못하는 염세주의자를 찾으려면 또한 절간에 가서 찾아야 할 것입니다. 이만하면 불교와 또 그 교도의 가치를 넉넉히 평정(評定)할 수가 있을 것입니다.

제4절 불교와 샤머니즘

샤머니즘은 불교의 영향을 받은 것이 적지 아니합니다. 그것은 아마 신라의 말년, 혹은 고려시대에, 다시 말하면 불교가 한창 왕성하던 그 시대에 그리되었을 것입니다. 이제 그 예를 들면 아래와 같습니다.

1 도랑선비굿

홑일곱살에 도랑선비 어머니와 아버지 죽고, 외삼촌집에 가 열다섯 먹고 청청각시에게 혼사되고 장가 가서 3일만에 병들어서 백약이 무효로 죽게 될 적에 집에 돌아와서 5일만에 죽었다.

청청각시 그 소식을 알자고 고대하다가 3일만에 문을 열어 놓고 앞의 길만 보는데, 한 사람이 올라오더니 청청각시 집을 찾거늘 마주 나아가 그 사람을 모셔 들여다가 방안에 앉혀 놓고 무슨 일로 내 집을 찾는가고 물었다.

그 사람이 옆차개에서 편지 한장 내어 주거늘, 받아보니 편지 속에 부고 일장 있다. 그 편지 펼쳐보니 만단 사연 다 적었다. 그 부고 받아쥐고 고비 고사리 왕고비같은 손으로 구름같은 머리를 발발이 풀어헤치고 울었던지 말았던지 베개 넘어 강수되고, 베개 이쪽에 늪이 되고, 보고지다 보고지다 내 남편 한 번 다시 보고지다. 그러고 탄식하는 때에 안의 사금사 절중이 동냥을 왔거늘, 그 중과 청청각시 말하기를, 동냥은 달라는대로 드릴 것이니 내 남편 도랑선비를 한번 보게 함이 어떤가?

그 중이 바랑 안에서 표지박을 내어 놓으면서 이 됫박에 한 됫

박 채워주면 네 남편 도랑선비를 다시 보게 하여주마. 그러나 그 바가지에 쌀을 채워도 차지 않거늘, 내 남편 도랑선비를 먹이자던 쌀독에 거미줄을 휘휘층층 끌어던지고 세 독을 모두 퍼내어와도 그 바가지에 차지 않거늘 할 수 없이 악발하니, 그 중이 염씨 한 쌍을 내어주면서 이 염씨를 심어서 열흘 말미를 주는 것이니 이 염씨가 나서 자라거든 껍질 벗겨 삼 삼아서 우리 절중이 3천이니 고깔 삼천개와 장삼 삼천개를 만들되, 꼭 맞게 하여 주면 네 낭군 도랑선비를 보게 하여주마.

그래도 보이우지 아니하고, 또 그 중이 말하기를 청청각시 손에 기름을 발라 말리우고 말리우고 닷새를 말리우고, 우리 부처님 앞에 불을 열 손가락에 켜들고 물구리만 남아도 뜨겁다는 말 아니하면 네 남편 보게 하마. 그 불을 켜들어 거의 손이 타게 되는 때에 그 중이 말하기를, 그 남쪽 벽상을 보라 하거늘, 벽상을 바라보니 그 전 보던 도랑선비 완연히 보이거늘 깜짝 보고 말았다.

2 놀이굿의 산염불

① 산에 올라 옥을 캐니 이름이 좋아서 산옥이라
　후렴——나무아미타불이로다

② 백화운림에 강산두룸이 높이떴다

③ 백팔염주를 목에다 걸고 향산사로만 들어든다
　……

떠나간다 떠나간다 배뱅이 영안이 떠나간다
성산의 최울장군 마누라 왕림하는 길에 무엇으로 다리놓노
돌다리 놓자하니 돌다리 가라앉고

흙다리 놓자하니 흙다리 풀어지고
나무다리 놓자하니 나무다리 뜨고
무엇으로 다리 놓을고
오현금 탄일성에 기치창검으로 다리놓게

3 굴대장군의 전설

옛날 어떤 골에 부부 두 분이 살았답니다. 그들이 늙으막에 아들 하나를 낳았답니다. 그래서 그 아들을 양할 적에 어찌도 귀엽던지 아버지는 어머니를 때리라고, 어머니는 아버지를 때리라고 그 아들을 서로 추키어, 때릴 때마다 번갈아 웃었답니다. 그 아들은 한 살 두 살 커갈수록 그 부모를 날마다 때리니 부모 두 분은 너무도 민망하여 마침내 그 아들을 뒷절에 보내어 그 절중에게서 불법을 배우게 하였답니다.

그러니 그 아들은 불법을 배우는 중에서 그 전에 부모님을 때린 그것이 매우 잘못인 것을 깨닫고 뉘우쳤답니다. 이제부터는 효도로써 부모님을 공경하리라 하고 본집으로 돌아오는데, 그때는 사람 사람이 여름의 더위를 괴로워하는 때더랍니다. 첫째로 부모님 계신 곳에 그늘을 지우기 위하여 솔나무 한대를 뿌리째로 빼어 메고 한 걸음 두 걸음 그 본집에 거의 당도하였답니다.

그 부모님은 꿈에도 생각지 못하던 일이 아니겠습니까? 문을 열어 놓고 앉아 있던 부모님은 자기들을 전날과 같이 때리려고 그렇게 솔나무를 메고 오는가 하여 깜짝 놀랐답니다. 그 아들은 점점 가까이 왔습니다. 그러나 도망할 데가 없었습니다. 어머 어머하다가 부엌으로 쑥 들어가서 구들고래의 속에 숨어 있었답니다.

그 아들이 집안에 들어와서 본즉 아까 저기에서 보일락 말락하던 부모님은 간데가 없었습니다. 곰곰이 생각하여 보매 필시 구들고래에 숨어 있으리라 하여 부엌에다가 불을 피웠답니다. 그리하면 나올 줄 짐작하였던 것입니다. 그러나 부모님은 아무 기척도 없이 그냥 거기에서 연기를 먹고 애달프게도 죽었습니다. 그래서 그 아들은 울면서 그 절로 다시 돌아가고, 죽은 그 부모님은 굴대장군이 되어 지금까지 있다고 합니다.

4 내생에 대한 증험

우리 조선에서는 사람이 죽으면 사흘 혹은 이레만에 장사합니다. 그러면 그 관을 놓았던 자리에 가는체〔細篩〕로 친 재를 펴고 그 재 위에 떡시루를 덮었다가 바로 그 시루를 들고 보면 무슨 흔적이 있답니다. 그 흔적을 보고서 죽은 그 사람이 내생에 있어 무엇으로 생겨날 것을 안답니다.

예를 들면 그 재 위에 어린 아기의 발자국같은 것이 나왔다면 다시 사람으로 된다고, 새 자취같은 것이 나왔다면 새가 된다고, 지팡이를 끌고간 자취같은 것이 나왔다면 구렁이 뱀이 된다고 합니다.

그 증험하는 방법만을 보아서는 샤머니즘에도 기왕부터 내생에 대한 그런 관념이 있었는 듯도 합니다. 그러나 내생에 무엇무엇으로 되어난다는 그 말에 있어서는 불교의 영향을 받은 듯합니다. 그렇지 않으면 무엇이 된다는 그 말이 그같이 신통하게 같을 수는 없을 것입니다.

제5장

『정감록』에 대한 미신

제1절 그 비결의 기원과 유래

『정감록』이라 하면 우리 조선 사람치고는 모르는 사람이 하나도 없습니다. 그것은 무슨 까닭이냐 하면 전하는 바와 같이 정감이 신라 말년의 사람이라 하더라도 벌써 천여년 동안이나 조선 사람들이 깊이깊이 신앙하여 온 까닭이올시다.

최육당(崔六堂 : 최남선)의 말에 의거하면, 한 옛날부터 조선에 이러한 예언(豫言)이 있어 왔는데, 그것을 후세에 한문(漢文)으로 번역한 것이 『신지비사(神誌秘詞)』요, 옛날의 본 이름대로 전하는 것이 『정감록』이라고 하였습니다.

그러면 『정감록』하고 『신지비사』하고는 둘이 아니요 하나이며, 또 정감은 신라 말년의 사람이 아닌 것을 단언하였습니다. 그는 단군과 정감이 글자로 보아서는 그 형용이 얼마만큼 변하였으나, 본래는 그 음이 같다는 그것으로써 그렇게 증명하였습니다.(「檀君과 三皇五帝」라는 논문)

여기에는 그것을 논란할 필요가 없습니다마는 조선의 예언자로 하여 신지가 있었던 것은 사실입니다.

「용비어천가주(龍飛御天歌註)」 구변도국(九變圖局)은 단군 때의 사람 신지(神誌)가 지은 도참(圖讖)의 이름이니, 동국(東國) 역대의 도읍이 무릇 그 국(局)이 아홉번 변할 것을 말하고, 따라서 이조가 천명을 받아 도읍을 정할 그 일까지 말하였다 하고,

「대동운부군옥(大東韻府群玉)」 신지는 단군 때의 사람이니 스스로 이름하되 선인(仙人)이라 하였다 하고, 또 일렀으되 「서운관비기(書雲觀秘記)」에 구변진단(九變震檀)의 그림이 있으니 진단은 곧 조선이라 하고,

『문헌비고(文獻備考)』「예문고(藝文考)」 책 이름에 「신지비사」가 있다 하고,

『연려기술』 고려 서운관(書雲觀)에 감추어둔 비기(秘記)에 구변진단의 그림에 '건목득자(建木得子)'란 말이 있다 하고, 또는 왕씨가 망하고 이씨가 흥한다는 말이 있는데, 고려의 말년까지 그것을 감추어 두었다 하고,

『오백년기담』 지금의 서울 동북쪽에 있는 혜화문(惠化門)으로 나아가 십여리를 가면 번리(樊里 : 지금의 번동/편집자)라 하는 땅 이름이 있으니, 그 본 이름은 벌리(伐李)라. 고려 「서운관비기」에 "이왕(李王)이 한양에 도읍하리라"는 말이 있는 까닭에 고려 충숙왕이 한양에 남경부(南京府)를 설치하고 이씨로 부윤을 삼으며, 삼각산 아래에 오얏지 나무를 많이 심어 그것이 무성하면 문득 베이어 지기(地氣)를 누르고, 따라서 그 땅의 이름을 벌리(伐李)

라 하였더니, 조선이 거기에 도읍한 후에 비슷한 글자의 음을 취하여 번리(樊里)로 고치었다고 하였습니다.

위의 것들은 이조 조선시대의 기록이지마는 그보다도 오랜 고려시대에도, 그보다 더 훨씬 오랜 고구려의 시대에도 그런 기록이 있었습니다.

『동국통감』 정종이 도참(圖讖)으로써 그 도읍을 장차 서경(西京)에 옮기려 하여 정부(丁夫)를 빼어 궁궐을 짓다가 정종이 죽으니 말아버리었다 하고,

숙종 때에 최사취(崔思諏) 등이 여쭈되, 신들이 여원역(廬原驛) 해촌(海村) 용산(龍山) 등지에 가서 산과 물을 살피어 본즉, 도읍하기에 합당치 못하옵고, 오직 삼각산은 면대한 남쪽의 산형수세(山形水勢)가 고문(古文)에 딱 들어맞사오니, 청하건대 그 주간(主幹)의 중심대맥(中心大脈), 임좌병향(壬坐丙向)으로 지형을 따라서 도읍을 정하소서 하니, 그 말대로 하였다 하고,

인종 때에 이자겸(李資謙)이 나라의 권리를 혼자 잡았더니 "십팔자(十八子 : 李자의 파자/편집자)가 나라를 얻으리라"는 참서(讖書)를 믿고 법에 벗어난 일을 도모하려 하였다 하고,

『삼국사기』 가언충(賈言忠)이 요동으로부터 돌아오매 당태종이 군정(軍情)을 묻거늘, 대답하되……고구려 비기에 이르기를 9백년이 채 못되어 마땅히 팔십 대장(大將)이 있어 그를 멸하리라 하였는데, 고씨(高氏)가 나라를 세운지 9백년이요, 이적(李勣)의 나이 팔십이라 하였습니다.

이것으로써 미루어 보면 예언에 대한 기록이 신라 말년에 정감으로부터 비롯한 것이 아니요, 또는 그 예언이 우리 조선의 범위를 벗어나서 중국의 진한시대(秦漢時代)에 있어서 가장 큰 세력을 잡았었던 것입니다.

『전한서(前漢書)』「진시황본기(秦始皇本紀)」 후생(後生) 노생(盧生)이 동방으로부터 와서 녹도서(錄圖書)를 아뢰오되 "명년에 조룡(祖龍)이 죽으리라" 하였으니 후생 노생은 방사(方士)요, 동방은 연(燕)나라와 제(齊)나라의 지방이요, 조룡은 진시황을 가리킨 것이랍니다.

『후한서』「광무기(光武紀)」 이통(李通)이 도참으로써 광무를 달래었는데, 그중에는 백수진인(白水眞人) 사칠(四七)의 즈음에 불이 임금으로 된다는 것이 다 포함되었습니다.

그 예언의 명칭이 우리 조선에 있어서 비사(秘詞), 비기(秘記), 비결(秘訣), 도참(圖讖), 고문(古文), 혹은 녹(錄), 참(讖)으로 보이고, 중국에 있어서는 녹도서(錄圖書), 또는 도참(圖讖)으로 보였으나, 그 내용에 있어서는 똑같은 샤머니즘의 계통인 것을 잊어서는 아니됩니다.

그 예언의 명칭이 여러가지로 번역된 것과 같이, 또 그 예언자의 명칭도 여러가지의 번역으로 되었을 것을 확실히 알아 둘 필요가 있습니다.

제2절 신지(神誌)의 해석

비사는 신지의 예언을 기록한 것이요, 신지는 단군 때의 사람이라 하였으니, 역사상의 기록으로는 그 이상 더 오랜 예언자는 없습니다. 그러면 신지라는 그것이 확실히 사람의 이름인지, 벼슬의 이름인지, 또 혹은 어떤 사람의 별호인지 한번 더듬어 생각하지 아니할 수가 없습니다.

한자 음으로의 신지(神誌)는 순전한 조선말로 하면 '검치'니 신(神)은 '검'의 뜻을 취한 한자의 번역이요, 지(誌)는 한음(漢音)대로 하면 '치'니, 우리 조선에서도 기왕에는 그 음을 그냥 내었던 모양입니다. 그뿐 아니라 한자의 지(智)·지(支)도 지(誌)와 같이 '치'로 쓰인 때가 또한 있나니, 고구려의 벼슬 이름에 '머리치'를 막리지(莫離支)로, 신라의 임금에 '비치'를 소지(炤智)로, 「처용가(處容歌)」에 '둘은 뉘치해언고'를 '이흘수지하언고(二肐誰支下焉古)'로가 곧 그것입니다.

그리고 한자의 검(儉), 견(遣), 진(秦)으로 쓰인 데도 있으니, 전목(錢穆)의 『계림유사(鷄林類事)』에 '님검(님神)'을 임검(壬儉)으로, 『후한서』「삼한기(三韓紀)」에 '검치'를 신지(臣智), 견지(遣支), 진지(秦支), 검측(儉側)으로가 곧 그것입니다.

신지(臣智)는 신지(神誌)의 그 음을 그냥 취한 것으로 볼 수 있나니, 왜냐하면 '검'이 한번 변하여 그 뜻을 포함한 '신(神)'으로 되고, 신(神)이 또 한번 변하여 검 신(神)자의 음과 같은 신하 신(臣)자로 된 것입니다. 조선의 명사(名詞)에는 한자로 인하여 그렇게 된 예가 적지 아니하니, 이를테면 청구(青邱)의 '푸르'를 발

(發), 풍(風), 남(藍)으로 번역한 따위가 증명하여 줍니다.

『후한서』에 보면 마한(馬韓)은 쉰 네 나라인데, 나라마다 어른이 있으니 큰것은 신지(臣智)요, 다음은 읍차(邑借)라 하였으며, 진한(辰韓)은 열 두 나라인데, 그 열 두 나라의 밖에 작은 고을이 있고 작은 고을에 각각 어른이 있으니, 큰 것은 신지(臣智)라 하고, 그 다음에는 검측(儉側)이요, 그 다음에는 번예(樊穢)요, 그 다음에는 살해(殺奚)요, 또 다음에는 읍차가 있다고 하였으며, 진수(陳壽) 『삼국지(三國志)』에 보면 마한에서는 고을마다 천군(天君)을 두어 천신에게 제사하는 일을 주장하였으니, 생각컨대 그 시대는 무군정치(巫君政治)의 시대니까 거기에 이른바 신지, 검측, 번예, 살해, 읍차의 명목은 그 지위의 차례로 보아서 큰 무당과 작은 무당이라 할 것이며, 그렇지 않으면 각기 그 한 지방을 차지한 '당굴 무당'이라고 할 것입니다.

그러므로 「비사(秘詞)」를 지어낸 신지(神誌)도 마한 각국 가운데의 신운견지(臣雲遣支)나, 변한 각국 가운데의 구야진지(狗邪秦支)나, 또 그 고을의 신지(臣智), 검측(儉側)과 같은 무군(巫君)으로 볼 수밖에 없습니다.

'견지(遣支)'는 우리말로 하면 '견치'니 'ㅁ'이 'ㄴ'으로 바뀐 것뿐이라, 외국 사람의 번역에 으레이 그런 오착이 있을 것이며, '진지(秦支)'는 우리말로 하면 '진치'니 'ㄱ'이 'ㅈ'으로 바뀐 예——중국에서 집 가〔家〕자의 음을 남방음으로는 '가', 북방음으로는 '자'라 하고, 조선에서 '길'을 '질'이라 하는 그 따위의 예에 의지하여 또한 '검치'로 볼 수가 있으며, 검측(儉側)은 우리말로 하면 '검측'이라 할지나 한음(漢音)으로는 '검치'가 됩니다.

그리고 단군(檀君)과 신지(神誌)가 둘이 아니요, 실상 하나인 것을 엿볼 수 있습니다.

『삼국사기』 평양은 선인 왕검(仙人王儉)의 택(宅)이라 하고,

『계림유사』 단(檀)은 배달(倍達)이요, 국(國)은 나라(那羅)요, 군(君)은 임검(壬儉)이라고 하였으니,

왕검(王儉)의 임금 왕(王)은 그 뜻을 취하였으며, 임검(壬儉)은 순전히 우리말대로 번역한 것이며, 님검의 '님'은 존칭하는 말입니다.

지금까지 무당들이 높은 신을 부를 때에 흔히 '님신(神)'이라 하니, '님신'과 '임금'은 말의 근원이 한가지요, 만일 그것을 바꾸어 말한다면 '검님'이라고 할 수도 있으며, 또 그것을 달리 말한다면 '검치'라고 할 수도 있을 것이 아닙니까?

우리말에 '치'도 또한 '검'과 같이 존칭에 쓰였나니, 위에 말한 바 '머리치'는 머리되는 어른이라는 말이며, 그밖에도 '한치〔旱支〕'와 '큰치(犍吉)'의 존칭이 있었나니, 그것은 우리의 말을 이두자, 곧 한자의 음 혹은 새김을 취하여 쓰는 데서 그리된 것입니다.

지금도 '시골치' 혹은 '우대치', '아래대치', '산골치'라는 말이 남기어 있나니, 그런즉 옛적에 조선에서 무당으로 나라의 주권을 잡은 그 자에게 '임금' 혹은 '검치'라는 존호(尊號)를 반드시 올리었던 것이요, 얼마 후부터는 그것이 주권잡은 자의 고정한 존칭으로 된 것입니다. 그리고 일본말에도 신(神)을 'が'라 하나니, 그것은 우리 조선말과 그 근원이 같은 것을 짐작할 수 있습니다.

제3절 선인(仙人)의 해석

'검치(神誌)'와 '임검(王儉 또는 壬儉)'이 서로 같은 것은 위에 말하였거니와, 신지(神誌)도 선인(仙人)이라 하고, 왕검(王儉)도 선인이라 한데 대하여 또다시 말하지 아니할 수가 없습니다. 그러나 도교(道教)에서 이르는바 선도(仙道) 혹은 선술(仙術)과는 한데 섞어 보아서는 아니될지니, 그것은 그 질이 판히 다른 까닭입니다. 옛적에 우리 조선에서 불러오던 선인은 신사(神事)를 차지한 무당에 대한 존칭임을 알아야 합니다.

『동명왕편』 송양왕(松讓王)이 "나는 선인의 후손이니 여러 대로 왕노릇 하였다" 하고,

『후한서』 고구려 관제에 조의 '선인'(皂衣先人)이 있다 하고,

『삼국지』 고구려에는 모든 대가(大加)도 조의 '선인'을 두었다고 하고,

『후주서(後周書)』 고구려의 벼슬에 열 세 등급이 있는데, 열두째가 선인(仙人)이라 하고,

『신당서(新唐書)』 고구려의 벼슬이 모든 열 두 등급인데, 열한째가 선인(先人)이라 하고,

『삼국유사』 신라에서 화랑을 신선(神仙)(권3 미륵선화), 국선(國仙)(상동), 화랑국선(花郎國仙)(상동), 선화(仙花)(상동), 미륵선화(彌勒仙花)(상동), 도솔대선가(兜率大仙家)(권5 월명사 도솔가).

그런데 고려시대에는 신에게 제사하는 사람을 선관(仙官) 혹은

선가(仙家)라 하고, 팔관의식(八關儀式)을 선풍(仙風)이라 하였으며, 이조 조선에 와서는 기호(畿湖)와 양남(兩南) 지방에서 '화랑이'의 계급을, 또 그 개인을 가리켜 '산인'이라 하고, '화랑이'의 딸로 무당된 이를 '산이무당'이라 하고, 전혀 점치기를 위업하는 무당을 '선무당'이라 합니다.

이것으로써 보면 신라의 화랑은 분명히 신사(神事)를 차지하였던 무당의 별명이요, 화랑을 또 신선이니, 국선이니, 선인이니, 선화니 하는 그것은 선(仙)이라는 그 말을 붙이어 각가지의 별명으로 된 것뿐입니다.

그보다 먼저 송양왕은 선인의 후손이니, 고구려의 벼슬에 조의 선인이니 하는 그것도 또한 무당의 직명(職名)인 것을 알아 두어야 합니다. 그리고 선무당의 '선'은 조선말로 기록한 것이요, 선인의 선(仙)은 한자로써 기록한 것이니 글자의 형용은 서로 다르나 그 뜻은 서로 같으며, '선무당'의 '선'과 '산이'의 '산'은 조선말에 초성(初聲)은 변치 않고 중성(中聲)과 종성(終聲)은 변하는 그 예에 의거하여 똑같은 것으로 보아야 할지니, 이를테면 설렁설렁을 살랑살랑이라 하기도 하고, 선선하다를 산산하다 하는 따위의 예가 적지 아니합니다.

그러니까 '산이'를 '선이'로 볼 수가 있다는 말입니다. 그 다음에는 '선인'과 '선이'도 또한 같은 것으로 보아야 할지니, 그것은 무슨 까닭이냐 하면 조선말의 '선이'를 한자로써 기록하는 때에는 '선인(仙人)'이라고 기록할 수밖에 더 별 수가 없을 것입니다.

선이의 선과 신선 선(仙)은 그 음이 같고, '이'는 조선말에 다만 사람에게 한하여 쓰는 관계대명사니, 그것을 한자로 번역하려면 사람 인(人)자와 같이 꼭 알맞음한 글자가 없을 것입니다. 그러므로 신선 선(仙)자와 사람 인(人)자는 '선이'의 번역이며, 선인신지(仙人神誌)는 '선이검치'의 번역이며, 선이검치는 지금까지 일컬은 '산이무당'이라는 말과 그 근원이 서로 같습니다.

따라서 진시황이 구하던 삼신산(三神山) 선인과 한무제의 이슬 받던 선인장(仙人掌)을 또한 생각해볼 필요가 있습니다. 여기에 말한 바 선인들은 다 동방 방사(方士)의 입으로서 나온 것이요, 동방은 연제(燕齊) 지방이라 합니다.

연제 지방은 본래 옛날 조선의 식민지로서 연나라 지방에는 고죽(孤竹), 무종(無終), 하이(河夷), 제나라 지방에는 양이(暘夷), 우이(嵎夷), 엄이(奄夷), 내이(萊夷), 등이(登夷)……의 나라가 서로 흥하고 망하면서 주(周)나라 초기까지 각기 그 세력을 잡고 있었으며, 하물며 연제 지방은 그 지경이 조선으로 더불어 연접하였으니, 첫째의 것은 민족적 관념으로 본다면 선인(仙人)의 전통적 사상을 그냥 지키었을 것이요, 둘째의 것은 교통상 편리로 본다면 신앙에 대한 새로운 사실이 종종 생긴다 하더라도 하루 아침에 서로 주거니 받거니 할 것입니다.

그리고 방사(方士)라는 그 명칭도 조선말에서 나온 것입니다. 지금까지도 조선에서 남자 무당을 '박수' 혹은 '박시'라고 하나니, 이것을 한자로 번역할 때에 중국 북방의 말에는 ㄱ음이 없으니까 ㅇ음을 대용하여 '뺑스'로 된 것임을 짐작할 수가 있습니다.

그러면 서시(徐市)의 이른바 삼신산 '선인'과 악대(欒大)의 세운 바 선인장은 선이를 대상한 것이요, 후생 노생의 아뢰운 바 녹도서는 「신지비사」와 반드시 계통적 관계가 있었던 것입니다.

『사기』 「봉선서 · 교사지(封禪書 · 郊祀志)」 한무제 때에 방사

악대(樂大)가 특별히 총애를 받았는데, 제(帝)가 그를 높이어 오리장군(五利將軍)을 삼고, 또 위장(衛長)공주로써 아내를 삼게 하니라.

『사기』「진시황기」 서시(徐市)가 영주(瀛州), 봉래(蓬萊), 방장(方丈) 삼신산 선인과 불사약을 구한다 하고, 동남동녀 오백인을 배에 싣고 가니라.

『여지승람』 영주는 한라산이요, 봉래는 금강산이요, 방장은 지리산이라고 하니라.

제4절 정감과 단군

신지(神誌)와 임검(壬儉)이 그 음의(音義)로 보아서 서로 같고, 선인(仙人)과 선이가 또한 그 음의로 보아서 서로 같은 것은 의심할 바가 조금도 없이 드러났습니다마는, 『정감록』이 곧 「신지비사」요, 정감이 곧 단군이라는 최육당(崔六堂)의 예증을 그저 범범히 보고 지낼 수가 없습니다.

그는 「단군과 삼황오제」라는 긴 논문을 지은 그중에 박달나무 아래에서 강림한 고로 그 이름을 단군이라 하였다는 그 전 역사가의 이론에서 멀리 뛰어 넘어 고려 중엽의 중 일연이 지었다는 『삼국유사』에 쓰여 있는 단군으로써 그 이론의 근거를 삼아 가고 예증을 들었는데,

1. 우리 조선말의 '뎡글'을 한자로 번역할 때에 형용이 곱고 뜻

이 합하도록 약간의 변통을 하여 단(壇)자, 임금 군(君)자를 써 단군이라 하였으며, 'ᄃᆞᆼᄀᆞᆯ' 은 하늘과 무당의 뜻을 겸하여 가진 몽고 말의 '덩걸' 혹 '덩그리' 와, 흉노 말의 '탕그리' 와 그 말의 근원이 같은데, 그것이 변형하여 'ᄃᆞᆼᄀᆞᆯ' 도 되고, 혹은 'ᄃᆞᄀᆞᆯ' 로도 되었나니, 'ᄃᆞᄀᆞᆯ' 은 ㅇ음을 빼어버리고 지금의 머리라는 말과 똑같이 쓰이게 된 것이라 하여, 단군이라는 그 말 속에는 '하늘, 무당, 머리' 의 세가지 뜻이 포함되었다고 하였습니다.

나의 생각으로는 'ᄃᆞᆼᄀᆞᆯ' 을 단군으로 번역된 것은 형용이 곱고 뜻이 합하도록 변통을 더하여 그리 쓰였다고 하는 것보다 차라리 조선말법에 ㄴ이 ㄱ 위에서 흔히 ㅇ으로 변하는 예, '안기다' 는 '앙기다' 와 같고, '만글다' 는 '망글다' 와 같이 발음하는 그 예에 의지하여 'ᄃᆞᆫ' 이 'ᄃᆞᆼ' 으로 변한다면 더욱 좋을 듯하고, 또는 ㄹ과 ㄴ이 흔히 혼동되는 예, '기념(紀念)' 은 '기렴' 과 같고 '회녕(會寧)' 은 '회령' 과 같이 발음하는 그 예에 의지하여 'ᄀᆞᆫ' 이 'ᄀᆞᆯ' 로 변할 수 있다고 하면 더욱 좋을 듯합니다.

2. 조선의 각 지방, 특히 금강(金剛) 연안의 지방에서 무당을 '당굴' 이라 하니, '당굴' 그 본말은 '단군' 이란 거기에서 나온 것이라고 하였습니다.

3. 뱃사공들이 제일 높은 신에게 올리는 제사를 '당거리 고사' 라 하고, 거기에 들이는 폐백을 살 때에 값을 다투면 신을 공경하는 도리가 아니라 하여 장사꾼이 비록 에누리를 하여도 깎는 일이 없으므로 그것을 '당거리 흥정' 이라 하니, '당거리' 그 본말은 단군이라는 거기에서 나온 것이라고 하였습니다.

4. 백성들의 보통적 신앙에 있어 가장 높은 지위를 가지고, 또 그 유전이 가장 오랜 각 가정의 토지지신(土地之神)을 'ᄃᆡᄀᆞᆷ' 혹

'터주ᄃᆡᄀᆞᆷ' 이라 하는 그것도 실상 그 본말은 단군이라는 거기에서 나온 것이라고 하였습니다.

5. 『삼국지』에 마한의 풍속이 귀신을 좋아하며, 그 국읍(國邑)에 각각 한 사람씩 세워 신에게 드리는 제사를 주장하게 하고 그 이름을 '천군(天君)' 이라 하였나니, 천군 그 본말은 단군이라는 거기에서 나온 것이라고 하였습니다.

6. 『후한서』에 고구려에 신(神)의 사당이 두 채인데, 하나는 부여신(扶餘神)이요, 하나는 등고(登高)신이라 하였으니, 등고라는 그 본말은 단군이라는 거기에서 나온 것이라고 하였습니다.

7. 중국 『사원오집(辭源午集)』에 서촉(西蜀) 사람이 무당을 불러 '단공(端公)' 이라 하고, 당진(唐甄)의 억존설(抑尊說)에 상(湘), 영(郢), 금(黔), 계(桂) 지방에 단공의 명칭이 다 있다 하고, 구율범(舊律範)에 무릇 사무(師巫)가 스스로 단공, 사파(師婆)라 하고 향불을 피우며 무리를 모여 놓고 미혹시키는데, 그 두목되는 자는 교감후(絞監侯)라 한다 하고, 『대청정음촬요(大淸正音撮要)』라는 어휘(語彙)에 단공은 남을 위하여 신을 숭배하고 병을 고친다 하였으니, '단공' 그 본말은 단군이라는 거기에서 나온 것이라고 하였습니다.

이러한 여러가지 예증을 드는 가운데에서 '정감(鄭堪)' 이라는 그것도 'ᄃᆞᆼᄀᆞᆯ' 의 변음으로 또한 된 것이라고 말하였습니다. 우리의 말이 시대를 따라서, 경우를 따라서, 지방을 따라서 소리의 변화 혹은 음편(音便)을 말미암아 그 형용도 변하고 몸도 변하는 데가 적지 아니하니 'ᄃᆞᆼᄀᆞᆯ' 이라는 그 말도 역시 정적 성질을 가진 ㄷ, ㄱ은 그냥 있고, 동적 성질을 가진 중성 'ㆍ' 와 종성 'ㄹ' 은 마음대로 변할 수가 있을 것입니다.

이렇게 알고 보면 최육당의 예증도 그럴듯 합니다. 단군을 만일 무당의 별명이라 하면 그 별명이 한 두 사람에 끊기지 아니할 것입니다. 참, 그러합니다. 강동 대박산(大朴山)의 단군묘도 그러하고, 영변 묘향산의 단군굴도 그러하고, 자칭 단군이라던 해모수(解慕漱)도 또한 그러합니다.

어찌 그뿐이겠습니까? 고구려에도 있었을 것이요, 백제에도 있었을 것이요, 신라에도 있었을 것입니다. 단군이 그렇게 많았다면 예언자도 또한 그렇게 많았을 것이올시다. 그러고본즉 신라 말년에도 예언자 정감—단군—이 없었으리라고 못할 것입니다.

제5절 『정감록』의 내용 비판

『정감록』의 첫머리를 보면, 정감하고 이심(李心)하고가 그 조상을 어떠한 명당길지(明堂吉地)에 장사하고, 피차에 묻고 대답한 것을 적어낸 것인데, 풍수(風水)들의 이르는바 산론(山論) 비슷하게 되었습니다.

그 기록의 대지(大旨)를 말하면 고려 왕씨가 망한 후에 이심의 후손이 개국하고, 이씨가 망한 후에 정감의 후손이 개국한다는 그것인데, 그 중간의 길흉화복에 대한 사실을 마치 포도군관의 '한얼' 모양으로, 아이들의 수수께끼 모양으로 혹은 그림, 혹은 글자로 적어 놓은 순한문의 기록입니다. 그러나 그 원본이 일정치 못하여 이것저것 그 여러 것을 얻어보면 얻어보는 족족 아래의 말과 위의 말이 바꾸어 놓인 데도 있고, 덜하며 더한 데도 있습니다.

그렇게 된 이유를 듣건대 이러하답니다. 이조 세종 때에 서운관(書雲觀)에 간직하여 두었던 비사(秘詞)와 민간에 흩어져 있던 비기(秘記)를 모조리 걷어 불에 사르고, 그리고 국고(國庫)에 단지 한 책만 남겨 두었었는데, 그 후에 임진란이 일어나고 민심이 헤어지매 선조대왕이 민심을 수습하는 방책으로 그 책을 종로 네거리에 달아 놓고 국운이 아직 쇠진하지 아니한 것을 일반 군중에게 증명하는 그때, 그것을 여러 사람이 가만히 필기하느라고 어떤 사람은 저기로부터, 어떤 사람은 여기로부터, 또는 빨리 쓰는 사람, 더디 쓰는 사람, 그 각가지의 사정으로 인하여 바뀐 것도 있고, 빠진 것도 있고, 그릇된 것도 있다고 합니다.

그 원본이 일정하지 못하게 된 사실은 설혹 그렇다 할지라도, 이제 역사의 기록으로 보면 「신지비사」밖에는 딴 이름 가진 것이 없고, 앞서 말한 바와 같이 「신지비사」와 『정감록』이 한가지라 하면 『정감록』에도 구변도국(九變圖國)이 낱낱이 적혀 있어야 할 터인데, 그렇지 아니한 것이 나의 첫째 의혹하는 바요, 구변도국의 그 기점으로 말하면 선인왕검의 시대라 할 터인데, 신라 말년에 중 도선이 중국으로부터 비로소 전한 풍수설이 그 첫머리에 쓰인 것이 나의 둘째 의혹하는 바요, 예언이라면 신사(神事)를 차지한 자가 신의 묵시를 받아서 일반 군중에게 전하는 것인데 정감과 이심의 문답이 거기에 쓰인 것이 나의 셋째 의혹하는 바입니다.

나는 이렇게 생각합니다. 그것이 정치혁명하는 여러 사람의 손을 거치어서 더하게 된 것도 있고 덜하게 된 것도 있는 것임을 엿볼 수가 있습니다. 그전부터 전하여 오는 일반 민중의 신앙적 사상만 토대로 하면 그 원문에 더한 것이 있다거나 혹은 덜한 것이 있다거나 하여 신용잃을 리는 없을 것이며, 또 그 근본적 조건을 놓고서 빤히 새것을 만들어 낸다 하더라도 그 시대 사람의 정도로 보아서 효력이 없는 것은 아닙니다.

그래서 정치혁명을 꾀하는 자들이 그 두가지 방법을 이용하는 거기에서 그리되었을 것입니다.

1 도선(道詵)과 정감

정감이 신라 말년의 사람이라 한 그것으로 보아서는 확실히 도선으로 짐작됩니다. 도선은 신라 말년의 중으로 당나라에 들어가서 일행지리(一行地理)를 배워가지고 풍수설을 우리 동방에 처음 권한 자요, 또는 왕건의 혁명계획에 주동자의 역할을 가지었었으니, 그러므로 자기의 대표적 인물인 정감을 내세워 그 전 예언에 수정을 더하였을 것입니다.

그가 그 혁명 계획에 주동자로 되었던 실례를 들면, 그가 왕건의 아버지의 집터를 잡아주고 따라서 글을 만들어 봉투 속에 넣고 그 외봉에 "이 글은 장차 삼한(三韓)을 통일할 임금, 대원군자 족하에게 절하고 드리나이다(謹奉書百拜獻書乎未來統三韓之主大原君子足下)"라고 쓰였다는 그것이 우리에게 그 소식을 전하여 줍니다.

그리고 "삼수중사유하(三水中四維下), 상제강자어진마(上帝降子於辰馬), 선조계후박압(先操鷄後搏鴨), 사년중이용현(巳年中二龍見), 일측장어청목중(一側藏於青木中), 일측현어흑금동(一側見於黑金東)"의 고경문(古鏡文)은 이른바 그 『정감록』의 미비한 조건을 보충하기 위하여 새로 만든 것으로 보아야 합니다.

2 이성계와 이심(李心)

고려 서운관 비기에 다만 「신지비사」가 있었던 그것으로 보아서는 이성계가 구변도국의 건목득자(建木得子)라는──나무 목(木) 아래에 아들 자(子) : 이씨(李氏)가 개국하리라는──그 말에 의지하여 거기에다가 자기의 가상적 조상인 이심과 그 대상적 인물인 정감을 더 넣은듯 합니다.

그리고 "상(上)이 잠저(潛邸)하였을 때에 어떠한 이인(異人)이 문앞에 와서 지리산 바위돌 속에서 얻었다는 기이한 글월을 드리니, 그 가운데에 '목자(木子)가 돼지를 타고 내려와서 다시 삼한 땅을 바로잡으리라(木子來猪下 復正三韓境)'는 구절이 있는지라. 사람을 시키어 그 이인을 맞으려 하니 그가 벌써 간데가 없으므로 찾지 못하였다"는 것과(『연려기술』),

"저 높은 산이여, 돌이 하늘에 가득하였도다. 그 돌을 깨고서 이서(異書)를 얻으니, 한한목자(桓桓木子)가 때맞추어 낳도다. 누가 그를 도울까? 주초(走肖)는 그 덕(德)으로 하고, 비의군자(非衣君子)는 금성으로 와서 도읍을 세번 정하여 그를 도와 이루리로다. 신도(新都)에 도읍을 정하면 팔백년을 누릴지로다. 그러한 보록(寶錄)을 우리가 받았도다"한 것(『문헌비고』「受寶錄之樂」)은 이른바 『정감록』의 미비한 조건을 보충하기 위하여 새로 만든 것으로 보아야 합니다.

이성계의 혁명계획에는 중 무학(無學)이 중요한 역할을 다 하였나니, 그 계획에 대한 여러가지 도참도 또한 다 그의 손을 거쳐서 된 것을 엿볼 수가 있습니다. 그리고 『연려기술』의 이서(異書)와 「수보록(受寶錄)」의 이서가 본래 한가지의 이서인 것을 알아 두어야 합니다.

목자(木子)는 이성계의 성을 가리킨 것이요, 돼지는 이성계의 탄생인 을해년(乙亥年)을 가리킨 것이요, 주초(走肖)는 조준(趙浚)의 성을 가리킨 것이요, 비의(非衣)는 배극렴(裴克廉)의 성을 가리킨 것이요, 세번 왕도를 정한다는 것은 송도로부터 계룡산, 그리고 또 한양에까지 옮겨 도읍할 것을 가리킨 것이랍니다.

이 위에 말한 것은 모두 현실이 아니면 멀지 않은 장래에 넉넉히 나타낼 수 있는 사실입니다. 그런데 "신도(新都)에 도읍하면 팔백년을 누린다"는 그 말이 한일합병한 오늘날에 와서야 그 글 전부의 허무맹랑한 것임을 여지없이 자백하였습니다.

3 정여립(鄭汝立)과 정감

정여립은 서운관의 비기가 다 불꽃으로 된 그 후, 임진왜란이 일어나기 전의 사람인데, 전국의 유소문한 그 도덕과 명망으로써 비밀히 혁명적 단체인 대동계(大同契)를 조직하고 시세를 지어내는 중이었습니다.

그러면 일반 군중의 기억에 남기어 있는 「신지비사」의 근본사상에 의거하여 비결 한 책을 지어낼 수도 있으며, 조상의 묘자리만 좋으면 왕후장상의 부귀영화를 누린다는 그때의 일반적 신앙에 의지하여 풍수설로써 그 비결의 기초를 정할 수도 있으며, 그 시대는 이씨 조선의 시대요, 자기는 정씨인즉 성을 바꾸어 새 나라를 세우려는 그 계획에 있어서는 정감과 이심이라는 전대 인물을 내세울 수도 있으며, 그 혁명의 근본 정신이 정씨 자기를 표준한 이상에는 그 비결의 이름을 『정감록』이라 할 수도 있을 것입니다.

이제 『연려기술』에 쓰인 것을 보면 "전에부터 목자(木子, 곧 李氏)가 망하고 전읍(奠邑, 곧 鄭氏)이 흥하리라는 말이 있더니, 여립이 그것을 옥판(玉版)에 새기어 의연(義衍)이라는 중으로 하여금 지리산 돌구멍 속에 두게 하고, 그가 그후에 지리산 구경을 빙자하고 갔다가 그것을 얻으니, 그 자리에 참예하였던 변숭복(邊崇福), 박연령(朴延齡) 등이 말하되, 여립은 때를 타고 난 사람이다"라고 한 그것이 우리에게 증명하여 줍니다.

어떤 혁명이든지 비결을 이용하지 아니한 때가 없었고, 그 혁명의 음모에는 중이 참예하지 아니한 적이 없었습니다. 그것으로 보아서 『정감록』이 중의 손에서 시대를 따라 더하게 하고 덜하게 된 것만은 사실입니다. 그래서 우리 조선에 "역적에 중놈 뛰어들듯 한다"는 속담까지 생기게 된 것입니다.

여기에 그 내용을 세세히 해부하려면 쓸데없는 복잡을 느낄 것이요, 비록 복잡은 느끼지 않더라도 그럴 필요가 없습니다. 그래서 그 대체만을 들려고 합니다. 그중에서 맨먼저 말할 것은 세가지 그림인데, 첫째는 송아지요, 둘째는 강아지요, 셋째는 도야지입니다. 그 그림이 표상(表象)된 시대의 사람은 누구든지 그 그림의 뜻을 잘 이해하는 자라야 모든 환란을 피한다고 합니다.

송아지는 임진왜란의 시대를 두고 그린 것이요, 그것을 한자로 쓰면 송아지(松下止)랍니다. 그래서 임진란에는 솔 송(松)자로 된 고을의 사람과, 심지어 솔나무 밑에 선 사람은 왜놈들의 살해를 받지 아니하고, 명나라에서 구원병을 거느리고 나온 이여송(李如松)은 그 이름에 솔 송(松)자가 든 까닭에 왜놈이 물러갔다고 합니다. 그것은 웬일이냐 하면 일본에도 『정감록』과 같은 비결이 있었는데, 평수길이 그 군대를 조선으로 내보낼 때에 가등청정, 소서행장같은 대장들에게 비밀히 훈계하기를, 송(松)자 단 고을에 들어가지 말고, 솔나무 아래에 선 사람도 해치지 말고, 또는 송자 이름 가진 사람과는 싸우지 말라고 한 까닭이랍니다.

강아지는 병자호란의 시대를 두고 그린 것인데, 그것을 한자로 쓰면 가하지(家下止)랍니다. 그래서 병자호란 때는 자기의 집에 그냥 있던 사람은 아무 환란도 당하지 않고 편안히 지내었으나 깊은 산골에 피난갔던 사람들은 눈사태에 다 죽었다고 합니다.

이러한 해석들은 그 난리가 지나간 뒤에 발가락 두 짬의 고린 내 나는 때를 손 끝에 묻히어 코에다 대고 그 냄새를 맡아보는 골훈장 따위들이 그렇게 한 것입니다. 임진란의 그때를 말하여도 왜병이 송도에도 투진하였었고, 따라서 이여송하고 전쟁한 일이 한 두번뿐이 아니었습니다. 또 병자호란의 때를 말하여도 적병이 지나가는 곳에 집에 있던 사람, 들에 있던 사람도 적지 않게 죽었습니다.

도야지는 병자호란이 지난 그후 오늘까지의 시대를 두고 그린 것이라는데, 거기에 대해서는 그 해석이 분분하여 이 사람은 이렇게 말하고, 저 사람은 저렇게 말합니다. 혹은 섬 도(島), 아래 하(下), 끊일 지(止)——도하지(島下止)로 해석하여 서북간도(西北間島)가 피난처라 하기도 하고, 혹은 길 도(道), 아래 하(下), 끊일 지(止)——도하지(道下止)로 해석하여 천도교와 예수교와 같은 도(道)가 피난처라 하기도 합니다.

그 해석은 어느 때든지 방정히 해결되지는 못할 것입니다. 도야지뿐 아니라, 송아지, 강아지도 지금까지 완전한 해석을 얻지 못하였습니다.

『정감록』의 문구에 대한 해석법을 잠시 말하려 합니다.

내가 어렸을 때에 들은 것이 지금껏 기억됩니다. "철마가 한강가에 와서 울리라(鐵馬來口斯漢江濱)"는 그 구절에 대하여는 적의 병마가 한강에까지 들어온다고 처음에 해석하더니, 얼마 안되어 경부철도가 놓이고 기차가 한강철교로 다니게 되매 그때에는 그 전 해석을 고치어 '철마'는 기차로 하고, 그 운다는 것은 고동소리로 해석하며,

또는 "천하의 솔나무가 하루 아침에 허옇게 서리라(天下松木一朝白立)"는 그 구절에 대해서는 장차 흉년이 크게 들어 솔나무의 껍질을 다 벗기어 먹으리라고 처음에 해석하더니, 청일전쟁이 일어나고 조선 팔도에 전보대를 세우매, 그때에는 그 전 해석을 고치어 그것은 껍질을 벗긴 솔나무의 전보대를 세운다는 말이라 하여 『정감록』은 신통하게도 똑 들어맞는다고 하더이다.

그것은 귀에 걸면 귀걸이요, 코에 걸면 코걸이가 되는 셈으로, 설혹 그렇다고 가정할지라도 그만큼도 아직 해석되지 못한 문구가 적지 아니합니다.

그 중에서 몇가지를 들건대 "인종은 양백에서 구하고 곡종은 삼풍에서 구하라(人種求於兩白 穀種求於三豊)"는 구절에 대하여는 장차 큰 병란이 나고, 게다가 또 흉년이 들어 사람의 종자와 곡식 종자가 거의 다 없어질 터인데, 양백과 삼풍을 알아내어야 인종과 곡종을 보전한다고 합니다.

그래서 양백에 대하여는 경상도의 대태백(大太白), 소태백(小太白) 그 두 산을 양백이라 하는 이도 있고, 백두산의 대백산(大白山), 소백산(小白山)을 양백이라 하는 이도 있고, 백인종이 사는 아메리카와 유럽이 양백이라 하는 이도 있어 각기 자기의 해석대로 피난가는 이가 많았으며, 삼풍에 대해서는 풍기(豊基), 풍덕(豊

德), 연풍(蓮豊)의 세 지방을 가리키어 말하는 이도 있고, 그나마 되지 못한 해석이 또한 적지 아니합니다.

그리고 "슬기로운 자는 남쪽으로 옮기고 어리석은 자는 북쪽으로 옮긴다(智者遷南愚者遷北)"는 구절에 대해서는 함경도로만 말하여도 남천한다고 강원도 등지에 갔다가 패가하고 돌아온 사람이 어찌도 많은지 다 헤일 수 없습니다. 강원도 중에도 인제(麟蹄)가 남천의 중심지로 되었나니, 그것은 인제의 그 전 이름이 도야지의 발(猪足)이라 하여 '도야지'를 겸해 찾는다는 것입니다.

"나를 살릴 자는 누구냐 궁궁을을이요, 나를 죽일 자는 누구냐 소두무족(生我者誰弓弓乙乙 殺我者誰小頭無足)"이라는 구절에 대하여는 해석이 매우 곤란한 모양입니다. 궁궁을을(弓弓乙乙)에 있어서는 어떤 이는 그것이 약할 약(弱)자라 하여 지금 세상에는 약한 체해야 살아난다 하고, 어떤 이는 그것이 동학의 궁을부(弓乙符)라 하여 거기에 입도하여야 살아난다 하며, 소두무족(小頭無足)에 있어서는 어떤 이는 적을 소(小)자 머리에 없을 무(無)자의 발〔灬〕을 가진 것은 무리 당(黨)자라 하여 어떤 당에든지 들지 말아야 살아난다 하고, 어떤 이는 일본(日本)이라는 밑 본(本)자가 곧 그것이라 하여 일본놈들이 우리를 죽인다고 합니다.

그리고 "진인이 남해도의 가운데로부터 나온다(眞人自南海島中出來)"는 그 구절에 있어서는 진인은 정도령(鄭道令)이요, 남해도는 남조선이라 하여, 만일 정도령이 나오는 그때면 우리 조선은 다시 태평천국이 된다고 지난 갑자년 봄을 기다리는 이가 많았던 모양입니다. 갑자년은 벌써 지나갔건마는 지금도 그런 꿈을 꾸고들 있습니다.

이만큼 말하여도 『정감록』의 내용이 어떻게 될 것을 누구든지 짐작하오리다. 또는 거기에 대한 조선 민중의 미신이 어떠한 것을 누구든지 짐작하오리다.

결 론

『정감록』은 샤머니즘의 경전이올시다. 유교의 주역과 예수교의 신구약보다 못하지 아니한 가치를 가지고 있는 것입니다. 혁명가들도 그것을 이용하고, 음양가(陰陽家)들도 그것을 이용하고, 종교가들도 그것을 이용하는 그중에서 그 기록이 비록 샤머니즘의 본색을 잃은 데도 많기는 많습니다마는 그 근본 정신은 그냥 포함되어 있습니다.

그것이 상하 반만년을 지나오면서 우리 노력계급에게 해독준 것으로 말하면 유교나 예수교보다 몇 백배의 해독을 주었습니다. 지금 생각하면 웃음거리에 지나지 못한 일입니다마는, 한일합병한 후에 해외의 민족적 망명자로써 조직한 단체 이름에 해도영(海島營)이란 그것은 "진인이 해도중으로 나온다"는 일반적 미신을 이용하려 함이요, 그리고 대한광복군(大韓光復軍) 정부라는 그 단체에 정도령(正都領)이라는 대표적 인물을 두게 된 것은 '정도령(鄭道令)'에 대한 일반적 미신을 이용하려 함이었으니, 이것도 민족적 소부르조아 정치가들이 자기 계급의 이익을 위하여 그 따위의 수단을 쓴 것이 아니겠습니까?

우리는 이러한 최근의 사실을 미루어 『정감록』은 어떠한 계급의 이용물로 되어온 것을 깊이 깨달아야 할 것입니다. 그뿐 아니라 무산계급이 자기의 권리를 찾으려는 직접행동에 있어 그것이 어떠한 장애를 주며, 또 그 문화를 과학적으로 향상시키려는 그 정성에 있어 그것이 어떠한 미혹을 주며, 허위의 생활을 버리고 가장 실지있는 새 사회의 건설에 그것이 어떠한 방해를 주는지 우리는 더 깊이 깨달아야 할 것입니다.

제6절 『정감록』과 천도교

1 천도교의 기원

천도교의 제1세 교주는 수운대신사(水雲大神師)라는 최제우(崔濟愚)요, 제2세 교주는 해월신사(海月神師)라는 최시형(崔時亨)이요, 제3세 교주는 의암성사(義菴聖師)라는 손병희(孫秉熙)인데, 최제우가 1869년——음력 경신(慶申) 4월 5일——에 한울님의 말씀을 받아서 비로소 포덕(布德)하였다고 합니다.

그런데 그 주문은,

지기금지원위대강(至氣今至願爲大降)
시천주조화정영세불망만사지(侍天主造化定永世不忘萬事知)

그가 그 주문을 지은 후에 그 제자들에게 말하되, 차제(次第)도법(道法)이 오직 그 삼칠자(三七字)에 있다 하고, 또 그 뜻을 이와같이 해석하였습니다.

'지(至)'는 곧 극(極)이라는 뜻이요. '기(氣)'는 허령(虛靈)이 창창(蒼蒼)하여 일에 간섭하지 않음이 없으며, 일에 명(命)하지 않음이 없도다. 그러나 드러남즉하되 형상하기 어렵고, 들음즉하되 보기 어려우니 이 곧 혼원(混元 : 우주 또는 천지를 이르는 말/편집자)의 일기(一氣)니라.

'금지(今至)'는 비는 뜻이요, '원위(願爲)'라 함은 이에 도(道)에 들어와 그 기(氣)에 접함을 안다 함이요, '대강(大降)'이라 함은 기화(氣化)를 원함이요.

'시천(侍天)'이라 함은 안에 신령이 있고 밖으로는 기화(氣化)가 있어 온 세상의 사람들이 각기 옮기지 못할 것을 안다 함이요, '주(主)'라 함은 존칭하는 뜻인데 부모와 같이 섬긴다 함이요, '조화(造化)'라 함은 무위이화(無爲而化 : 천도교에서, 한울님의 전지전능으로 이룬 자존자율의 우주법칙을 이르는 말/편집자)를 이름이요, '정(定)'이라 함은 그 덕이 합하여 그 맘을 정함이요, '영세(永世)'라 함은 사람의 평생이요, '불망'이라 함은 늘 생각하는 뜻이요, '만사'라 함은 수효가 많음이요, '지(知)'라 함은 그 도를 알아서 그 아는 것을 받는다 함이라고 하였습니다.

그리고 그 교의 처음 이름은 동학이었습니다. 포덕 2년 신유(辛酉)에 최제우가 그 제자와의 문답에 있어 그 명칭을 밝히 말하였나니, "혹시 대신사께 묻자오되 이제 천령(天靈)이 선생에게 강림하셨다 하오니 어찌된 까닭입니까? 대신사 가로되, 그것은 무왕불복(無往不復)의 이치를 받음이니라. 그러면 무슨 도라고 이름합니까? 가로되, 천도(天道)니라. 서도(西道)와 다른 바가 없습니까? 가로되, 운(運)은 하나이요, 도는 같으나 이치인즉 아니니라. 무슨 까닭입니까? 가로되, 우리 도는 무위이화하나니라. 그 마음을 지키고, 그 기(氣)를 받게 하고, 그 천성을 좇고, 그 교를 받으면 화(化)가 자연한 가운데에서 나오나니라. 도가 같다고 말할진대, 서학(西學)이라고 이름합니까? 가로되, 그렇지 않다. 나는 동에서 나서 동에서 받았으니, 도는 비록 천도나 학이라 하면 '동학'이라 할지니, 서를 어찌 동이라 하며 동을 어찌 서라 하리요" 하였답니다.

이만하면 동학이라는 그 이름이 어떠한 의미를 가진 것과, 또 그것이 어느 때에 생긴 것을 누구든지 다 생각할 것입니다. 그리고 천도교라는 그 이름은 어느 때에 생기었는가 하면 1906년에 생긴 것이니, 그것은 일진회(一進會)가 해체되어 그때에 이른바 매국적 송병준(宋秉畯), 이용구(李容九) 등의 일파는 시천교(侍天敎)라는 이름을 가지고, 손병희의 일파는 천도교라는 이름을 가지게 된 것입니다.

2 천도교의 내용 해부

① 교리 : 유 · 불 · 선(儒佛仙)의 본원(本願)

대신사가 해월신사에게 이르사 "우리의 도는 유(儒)도 아니요, 불(佛)도 아니요, 선(仙)도 아니니 유의 뼈와 불의 성(性)과 선의 기(氣)가 우리 도의 가운데에 스스로 있나니라"(천도교서 88항)하고, 해월신사의 말에 "우리 도(道)는 유가 아니며, 불이 아니며, 선이 아니라 우리 스승님이 천지우주의 절대원기(絶對元氣)와 절대성령(絶對性靈)을 체응(体應)하여 온갖 일과 온갖 이치의 근본을 처음 밝히시니, 이것이 곧 천도(天道)며, 천도는 유 · 불 · 선의 본원이니라"(천도교서 89항) 하고, 대신사의 신원서(伸寃書)에 "……유의 인륜(人倫), 선의 청정자수(淸淨自修), 불의 보제중생(普濟衆生)이 넉넉히 우리 도의 세가지 과목이 될 만하다……" (천도교서 94항)고 하였습니다.

② 주의 : 사람이 곧 한울님(人乃天)

대신사가 해월에게 말하되 "사람은 곧 하늘이라, 마음이 하나 되면 조화정하고, 조화정하면 영감(靈感)이 있나니라"(천도교서 28항)하고, 대신사의 말에 "한울님이 오만년 무극대도(無極大道)로써 나에게 맡기었나니, 그런고로 우리 도는 오만년의 무극대도라 한울님의 마음은 곧 나의 마음이요, 나의 마음은 곧 억조(億兆)의 마음이니, 그러므로 사람은 곧 하늘이라 하노라"(천도교서 43항) 하였고, 해월신사가 그 문도에게 가르친 말에 "사람은 곧 하늘이라 차등이 없나니 사람이 사람을 천히함은 그것이 하늘에 어김이라"(천도교서 59항) 하였고, 대신사의 신원서에 "……사람은 본래 천성(天性)을 가진 자라 더러움을 버리고 나의 천성을 회복하면 사람이 곧 하늘이요, 하늘이 곧 사람이라……"(천도교서 94항) 하였고, 해월신사가 그 문도에게 이르되 "이제부터 온갖 예식에 나를 향하여 위(位)를 설함이 옳으니라. 한울님이 나에게 있나니 나를 버리고 다른 것을 숭배하리오"(천도교서 100항) 하였습니다.

③ 목적 : 포덕천하 광제창생(布德天下 廣濟蒼生)

"한울님이 대신사에게 말씀하시되 너에게 무궁무궁의 도를 맡기노니 수련하여 글을 지어 사람을 가르치고 그 법을 바르게 하여 덕을 펴면 네가 장생(長生)하여 천하에 빛나리라"(천도교서 8항) 하고, 또 말씀하시기를 "큰 운수가 순환하여 세계의 억조가 장차 다 일체가 되리니 네가 마음을 바르게 하고 도를 닦아 점점 수련하면 무궁조화 다 던지고 포덕천하될 것이니 차제 도덕(道德)이 그 속에 있나니라"(천도교서 9항) 하고, 대신사가 대구에서 심문을 받을 그때 "나는 무극대도로써 천하에 펴고자 하노니, 이 도가 세상에 나타난 것은 한울님의 명하신 바요, 또 나의 일신으로써 도에 희생하여 덕을 후천 오만년에 펴게 함도 또한 한울님의 명하신 바라"(천도교서 50항) 하였습니다.

④ 미신적 조건

▶ 수도의 절차

대신사가 수도의 절차를 정하실 때 "맑은 물을 드리고, 한울님을 생각하며 주문을 외우며, 잠을 자고 밥을 먹음에 반드시 고(告)하며, 나들이함에 반드시 고하고, 악하지 말며 탐내지 말며, 음란하지 말므로써 심잠(心箴)을 삼으리다"(천도교서 21항)라 하고, 해월신사가 영월 직곡리(稷谷里)에 가서 박용걸과 더불어 결의형제할 때에 "이날 밤에 맑은 물 한 그릇을 설하고 한울님에게 맹세한 후에 의(誼)를 맺았다"(천도교서 65항) 하고, 해월이 그 문도에게 말하되 "내가 지난 해에 각종 음식물로써 기도식의 준적(準的)을 정하였으나, 이는 아직 시대의 관계로부터 나온 것이니 이후에는 일체 의식에 다만 맑은 물 한 그릇만 쓸 날이 있으리라. 물은 만물의 본원이니 옛날에 천지가 생기기 전에 가리키어 물이라 일컬음도 또한 이러한 뜻에서 나온 것이라. 그런 까닭에 나는 물로써 일체의 물건을 대신하여 쓰노라"(천도교서 72항) 하였고, 대신사가 부도(符圖)를 받을 때에 한울님이 말씀하시되 "네가 손수 쓰고 불에 태워 맑은 물에 타서 먹으라"(천도교서 6항)고 하였습니다.

일체 의식에 청수 한 그릇을 쓰는 것은 조선에 고유한 원시적 종교사상에서 나온 것입니다. 조선의 원시적 종교라 하면 누구든지 샤머니즘을 기억할 것입니다. 샤머니즘의 천지창조설——천지가 물로써 되었다는 말——이 지금에 유행하는 무당의 노래가락

에 표현되었나니,

대천바다 한가운데/뿌리 없는 나무 나서/가지는 열 둘이오/잎은 삼백 예순이라/그 나무 열매 열었으니/일월인가

는 천지가 생기기 전의 그 본 바탕을 대천 바다로써 밝히 증명하였습니다. 우리 조선에만 그런 원시적 관념이 있는 것이 아닙니다. 무슨 약속이나 있었듯이 원시세계에는 모두 그러하였습니다. 이제 몇가지의 예를 들면,

• 인도 아리안족의 신화——태초에 이것 저것이 다 없고, 구름 기운과 하늘도 다 없고, 밑이 없는 깊은 물에 어둠만 가득하였는데, 그 가운데서 수태(受胎)의 힘이 내려와서 아래의 물질과 위의 세력이 서로 닿아서 세계가 생기었다 하고,

• 갈라디아(소아시아 중부의 옛 왕국/편집자) 신화——천지도 아무 것도 없는 때에 다만 '압수'(Absu, 大洋이란 뜻)라는 아버지와 '티아마트'(Tiamat, 渾沌이라는 뜻)라는 일체의 어머니가 있어서 그 둘이 결합하는 중에서 생물과 그 나머지 다른 것이 생기었다 하고,

• 유대 사람의 신화——혼돈은 원시상태라 하고, 공광(空曠)한 어두움이 깊은 바다를 덮었는데, 신의 조화가 그 위에 행하여 만물이 생기었다 하고,

• 바빌론의 승려 빼로서쓰——태초에는 어두움과 물밖에는 다른 것이 없었다 하고,

• 이집트 신화——무형한 물질이 '캄캄한 대양 가운데에 있었

다' 함은 각 지방에 공통히 유행하는데, 특히 나일강 어구에 유행하는 것으로 말하면 태초에 하늘 누이트(Nuit)와 땅 시부(Sibu)가 둘이 꼭 껴안고 원시(原始)바다 누(Nu)의 위에 앉았었더니, 창조하는 날에 수(Shu)라는 신이 물 가운데서 나와 두 손으로 여신 누이트를 떠받들어 하늘이 되게 하고, 시부는 풀 속에 숨었다가 동물과 인류생식의 근본이 되었다 하고,

• 로마의 신화——태초에 혼돈이 있을 뿐이요, 해도 달도 빛나지 않고, 큰 바다에 배도 다니지 않더니 두 가지 세력이 나와서 천지만물을 만들고 또 펼치어 놓았다 하고,

• 아이누 신화——태초에는 물과 진흙만 있었다 하고,

• 필리핀 신화——태초에는 허공과 물뿐이라 하고,

• 일본 신화——태초에 바다가 있고, 그 위에 갈순같은 한개의 물건이 있어 사람과 신의 본원이 되었다 하였습니다.

이 여러가지 신화로 보아서 샤머니즘의 사상이 얼마나 널리 퍼졌던 것을 넉넉히 볼 수가 있고, 또 천도교의 근본적 정신되는 일체 의식이 샤머니즘에서 나온 것을 확실히 알 수가 있습니다. 지금까지도 샤머니즘에서 그 기도식(祈禱式)에 있어서는 맑은 물로써 온갖 음식물을 대용합니다.

① 칠성기도할 때에는 정결한 곳에 단(壇)을 쌓아놓고 정 밤중에 정화수(井華水) 한 그릇을 그 단 위에 올려 놓고 북향하여 기도하는 것.

② 아이들에게 천연두가 들면 그것은 대감 혹은 마누라의 행차가 드셨다 하여 그 부모로 하여금 날마다 정화수 한 그릇을 떠다가 상 위에 놓고 기도하는 것.

③ 신무(神巫, 방언에 대주무당, 혹은 사천이라 함)들은 흔히 정화수 한 그릇을 떠다가 상 위에 놓고 점치는 일이 있는 것.

▶ 기도식

"……때에 이인(異人) 하나가 대신사께 절하고 가로되, 내가 금강산 유점사에 있어 백일기도를 마치고……"(천도교서 3항)라 하고,

"……그 글 가운데에 49일, 하늘에 기도하는 뜻이 있는지라"(천도교서 4항) 하고,

"포덕 전 정사(丁巳)의 가을에 대신사 천성산(千聖山)에 들어가서 하늘에 기도하는 일을 계속하실 때 밖으로 무쇠점을 설하고 안으로 하늘에 기도하는 설비를 하사 49일의 기도를 필하시고"(천도교서 4항)라 하고,

"포덕 3년 임술 1월에 신사 밤을 새면서 공부를 계속하실 때 반종지의 기름으로 21야(夜)를 지내되, 기름이 마르지 아니하더니……"(천도교서 55항)라 하고,

"선사, 각 지방 도인에게 사시(四時) 네번의 기도식을 행하게 하되, 49일로써 한번을 정하시다"(천도교서 59항)라 하고,

"……이날 밤에 맑은 물 한 그릇을 떠놓고 하늘에 맹세한 후, 형제의 의(誼)를 맺고 인하여 49일 기도를 그 집에 설하니……"(천도교서 65항)라 하고,

"신사, 강수(姜洙) 등으로 더불어 태백산 갈래사(葛來寺) 적조암(寂照庵)에 들어가서 49일 기도를 행할 때 주문을 밤마다 삼만번씩 외우더니……"(천도교서 69항)라 하고,

"포덕 28년 정해 정월 1일에 봄에 한번, 가을에 한번 각 49일

기도식을 정하시다"(천도교서 85항)라 하였습니다.

위의 기록을 종합하여 보면, 그 기도의 방식도 또한 샤머니즘에서 나온 것입니다. 샤머니즘의 기도에는 그 날짜에 있어 칠수(七數) 혹은 백수(百數)를 써왔습니다. 자세히 말하면 삼칠일(三七日), 사십구일(四十九日), 백일(百日) 그 세가지의 구별이 있었습니다.

『삼국유사』를 보면, 신시천왕(神市天王)이 세상에 강림하였을 때에 범 하나와 곰 하나가 사람으로 되게 해달라고 기도하매, 한울님께서 쑥과 마늘을 주면서 말씀하기를, 너희가 이것을 먹고 백날 동안 햇빛을 보지 아니하면 사람이 된다고 하니, 곰은 삼칠일을 금기(禁忌)하여 여자로 되고, 범은 그대로 아니하여 사람이 못되었다고 하였습니다.

그리고 지금까지의 우리 풍속에 산모가 삼칠일을 금기하며, 갓난아기를 백일 동안 금기하며, 또는 칠성기도같은 때도 삼칠일 혹은 백일로 정하는 예가 있는데, 그중에 사십구일의 기도식은 불교의 칠칠재(七七齊)로부터 발생되지 않았는가 하는 의심도 없지 아니합니다. 그것도 또한 일곱에 일곱을 승한 것이니, 칠수는 마치 한가지입니다.

더욱 생각하여 볼 것은 칠수를 중심으로 한 샤머니즘——그 주문까지도 삼칠자로 지은 천도교——의 그 전통적 사상이 오랜 것을 짐작할 것입니다. 샤머니즘에서만 그런 것이 아닙니다.

모세 오경(五經) 중에도 칠수를 중심으로 하여 하느님이 이레 동안에 천지만물을 지었다 하고, 또는 사십구일마다 토지를 다시 분배한다 하였으며, 중국의 속례(俗禮)에도 칠수를 중심으로 하여 사람이 죽으면 첫 이레를 기(忌)라 하고, 칠칠 사십구일이 되면 졸곡(卒哭)하는 일이 있습니다.

이것으로 보아서 칠수는 원시적 종교의 공통한 사상이었던 것을 알아 두어야 합니다.

▶ 강령(降靈)

동학이란 명칭을 가졌던 그때에는 일반 군중을 미혹하게 하는 방법과 수단이 전혀 강령하는 거기에 있었던 것입니다.

누구든지 그 도에 들고자 하면 소위 포덕하는 그 사람의 지시대로 맑은 물 한 그릇을 떠다가 상 위에 놓고, 그 상 앞에 끓어앉아 오른손에 태극(太極)을 그린 종이를 쥐고 주문 삼칠자를 읽고 읽으면 나중에는 그 쥔 손이 떨리고, 따라서 온몸이 또한 다 떨게 된답니다. 그런 것을 가리키어 강령이라 하나니, 강령이 된 후에는 비로소 입도한 것으로 인정합니다.

그렇게 입도한 후에는 어떤 산중에 들어가서 주문을 몇만 번 읽어 통령하려는 것이 그들의 중요한 목적이었습니다. 만일 통령만 하게 되면 만만조화를 다 부린다고 하였습니다.

그런데 손과 몸이 떨리는 것이 무슨 신기한 일이겠습니까? 누구든지 온몸을 동하지 않고 가만히 앉아서 손에 무엇을 꽉 잡아쥐고, 그 팔에 힘을 주어서 수평선으로 번쩍 들고 무슨 글을 한참 읽게 되면 처음에는 손과 팔이 떨리고, 그 다음에는 온몸이 떨릴 것입니다.

경사(經師)들이 신장 대를 내리우는 것도 또한 그런 방식에서 나온 것이요, 사먼들이 대를 쥐고서 강신(降神)한다는 것도 또한 그런 방식에서 나온 것입니다. 그러나 우매한 군중은 그것을 미신하였고, 수운과 해월은 그것을 이용하였습니다. 그리고 수운과 해월은 그렇게 강령하는 중에서 강화(降話), 강시(降詩), 강부(降符) 그 세가지로써 군중을 미혹하게 하였나니,

• 강화(講話)

이것은 한울님의 말씀을 친히 받았다는 것인데, 이제 그 예를 들면,

"포덕 1년 경신 4월 5일, 대신사, 목욕재계하시고 초당에 잠잠히 앉았더니 문득 마음과 몸이 떨리어 병증을 잡지 못하고 말을 형상하기 어려울 즈음에 신선의 말소리가 문득 귓속에 들리더니 밖으로 접령(接靈)의 기운이 있고, 안으로 강화(降話)의 가르침이 있으되, 뵈려 하여도 보지 못하고, 들으려 하여도 듣지 못한지라. 대신사 놀라서 일어나사 물으시자 가로사대, 세상 사람이 나를 한울님이라 이르나니 너는 한울님을 아지 못하느냐?……"(천도교서 5~9항)

"대신사, 강화의 가르침에 의지하여 친산(親山)에 묘 보러 가실 때, 그때에 큰비가 내려오되 오십리를 갔다왔다 하는 동안에 태양이 머리 위에 비추어 인마(人馬)가 다 젖지 아니하니라."(천도교서 18항)

"대신사, 습자하실 때 조용히 여러 권을 쓰되 글자가 되지 아니하더니 강화의 가르침이 있어 가라사대, 그만두라 후에 채필(彩筆)로 써 주리라."(천도교서 32항)

"11월 26일에 대신사, 흥해군 송곡리 손봉조의 집에 가시니 각 지방 문도들이 구름 모이듯 하였더라. 이 때에 대신사, 강화로써 화결(和訣)의 시(詩)가 있으시다."(천도교서 33항)

"포덕 4년 계해 1월 1일에 대신사, 강화의 시(詩)를 얻으시다." (천도교서 33항)

"하루밤에 신사 목욕을 필하시고 못가에 계시더니, 문득 공중으로 소리있어 가로사대, 양신(陽身)의 해는 차디찬 샘에 급히 앉는 것이라 함을 들으시고 드디어 얼음물의 목욕을 끊으시다."(천도교서 55항)

"12월 5일은 기도를 필하는 날이라 이날 새벽에 신사, 강화로써 외짝시 두어 구를 얻으니……"(천도교서 65항)

"……대구참변의 뒤로 대신사의 지은 서책이 불에 다 타버려 없어지고 하나도 볼 것이 없더니, 이때에 신사, 친히 수집(蒐輯)하실 때 본래 문식이 없으므로 기록하지 못하고 한울님께 고하사 강화의 가르침으로써 경문을 입으로 불러 다른 사람으로 하여금 쓰여 창간(創刊)하시다."(천도교서 6항)

"3월에 신사, 문도로 더불어 교리를 문답하실 때, 신사 물으되, 자네들은 강화의 이치를 아나뇨? 손병희 대답하되, 사람의 이치가 곧 한울님의 이치니 하늘과 사람은 곧 마음이 하나니라. 그런고로 사람의 말이 곧 한울님의 말씀입니다……"(천도교서 89항)

"경신 4월 5일에 경주 용담에서 최선생이 친히 한울님의 강화를 받으사 무극대도를 창립하시니……"(천도교서 93항)

"경에 가로되 안으로 강화의 가르침이 있다 하였나니 강화는 곧 심령의 가르침이니라. 사람이 그 뉘가 강화의 가르침이 없으리오마는 오관(五官)의 욕심이 혜두(慧竇 : 슬기가 우러나오는 구멍/편집자)를 가리웠는지라, 마음이 하루 아침에 환하게 툭 터지면 심령의 가르침을 역력히 듣나니라. 그러나 강화도 아직 한 간(間)을 채 달하지 못함이니라, 사람의 한 번 말하고 한 번 잠잠함과,

한 번 동하고 한 번 고요함이 다 그 규칙에 넘지 아니하여 강화의 가르침과 같은 연후에야 가히 달하였다 할지니, 그런고로 대신사의 말년에는 강화의 가르침이 없었나니, 생각컨대 사람의 언어 동정이 원래 그 심령의 기발(機發)이라, 마음이 바르면 무엇이 강화의 가르침이 아니리오."(천도교서 102항)

인내천(人乃天) 주의로 보면 한울님의 말씀이 곧 사람의 말씀이라고 해석할 수가 있습니다. 그러나 그 기록의 가운데에는 모순이 적지 아니합니다. 왜그러냐 하면, 대신사라는 그가 도를 받을 때에 "신선의 말이 문득 귓속에 들리더니……가로되 세상 사람이 나를 한울님이라 하나니 너는 한울님을 모르느냐?……"한 그 전체의 문답에는 한울님과 사람의 구별이 확실히 보입니다. 그러함에도 불구하고 인내천 주의를 그냥 주장한다면 대신사가 자기의 마음과 마음이 서로 문답하였다는 것이 아닌가?

설혹 그것은 그렇다 하더라도 강령, 강화, 강시라는 그 내릴 강(降)자가 그 주의에 대하여 모순이 없는가? '내린다'는 것은 자기 자신에게 나온 것이 아니요, 분명히 위로부터 온 것을 의미한 것입니다. 그러한 모순은 수운과 해월을 신격화하려는 거기에서 생긴 것이요. 그리고 인내천 주의는 한울님이 없다는 것을 굳세게 증명하면서 도리어 한울님이 있다는 거짓말에 지나지 못한 것입니다.

• 강부(降符)

"한울님이 가라사대, 나에게 영부가 있으니, 그 이름은 선약(仙藥)이요, 그 형체는 태극(太極)이요, 또 형체는 궁궁(弓弓)이니 나의 이 부작을 받아 사람의 병을 고치고, 나의 주문을 받아 사람을 가르치되 나를 위하여 한즉 네가 또한 장생하여 덕을 천하에 펴리라."

"가라사대, 네가 백지를 펼치어 놓고 나의 부도(符圖)를 받으라. 대신사, 백지를 펴놓으시니 부도 완연히 종이 위에 있는지라. 대신사, 그 아들을 불러보라 하신대 그 아들이 이것을 보지 못하거늘, 한울님이 말하기를 우매한 자가 어찌 능히 이것을 알리요. 네가 친히 쓰고 불에 태워 맑은 물에 타서 마시라. 대신사, 인하여 한 장을 써 먹은즉 냄새도 없고, 맛도 없더라."

"한울님이 가라사대, 이것은 곧 너의 가슴 속에 간직한 불사약(不死藥)이니라. 대신사, 이에 수백장을 연하여 먹은즉 점점 그 몸이 불고 얼굴이 환태(幻態)하더라. 대신사, 바야흐로 선약임을 아시고 사람에게 시험한즉 더러는 차도가 있고 더러는 차도가 없는지라. 그 까닭을 알지 못하여 그 연고를 살피어 본즉 정성스럽고 또 정성스러운 자는 개개 들어맞고, 도덕을 순종하지 아니하는 자는 낱낱이 효력이 없으니 이것이 사람의 정성과 공경을 받음이 아니냐?"(천도교서 6~7항)

"대신사, 수덕문(修德文)을 지으시니 그 대략에 이르되, 가슴에 불사의 약을 간직하였으니 궁궁(弓弓)이 그 형체요. 입으로 장생의 주문을 외우니 삼칠(三七)이 그 자(字)로다."(천도교서 28항)

"……신사, 또 부도(符圖)를 읽히시더니 주지 승철(僧哲) 수좌(首座)는 자못 남다르게 아는 것이 있는지라. 곁에서 이윽이 보다가 합장배례하여 가로되, 이것은 조화의 자취로소이다. 신사, 말하기를 어찌 아나뇨? 중이 말하기를 조화가 부도에 있도다……"(천도교서 70항)

"우리 도에 부적을 시험하여 병을 고침은 이것이 곧 영이 시키는 바니, 하늘이 능히 병을 나게 하는 이치만 있고 어찌 병을 낫게 하는 이치가 없으리요. 한결같은 정성과 믿음으로써 먼저 마음을 화(和)하게 하고, 또 기를 화하게 하면 자연의 감화를 온몸이 순화(順化)하나니, 온갖 병이 약 아니고도 저절로 낫는 것이 그 무엇이 신기한 바이리요. 그 실상을 구하면 하늘의 조화가 오직 자기의 마음에 있나니라."(천도교서 81항)

"또 말을 계속하여 가로되, 궁궁(弓弓)은 우리 도의 부도(符圖)니라. 대신사, 도를 깨닫던 그 처음에 있어 세상 사람이 자못 하늘이 있는 줄만 알고 하늘이 곧 심령(心靈)인 줄은 알지 못하는고로 마음의 상징을 궁을(弓乙)로 보이사 온 세상의 사람이 각기 그 한울님 모심을 가르치었도다……"(천도교서 90항)

부도의 법은 도교에서 나온 것입니다. 대개 도가(道家)에서는 악한 귀신을 물리치기 위하여 부도를 써 가지고 다니는 것입니다. 그래서 운급칠첨(雲笈七籤)에 보이었으되, 육갑육을(六甲六乙)의 부작을 써 가지고 다닐제, 갑인(甲寅) 신장을 부르면 귀신이 다 달아난다고 하였습니다.

이것은 중국의 후한(後漢) 말년에 황건적 장각(張角) 등이 군중을 유혹하는 데의 이용물로 되었나니, 부수료병(符水療病), 다시 말하면 부적을 태워 물에다 타서 병을 고치는 그것입니다.

그러면 수운신사는 장각의 지나간 발자국을 다시 밟는 것입니다. 아무리 그렇지 않다고 굳센 변명이 있더라도 드러난 사실로 보아서 수운신사를 생각할 때에 황건적 장각을 또한 생각하지 아니할 수가 없습니다.

그 부도의 형체에 있어서는 태극이요, 궁궁이라 한 데도 있고, 또는 궁을(弓乙)이라 한 데도 있습니다. 그런데 태극이란 그 말을 언뜻 들으면 유교의 원시철학인 주역의 태극을 가리킨 듯하나, 자세히 그 내용을 살펴보면 그 또한 궁을(弓乙)을 의미한 것입니다. 그렇게 그 부도가 궁궁을을을 그린 것이라 하면, 『정감록』의 "나를 살릴 자는 누구냐. 궁궁을을이라"는 그것을 그대로 응용한 것입니다.

그때나 이때나 『정감록』에 미신된 일반 군중은 궁궁을을이 무엇인지, 또는 도야지가 무엇인지 매우 헤매이던 중이었습니다. 그의 권학사(勸學詞)에 말한 바 "우리동방 년년(年年)괴질/인물상해 아니던가"와 같이 그 우환 질병에 싸이운 그때의 어리석은 백성들이 어찌하면 그런 우환 질병을 피할까 하는 생각이 간절하던 중이었습니다. 그러한 모든 현상이 수운신사로 하여금 궁을부(弓乙符)를 그리게 하고 동학을 주창하게 한 것입니다. 그래서 궁을이 그 교의 근본정신이 되고, 더욱 그것이 그 교기(教旗)의 표휘(標徽)까지 된 것도 우연한 일이 아닙니다.

어찌 이것뿐이겠습니까? 이밖에도 천도교와 『정감록』과의 밀접한 관계가 적지 아니합니다. 이제 그 예를 들면 이러합니다.

1. 『정감록』에는 "산도 아니요 들도 아니라니 어디로 갈까? 뜻은 궁궁 한 저문 봄에 있더라."(非山非野何處去 意在弓弓大暮春)

천도교에는 대신사의 수도사(修道詞)에 "구구자자(句句字字) 살펴내어/정심수도(正心修道) 하여 두면/춘삼월 호시절에/또 다시 만나볼까?"(천도교서 25항)

대신사의 강서(降書)에 "어려움을 얻고 어려움을 구함이 실상 그 어려운 것이 아니라, 마음을 화하게 하고 기를 화하게 하여서 봄의 화합을 기다리라."(得難求難実是非難 心和氣和以得春和 ——천도교서 47항)

2. 『정감록』에는 "정도령이 계룡산에 도읍하게 되는 그때는 말세의 무서운 심판이 있는데, 그날에 천지, 일월, 성신은 어두워지고, 큰 바람 불고 모진 비가 와서 조선의 땅덩어리는 천 조각 만 조각으로 갈라지고, 그 위에 사는 조선 인종이 거의 전멸할 터인데, 다만 길성(吉星)이 조림(照臨)한 땅에 있는 사람이야 그러한 천재지변을 면한다" 하고,

천도교에는 "12월에 신사, 충주군 외서촌에 계시더니 때에 문도들이 물으되, 우리 도의 운(運)이 어느 때에 좋아지리까? 한데, 신사 말하기를, 이 세상의 운수는 세상으로 더불어 돌아가는지라 사해(四海)가 한 집이 되고, 일반 족속이 한 사람 될지니 산이 변하여 검어지고, 길에다가 비단을 펴는 때가 곧 그때라 하시다."(천도교서 92항)

이만하면 천도교는 『정감록』이라는 그 토대 위에 건설된 것을 누구든지 잘 짐작할 것입니다. 그의 이른바 유·불·선 삼도의 본원이라 함은 천도교라는 그 건물에 오색단청을 더한 것뿐입니다. 그것은 그가 일찍 도교와 천주교의 연구——천지 자연의 묘한 뜻과 우주 인생의 참이치를 남모르게 생각(천도교서 2항)——한 적도 있었거니와 그보다 먼저 그 뜻을 불도와 역수(易數)에 두었던(천도교서 8항) 까닭입니다.

그중에 특히 천주교의 감화를 많이 받은 것은 "서도(西道)로써 사람을 가르치리까?"(천도교서 6항)의 문답과 삼칠자 주문에 천주

(天主)를 넣은 것과, 서학과 동학의 명칭을 대립(천도교서 19항)한 그것이 밝히 증명합니다.

천도교는 정치적 득실을 예언한 『정감록』에 근거하였는지라, 정치 변동의 기미가 보이는 그때마다 그 본성질을 나타내었나니, 청일전쟁의 동학란, 러일전쟁의 일진회, 삼일운동의 민족대표가 곧 그것입니다. 그러면 우리 조선에 장차 오는 사회주의 혁명에는 어떠한 행동을 취할까? 독자 여러분은 깊이 생각할지어다!

그들이 과거에 있어서 어떻게 미신하였던 것을 이제 그 대개라도 말하여 봅시다. 그들이 앉아서 삼칠자의 주문을 외우면서 공중을 향하여 뛰어 오르려 하는 것도 나는 보았습니다.

그리고 어떤 때에는 "궁궁을을(弓弓乙乙)이 선도(善道)로다"의 검무가(釖舞歌)를 합창하면서 허공에 날뛰는 것도 나는 보았습니다. 그래서 그들 중에 어떤 이는 호박넝쿨이 뻗은 말뚝 위에 올라가서 까치가 되었노라고 하다가 그만 땅에 떨어져 상하였다는 웃음거리의 이야기까지 있었습니다.

그뿐입니까? 갑오 동학란에는 그들이 부도(符圖)를 각기 그 상투 밑에다가 넣고 삼칠자의 주문을 외우면 적의 총구멍에서 물이 흐른다 하여 자기들의 죽음을 밟으면서 막 달려나간 일도 있었답니다. 이것은 그때 출전하였던 관군의 입에서 나는 친히 들은 것입니다.

그들이 그렇게 자기의 생명까지를 바치어 미신하였은즉 그 재산같은 것이야 더 말할 것도 없을 것이 아닙니까? 그래서 '공상(供上 : 조선 때 토산물을 진상하던 일/편집자)'이라 하면 무엇이든지 아끼지 아니하였습니다. 말할 것같으면 밭하루갈이를 공상한즉 장차 그보다 몇배의 밭을 타게 된다는 그 미신에서 그리하였습니다. 그렇게 되는 때로 말하면 정도령이 계룡산에 도읍하는 그때가 아니겠습니까? 그러나 정도령은 아직까지 소식이 없습니다. 그래서 "시천주 조화정 영세불망 만사지"를 고치어서 "신첨지네 종이 한 섬 영우먹고 말았다지"라 한 조롱거리의 말만 세상에 남기어 있습니다.

제7절 천도교와 그 교파

천도교에서 분리된 교파는 그 종류가 또한 적지 아니합니다. 대개 말할 것같으면, 시천교(侍天教), 수운교(水雲教), 제우교(濟愚教), 무극교(無極教), 보천교(普天教), 청림교(青林教)……의 따위가 곧 그것입니다. 그중에 어떤 것은 주문과 의식이 혹 다른 것도 있기는 합니다마는 그 기초를 『정감록』 위에 닦아놓은 그 점으로 보아서 동종류로 취급하지 아니할 수가 없습니다. 그들의 희망은 다 계룡산에 있는 까닭입니다.

그러면 그들의 희망하는 계룡산의 새 도읍터는 어디인가? 그곳은 논산군 두마면(豆磨面)의 석계리(石溪里), 용동리(龍洞里), 부남리(夫南里), 정장리(丁壯里)와 태전군(太田郡) 진잠면(鎭岑面)의 남선리(南仙里), 성정리(松亭里) 그 여섯 동리라고 합니다. 거기에는 새 도읍의 임금 정도령을 기다리는 사람, 다시 말하면 각 교파의 신도들이 많이 모였다는데, 금년(1928)의 조사에 의하면 8백 여호, 4천여 명의 인구가 13도에서 이주하여 있답니다.

그들의 미신은 한 두가지가 아닙니다. 말할 것같으면 이태조가 계룡산에 도읍을 정하려 하여 궁터를 닦는 그때에 무학대사가 문득 나타나서 아뢰되 "이곳은 정씨(『정감록』의 정도령)의 팔백년 도읍지니, 전하가 만일 여기에 도읍한다면 80년의 왕업(王業)을 다 하지 못하여 망할 터이오니 다른 곳으로 정하소서" 하니, 그래서 이태조가 왕도를 어디에 정하면 좋으냐고 물었답니다.

무학대사가 절하고 여쭈오되, "소승의 점친 바로는 관악사(觀岳寺) 부근(지금 광희문) 외왕심(外枉尋)에 가면 이른 새벽에 물동이인 부인 하나가 서있을 터이오니, 그의 선 곳을 중심으로 하고 십리 내외에 왕도를 정하면 좋을까 합니다" 하니 그대로 하여 지금 한양에 도읍을 정하였답니다.

그때에 이태조가 버리고 간 석계리 대궐터의 주춧돌은 대략 40여개가 되는데, 보천교, 무극교, 청림교에서 교당을 지을 때에 그 주춧돌을 서로 경쟁하였답니다. 그리고 정도령 오기만 눈이 까맣게 기다린답니다. 그들은 계룡산의 바위돌이 희어지면(鷄龍石白) 이화는 땅에 떨어지고(李花落地), 장백산(長白山) 위에서 시기를 관망하고 있던 정도령이 온다는 것이요, 풀개뻘이 바다와 같이 되어 배가 다니면(草浦行船) 오실 정도령이 이 땅에 도읍을 정한답니다.

그리하여 1912년에는 호남선이 개통되자 풀개뻘에 왕래하는 기차를 보고 이것은 초포행선(草浦行船)이며, 게다가 또 계룡산의 바위돌은 해마다 희어지니 우리 임금 정도령은 도읍을 정할 날이 멀지 않다고 합니다.

그뿐 아니라 더군다나 연전봉(蓮顚峰) 바위 위에 새긴——수천 년 후의 일을 예언하였다는 '방백마각(方百馬角) 구혹생화(口或生禾)'는 그 해석이 방(方)은 사방(四方)이니, 방은 곧 사(四)요, 백(百)은 백(百)으로 하여 방백은 사백(四百)이며, 마(馬)는 오(午)니, 오는 곧 팔십(八十)이요, 각(角)은 두 뿔이니 곧 이(二)로 하여 마각(馬角)은 팔십이(八十二)——그래서 방백마각(方百馬角)은 사백팔십이(四百八十二)라 하고, 그리고 구혹(口或)은 입 구(口)자 안에 혹 혹(或)한 나라 국(國)이며, 화생(禾生)은 벼 화(禾)변에 날 생(生)한 옮길 이(移)자로 고서(古書)의 옮길 이(秹)자와 같이 통용한 것으로 하여 구혹생화(口或生禾)는 곧 국이(國移)라는 뜻이랍니다.

이것을 다 합하면 '사백팔십이국이(四百八十二國移)' 라는 것으로, 그 해석은 482년을 전후로 하여 이조의 왕업은 다하고 그 국권이 마침내 정씨에게로 옮긴다는 것이랍니다.

그같은 새긴 글의 뜻이 『정감록』「광암유결(光岩遺訣)」의 마지막 편에 '방부서로혹다화소육팔년 이화낙지(方夫鼠魯或多禾小六八年 李花落地)' 라는 그것과 서로 응하였다 하여, 경술년 한일합병되기 4,5년 전부터 그것을 믿는 백성들은 '사희칠월 이화낙지 육대구월 해운개(四熙七月 李花落地 六大九月 海運開)' 라고 소리를 크게 치어 그때를 기다렸답니다. 그 뜻은 융희 4년 7월에 한일합병이 되고, 대정(大正) 6년 9월에 정도령이 도읍을 계룡산에 정하게 된다는 것입니다.

정도령이 계룡산에 도읍하는 그때는 무서운 심판의 날이라고 합니다. 천지, 일월, 성신은 다 어두워지고, 모진 바람이 불고, 사나운 비가 와서 조선의 땅덩어리는 천 조각 만 조각으로 갈라지어 그 위에 사는 조선 사람의 인종은 거의 전멸이 되는데, 오직 길성이 조림한 곳에 사는 백성만이 그같은 천재지변을 면하고 그대로 살아있어 오시는 정도령을 이바지한답니다.

그 길성의 조림한 곳은 물론 계룡산을 가리킨 것이며, 그리고 그같은 재난 후에는 곡식 종자를 오직 이곳에서 구하여 죽다가 남은 이곳 백성들이 그로써 살아갈 것이라고 합니다.

그러나 그 해는 다 가고, 그때도 다 가되 온다온다 하는 정도령은 아무 소식도 없습니다. 그런데 미신하는 그들은 지금도 속은 줄을 모르고 그냥 미신 중에서 꿈을 꾸고 있습니다.

그 교파 가운데 어느 것이 착취기관이 아니며, 어느 것이 사기자(詐欺者)가 아니리오마는 보천교와 같은 착취기관은 더 없을 것이며, 보천교주 차경석(車京石)과 같은 사기자는 더 없을 것입니다.

그래서 그 교의 내용을 대략 말하려 합니다.

① **종지(宗旨)** 일심상생(一心相生), 거병해원(去病解寃), 선천(先天)은 남을 죽인 후에 내가 산다 하고, 후천(後天)은 서로 극(極)하는 중에서도 산다 하니 곧 남이 산 후에 내가 산다는 말입니다.

② **주문** 흠치흠치(吽哆吽哆), 태을천상원군(太乙天上元君), 흠리치야도래(吽哩哆㖿都來), 흠리함리사바하(吽哩喊哩娑婆啊).

③ **조직체** 남 육십 방주(方主)와 여 육십 방주(方主)가 있고, 그밖에 또 이십팔수(二十八宿) 선화사(宣化師)가 있습니다.

육십 방주

四教正	八教領	二十四胞主	二十四運主
木	東 春	艮 寅 甲 卯 乙 辰	立春 雨水 驚蟄 春分 清明 穀雨
火	南 夏	巽 已 丙 午 丁 未	立夏 小滿 芒種 夏至 小暑 大暑
金	西 秋	坤 申 庚 酉 午 戌	立秋 處暑 白露 秋分 寒露 霜降
水	北 冬	乾 亥 壬 子 癸 丑	入冬 小雪 大雪 冬至 小寒 大寒

이십팔수 선화사

火──角 亢 氐 房 心 尾 箕

木──斗 牛 女 虛 危 室 壁

水──奎 婁 胃 昴 畢 觜 參

金──井 鬼 柳 星 張 翼 軫

그 교도들은 다 그 머리를 기르는 것이 또한 특색입니다. 상투장이와 총각을 찾으려면 거기에 가서 찾아야 할 것입니다. 그 교주 차경석은 대시국(大時國) 천자라 하여 계룡산 도읍을 준비하는 정도령인 듯합니다. 대시국의 백성은 머리 기르는 것이 그 본색이랍니다. 그들은 가히 숟가락 하나씩 모아 만든 동정각(動靜閣)의 종, 그 종소리를 맞추어 밤낮으로 그 주문을 천번 만번 외우고 외운답니다.

그리하면 그들이 이른바 개안(開眼)이 되어 하늘 위에 있는 옥황상제를 볼 수가 있답니다. 그러나 옥황상제를 본 사람은 지금까지 하나도 없답니다. 다만 그 보이는 것으로 말하면 가산탕패, 머리 기른 그것뿐입니다.

제6장

도 교(道教)

도교는 황제(黃帝)와 노장(老莊)의 말을 숭상하는 도니, 그 도를 숭상하는 자면 도가(道家) 혹은 도사(道士)라고 합니다.

그 교조는 원시천존태상노군(元始天尊太上老君)이라 하나니, 태상노군은 노자(老子)의 존칭이랍니다. 그것은 동한(東漢) 때에 장도능(張道陵)이라는 사람이 노자를 높이어 교조로 하고 그 교를 비로소 세웠는데, 진(晉)나라 때에 이르러 천사도(天師道)라 하고, 그 후에 도교로 이름하게 되었습니다.

대저 도교에서는 장생불사의 법을 수련하여 신선이 되려는 것이 그 목적입니다.

운급칠첨(雲笈七籤)에 보면 태청(太淸)에는 아홉 신전이 있는데, 첫째에는 상선(上仙), 둘째에는 고선(高仙), 셋째에는 대선(大仙), 넷째에는 원선(元仙), 다섯째에는 천선(天仙), 여섯째에는 진선(眞仙), 일곱째에는 신선(神仙), 여덟째에는 영선(靈仙), 아홉째에는 지선(至仙)이랍니다.

그런데 거기에는 원시천존이 있어서 주장하고, 상천(上淸)과 옥청(玉淸)에는 고진선관(高眞仙官)이 다 참여한답니다. 그렇게 신선이 되려면 「도덕경(道德經)」, 「황정경(黃庭經)」, 「참동계(參同契)」

따위의 기록대로 하면 능히 될 수가 있답니다.

「황정경」을 보면, “사람의 몸에 삼혼칠백(三魂七魄)이 있는데, 그 도를 닦는 자가 삼혼을 조섭(調攝)하고 칠백을 제련하면 신선이 된다”고 하였습니다. 그러나 이때까지의 사람은 하나도 장생불사한 사람이 없었습니다.

그 도가 이당(李唐 : 이연의 당나라/편집자)의 처음부터는 매우 흥왕하였던 모양입니다. 그래서 우리 동방으로 말하여도 고구려의 말년에 천개소문(泉蓋蘇文)이 유·불·도 삼교를 솥발같이 세우기 위하여 당고조 이연(李淵)에게로부터 천존상(天尊像)과 경문을 청하여다가 놓고 전국이 그 도를 숭봉하도록 하였나니, 그것이 우리 동방에 있어 도교를 알게 된 첫 걸음이올시다.

그리하여 불교를 국교로 한 고려 시대에도 의종(毅宗)과 같은 임금은 초제(醮祭 : 단을 만들어 놓고 기도하는 것/편집자)를 자주 행하였고, 유교를 국교로 한 이조 조선에서도 소격서(昭格署)를 두고 삼청(三淸은 太淸, 上淸, 玉淸) 성(星)에 제사하였은즉 시대시대마다 도교에 대한 신념이 어떻게 깊었던 것을 또한 상상할 수 있습니다.

그리고 민간에 있어 옥추보경(玉樞寶經)을 읽는 소리, 악귀와 살(煞)을 물리친다는 부적이 넓게 유행되는 것을 보면 도교도 유교나 불교보다 그 세력이 적지 아니한 것을 짐작할 것입니다.

눈먼 경사(經師)들의 귀신잡이하는 신장(神將)——소거백마대장군(素車白馬大將軍), 황건역사대장군(黃巾力士大將軍)——이야말로 무엇보다도 귀신에 대한 미신적 관념을 일반 군중에게 더욱 깊이 주었습니다. 그뿐입니까? 축천축지(縮天縮地), 호풍환우(呼風喚雨), 이산이해(移山移海)의 술법을 배우려고 예로부터 둔갑법, 다시 말하면 육정육갑(六丁六甲)을 숭상한 사람이 적지 아니합니다.

거기에 대하여는 『송서(宋書)』「율력지(律曆志)」를 볼 것같으면, "육갑은 하늘의 사자(使者)인데, 바람과 우박(雨雹)을 행하며, 귀신을 물리친다" 하였고, 「황정경」을 볼 것같으면 "육정신녀(六丁神女)를 부린다" 하였고, 「운급칠첨」을 볼 것같으면 "육정육갑의 부적을 써가지고 다니되 갑인(甲寅)을 부르면 귀신이 다 달아난다"한 기록을 그냥 미신한 까닭입니다.

만일 사람이 그 육체대로 장생불사하고, 더군다나 천지조화를 다 부린다 하면 그에서 더 좋은 일이 어디에 또 있겠습니까? 그러나 그것은 공상에 지나지 못한 것임을 알아야 합니다. 그러한 공상은 어디에서 발생하였겠냐 하면 사람마다 있는 최후 고통인 그 죽음을 싫어함과 자연계의 영향을 무서워하는 그 생각에서 나온 것입니다. 그러므로 우리의 악부(樂符)에 헌선도(獻仙桃), 왕모대(王母隊), 오양선(五羊仙)……따위의 가무가 실린 것도 그런 공상에서 생긴 것을 잊지 말아야 합니다.

여보시오! 복숭아 나무의 가지, 벼락맞은 대추나무, 정명주사가 사귀(邪鬼)를 물리친다는 그 말이 얼마나 우스운 말입니까? 그러나 경사들은 복숭아 나무의 가지로써 병자를 두드리고, 벼락맞은 대추나무로 인(印)을 만들어 쓰고, 정명주사로 부적을 씁니다. 그리고 그들의 말을 들을 것같으면 이 세상은 전혀 귀신의 세상이요, 사람은 귀신의 최미꾼(最尾-：말단, 끄트머리/편집자)입니다.

귀신이란 것은 무엇을 가리켜 말한 것입니까? 그것은 종교 그 자신이 만들어 낸 것임을 오늘날의 과학이 우리에게 밝히 증명하여 주므로 더 말할 것도 없습니다.

제7장

음양술수(陰陽術數)

제1절 풍수(風水)

풍수라는 것은 집터와 묘자리를 잡는 사람의 별명인데, 또 혹은 감여가(堪輿家)라고도 일컫습니다.

곽박(郭璞)의 『장경(葬經)』 葬者 來生氣也 氣來風則散 界水則也 古人聚之 使不散 行之使有止 故 謂之風水
허신(許愼) 『설(문해자)』 堪輿家 謂堪天道 輿地道 今稱相地者

산 사람의 집터를 잡든지 죽은 사람의 묘자리를 잡든지의 일은 예전부터 있어왔으나 거기에 길흉과 화복을 붙이게 된 때는 중국에 있어서는 후한(後漢) 때에 비롯하였고, 우리 동방에 있어서는 신라 말년에 도선이라는 중이 당나라로부터 일행지리(一行地理)를 배워오던 그때가 처음이었습니다.

그때의 군중이 도선의 말에 얼마나 지독히 미혹하였든지 고려 왕건의 개국에 도선의 힘이 적지 아니하였습니다. 자세히 말하면 그 개국공신 중 누구보다 도선의 공이 첫 자리를 차지할 것입니

다. 그 증거를 들면,

『여지승람』 세조(世祖)가 낡은 집의 남쪽에 새로 집을 짓더니 도선이 그것을 보고 말하되, 메기장을 심을 밭에 어째서 삼을 심느냐 하고 물었습니다. 세조가 그의 말하던 바를 얻어듣고 신도 미처 바로 신지 못하고 따라가서 만나니, 서로 구면과 같이 친하여졌답니다. 그리고 함께 곡령(鵠嶺)에 올라가서 산맥과 수맥을 말하되, 이 지맥은 백두산의 수모목간(水母木幹)으로부터 와서 명당이 되고, 당신이 또한 수명(水命)이니 마땅히 수(水)의 육수(六數)를 좇아 글자 육육(六六)을 지어 삼십육구(三十六區)로 하면 천지의 대수(大數)에 부응하여 명년에 반드시 거룩한 아들을 낳을지니, 그 이름을 왕건이라 하라 하고, 인하여 실봉(實封)을 만들고 그 밖에 썼으되 "백번 절하면서 글을 미래에 삼한을 통일할 임금 대원군자(大原君子) 족하(足下)에게 드리나이다"라고 하였답니다.

세조가 그의 말대로 집을 짓고 이사하였더니, 그 달부터 부인이 잉태하여 태조를 낳았다고 하였습니다.

이 기록을 보면 왕건의 혁명계획에는 그 음모가 벌써 있어온지가 오래였습니다. 집터가 명당이라고 삼한 통합할 아들을 낳을 리가 없건만은 온갖 미신의 굴 속에서 코골고 잠자던 그 때의 형편으로는 그 음모가 그럴듯도 합니다. 그리고 우리의 속담에 "역적에 중놈 뛰어들 듯한다"는 말이 그 근거가 어디에서부터 시작된 것인가를 짐작할 수 있습니다.

왕건이 이러한 일종의 미신에 근거한 음모로써 개국한 후에는 소위 자손만대 치국평천하하는 장래대책 또한 그 미신에 근거하였습니다. 불교를 국교로 한 것도 그러한 것입니다.

보시오! 그의 열 가지 「훈요(訓要)」에서 그 첫째에 가로되, 우리 국가의 대업은 반드시 부처의 호위하는 힘을 받아야 할지니라. 그런 까닭에 선교사원(禪敎寺院)을 세우고 주지를 보내어 분수(焚修 : 향불을 피우고 관리함/편집자)하게 하되, 그들로 하여금 각기 그 업을 다스리게 할 것이요, 후세에 정권을 잡은 간신이 중들의 청탁을 좇아 서로 사사(寺社)를 빼앗는 일을 아주 금지하라 하였고,

그 둘째에 가로되, 모든 사원은 도선이 다 산과 물의 순역(順逆)을 갖추어 세울 것이라. 도선의 말에, 내가 점지한 그밖에 만일 더 세우게 되면 지덕(地德)을 해롭게 하여 왕업이 오래가지 못하리라 하였나니, 나는 후세의 임금, 공후(公侯), 후비(后妃), 권신이 각기 그 원당(願堂 : 왕조 때 궁중이나 민가에 베풀어 왕실의 명복을 빌던 곳/편집자)이라 하여 만일 더 세우게 됨을 근심하노라. 신라 말년에 서로 다투어 부도(浮屠)를 만들어 세운 까닭에 지덕을 해롭게 하여 마침내 망하기까지 하였으니 어찌 경계할 바가 아니리 하고,

그 다섯째에 가로되, 내가 삼한(三韓) 산수(山水)의 도움을 받아 대업을 이루었는데, 서경(西京)은 수덕(水德)이 조순(調順)하여 우리나라 지맥의 근본이 되나니, 해마다 사시(四時)의 둘째 달이면 거리에 가서 백 날을 유하라 하고,

그 여섯째에 가로되, 연등(燃燈)은 부처를 섬기는 것이요, 팔관(八關)은 한울님과 오악(五岳), 명산, 대천, 용신(龍神)을 섬기는 것이라. 후세의 간신이 그것을 혹 가감하려는 자가 있으면 마땅히 금지하라 하고,

그 여덟째에 가로되, 차현(車峴)의 남쪽과 공주강(公州江)의 밖은 산형지세가 다 배역(背逆)이라 하였으니, 인심도 또한 그러할지라. 거기에 있는 각 고을의 사람이 조정에 참여하여 왕후국척(王侯國戚)으로 더불어 혼인하고 정권을 잡게 되면 혹은 국가를 어지럽게 하고, 혹은 통합한 원망을 가지고서 무슨 사변을 낼 것이며, 또는 관가와 사원의 종노릇 하던 자와 진포(津浦)와 역참에 점쟁이로 되었던 자가 혹은 세력을 얻어서 면천(免賤)하고, 혹은 왕후궁원(王侯宮院)에 붙어서 간교한 말로 권리를 잡고 정사를 문란케 하여 어떤 사변을 일으킬 자가 반드시 있으리니, 그가 비록 양민이더라도 벼슬아치에 있게 말라고 하였습니다.

이것을 보면 도선을 얼마나 숭배하였으며, 그리고 그의 풍수설에 얼마나 미신하였습니까. 작게 말하면 고려의 5백년 동안, 크게 말하면 오늘날까지의 천 여년 동안에 일반 군중으로 하여금 풍수의 미신에 빠지게 한 죄는 왕건에게 있습니다. 그가 만일 그 혁명을 성공하려는 수단으로 그런 미신을 이용하였다 하더라도, 물론 그 음모를 보아서 이용한 것도 사실이지만은, 그 죄는 용서할 수가 없습니다. 하물며 미신으로써 그 왕업 보전의 근본책을 삼은 것은 그 죄 더욱 용서할 수가 없습니다.

왕건만 그런 미신을 혁명 계획에 이용한 것이 아닙니다. 인종(仁宗) 때에 묘청(妙淸)이라는 중도 또한 그것을 이용하여 고려 왕실을 뒤엎으려고 하였습니다. 보시오! 그 계획이 어떠하였던가를.

『동국통감』 인종 6년에 서경(西京) 중 묘청과 분사검교(分司

檢校) 소감(少監) 백수한(白壽翰) 등이 여쭈오되, 신들이 보건대 서경의 임원역(林原驛)은 그 땅이 음양가의 이르는바 대화세(大花勢)라 하는 것이오니, 만일 거기에 궁궐을 짓고 계시게 되면 가히 천하를 통일하여 금(金)나라가 폐백을 가지고 와서 항복하고, 서른 여섯 나라가 신첩(臣妾)이 될 것이라 하고,

9년에 내시 이중부(李仲孚)를 보내어 서경에 임원궁성을 쌓고, 그 궁궐의 가운데에 팔성당(八聖堂)을 두니, 첫째는 호국백두악태백선실덕문수사리보살(護國白頭嶽太白仙實德文殊師利菩薩), 둘째는 용국악륙통존자실덕석가불(龍國嶽六通尊者實德釋迦佛), 셋째는 월성악천선실덕대변천신(月城岳天仙實德大辨天神), 넷째는 구려평양선인실덕연등불(駒麗平壤仙人實德燃燈佛), 다섯째는 구려목멱선인실덕비바시불(駒麗木覓仙人實德毗婆尸佛), 여섯째는 송악진주거사실덕금강삭보살(松岳震主居士實德金剛索菩薩), 일곱째는 증성악신인실덕륵예천왕(甑城岳神人實德勒乂天王), 여덟째에는 두악천녀실덕부동우바이(頭岳天女實德不動優婆夷)라 하여 다 그림으로 만들었는데, 묘청이 그리하였다 하고,

10년에 궁궐을 지을 새, 평장사(平章事) 최홍재(崔弘宰)와 문공임(文公任), 임경청(林景淸) 등이 그 역사를 감독하여 궁터를 닦으매, 묘청이 홍재 등 대신 서너 사람과 그 역사를 주장하는 관리들을 다 공복을 입혀 차례로 세우고, 장군 네 사람은 갑옷을 입고 검을 들고서 사방에 서게 하고, 창을 든 군사 120명, 횃불 든 군사 3백명, 촛불 든 군사 20명을 빙 둘러 세우고, 묘청은 그 한가운데에 서서 길이 360보(步) 되는 흰 삼으로 꼬아 만든 노끈 네 오라기를 네 곳에 벌려 놓고 태일옥장보법(太一玉帳步法)이라는 것을 하되, 이 법은 도선이 강정화(康靖和)에게 전하고, 정화

는 나에게 전하고, 나는 늙으막에 백수한(白壽翰)을 만나서 이것을 전하게 되었나니 예사 사람의 알 바가 아니라 하고,

30년에 묘청이 그 당(黨) 유감(柳昷), 조광(趙匡) 등으로 더불어 서경에 웅거하여 나라 이름을 대위(大爲)라 하고 원(元)을 천개(天開)라 하고……3년만에 패망하였다 하였습니다.

이 위의 기록을 종합하여 보면 묘청의 음모는 다 도선의 전통적 술법으로부터 나온 것입니다. 속담에 "소가 소를 먹고, 돌로 돌을 친다"는 것이 과연 헛말이 아니올시다.

고려의 흥한 까닭도 한 두 가지가 아니요, 또는 고려의 망한 까닭도 한 두 가지가 아니었으나 특별히 미신적 조건으로 보아서는 고려가 풍수의 말을 이용하여서 흥하였다면 필경 그 망하는 것도 풍수의 말을 이용하는 그 자에게 망할 것은 당연한 일입니다.

그렇다면 그것이야말로 소가 소에게 먹히고, 돌이 돌에게 때림을 받는 것이 아닙니까. 정말 고려는 풍수의 말을 잘 이용하는 그 자에게 망하고 말았습니다. 이번 묘청 음모에는 망하지 않았으나, 그러나 망하기는 풍수의 말을 이용하는 그 자에게 망하였습니다. 또 보시오! 이성계(李成桂)가 고려를 망쳐먹을 때에 풍수의 말을 어떻게 이용한 것을.

『연려기술』 상(이성계)이 함흥에 계실 때에 복지(福地)를 애써 구하더니 마침 선생과 제자—두 중—가 지나가던 길에서 쉬다가 선생이 동쪽 산을 가리키면서 말하되 "저기 왕후지지(王侯之地)가 있다. 너도 또한 알겠느냐?" 대답하되, "저 산발 셋 가운데에 맨 한 판의 쩔은 뫼발이 정혈(正穴)인 듯 합니다"하니, 선생이

가로되 "너는 잘 알지 못한다. 사람을 두고 비유하면 두 손 가운데 오른손이 가장 요긴하니 그와 같이 오른 뫼발이 곧 정혈"이라고 하였답니다.

그때에 종 하나가 그 곁에서 그 말을 가만히 얻어 듣고 달려와서 상에게 여쭈오니, 상이 이에 말을 급히 채찍질하여 함관령 밑에 가서 그들을 만났답니다. 가까스로 간청하여 그들을 데리고 집에 돌아와서 정성 끝에 요구한 까닭에 그 묘자리를 얻어썼다는데, 그 두 중은 나옹(懶翁)과 무학(無學)이라고 하였습니다.

『오백년기담(五百年奇譚)』 무학이 태조를 위하여 한양에 도읍터를 잡을 새, 뫼발이 첩첩하고 골짜기가 좁아서 뜻맞는 곳이 없는지라. 이에 삼각산에 올라가서 산세를 따라 남으로 향하여 목멱산에 이르니 들판이 널찍하여 참으로 도읍터가 될 만한지라. 마음에 기뻐하면서 이제야 도읍터를 찾았다 하고 길가에 앉아 쉬더니, 그 때 한 늙은이가 소를 타고 지나가다가 채를 치면서 "이랴, 이 소! 무학과 같이 어리석다. 빠른 데를 버리고 갈림길을 그릇 찾는다(枉尋)"하거늘, 무학이 그가 이인(異人)임을 알고 이에 절하면서 가르쳐 주기를 청하니, 그가 채찍으로 가리키며 가로되, 여기서 십리를 가라 하고 문득 간데 없는지라.

무학이 그 말대로 하여 백악산 아래에 도읍터를 정하였답니다. 지금 경성의 동남으로 십리를 가면 왕심(枉尋)이라는 동네가 있으니, 그것은 무학이 처음 그릇 찾던 곳이라 하여 그렇게 동네 이름을 지었다고 하였습니다.

왕건과 이성계는 그 시대의 상거(相距)로 말하면 하나는 오백년 전의 사람이요, 하나는 오백년 후의 사람인데 그 혁명적 음모가 서로 같은 것은 참으로 볼만한 일이올시다. 더욱 그 음모의 주인공에 도선도 중이요, 무학도 중인 것이 또한 기묘한 일입니다.

그런데 무학은 풍수의 말로서만 그 음모를 꾸민 것이 아니라 그밖에도 여러 가지 음모가 또한 있었습니다. 그 예를 들면 이러합니다.

이성계가 일찍이 안변에 있을 때에 1만 집의 닭이 일시에 울며, 허물어지는 집에 들어가서 연목(서까래) 셋을 지고 나오며, 또는 꽃이 날아가고 거울이 떨어지는 등의 꿈을 꾸고 설봉산 토굴 속에 있는 무학을 찾아가서 해몽하여 주기를 청하니, 무학이 가로되 "닭의 울음 소리는 '고귀위' 하니 곧 높을 고(高), 귀할 귀(貴), 벼슬 위(位)의 글자요, 연목 세 개를 진 것은 나무 세 대가 등에 가로 놓이었으니 임금 왕(王)자라. 그러니까 그것은 지극히 높고 귀한 임금의 자리에 나아가실 징조로소이다."

그리고 꽃이 날아나고 거울이 떨어졌다는데 대하여는 시 한 구를 읊어 가로되 "꽃이 날아나면 마침내 열매가 있을 것이요(花飛終有實), 거울이 떨어지면 어찌 소리가 없으리오(鏡洛豈無聲)"하거늘 성계가 크게 기뻐하며 등극한 후에 무학을 위하여 거기에 석왕사(釋王寺)를 지었다고 하였습니다.

이러한 몇 가지의 사실로 보아서 무학이 그 때 혁명에 가장 중요한 역할을 가졌던 것이 명백히 드러납니다.

그 후로부터는 그러한 미신을 이용하는 것이 정치 혁명가의 전통적 수단으로 되어 정여립(鄭汝立)도 그것을 이용하였고, 홍경래(洪景來)도 그것을 이용하였습니다. 정여립의 혁명 음모에는 의연(義衍)이라는 중이 일반 군중을 이러한 말로 미혹하였나니,

『연려기술』 중 의연은 운봉 사람인데 자칭 요동 사람이라 하고, 각 지방의 고을과 산촌에 돌아다니면서 말하되 "내가 요동에서 바라보매 동국(東國)에 왕지가 있는지라. 그래 한양에 와서 본즉 호남에 있고, 호남에 가서 본즉 전주 남문 밖에 있다"고 하였습니다. 그러면 이것은 한광무(漢光武 : 한나라 광무제) 유수(劉秀)의 탄생 곳인 용능(舂陵)의 아름다운 기운을 찬탄하던 감여가(堪輿家)의 말을 그냥 이용한 것입니다.

홍경래의 혁명에도 풍수의 말로써 평남 평북의 부자들을 유인하였는데, 그 풍수가 중이든지 속인이든지 자세히 알 수는 없으나 유인하는 방법은 그때의 형편으로써 그럴듯도 하였습니다. 방법의 가운데에는 풍수뿐 아니라 관상쟁이, 사주쟁이도 또한 이용하였습니다.

예를 들 것같으면 평양의 김부자를 유인하는 때 만일 풍수가 먼저 가 있다면, 풍수는 그 부자의 이웃 사람들의 선묘(先墓)를 두루두루 다니면서 보고 지나간 날의 길흉화복을 역력히 알아맞히어 명풍(名風)이라는 소문이 그 부자의 귀에 가게 합니다.

그러면 부자도 또한 그를 청하여 자기의 선묘를 보아달라고 한답니다. 그렇게 된즉 풍수는 이미 그 부자의 몇 대 내력을 조사한 것이 있는지라, 그 조상의 온갖 일을 본듯이 다 말하고, 필경 그 부자의 자신에 이르러는 개국 정승이 되리라고 비밀히 말하여 준답니다. 그런즉 그 부자는 반신반의의 마음을 남몰래 품지 아니할 수 없습니다.

그 다음에는 관상쟁이를 보내어 그의 상(相)을 보고 풍수의 말과 같이 하고, 또 그 다음에는 사주쟁이를 보내어 그의 사주를 보고 풍수와 관상쟁이의 말과 같이 한답니다. 이렇게 되면 그때의 사회사정에 있어서 혹하지 아니할 수가 없습니다. 그래서 그 부자는 개국 정승이 되리라는 자신을 가지게 되었습니다.

그 뒤에는 홍경래가 슬그머니 그 부자에게, 만사가 다 준비되고, 따라서 성공 후 인물 배정에 있어 오직 정승할 사람이 없으므로 이리저리 구하던 중에 오늘날 당신을 만나보니 가히 할만한 인재라고 귀속말을 하였답니다. 그리하여 김부자는 거기에 참가하여 생명과 재산을 다 바치게 되고, 다른 부자들도 다 그리하였답니다.

결 론

풍수라는 것은 지금 말로 하면 지질학자 혹은 지리학자라고 할 것입니다. 그러고 보면 거기에 길흉화복의 말이 붙을 것은 천부당 만부당한 일이 아닙니까.

그러나 풍수 그들은 그 학리를 과학적 방식으로 해석하지 아니하고 종교적 방식으로 해석하였습니다. 그렇게 종교적 방식으로 해석한 것은 일방면으로는 노력 군중의 피를 착취하려는 것에서, 다른 방면으로는 봉건적 정치 혁명가들의 이용물로 되는 것에서 나온 것입니다. 그들은 과연 교묘한 말로써 일반 군중을 속였습니다. 누구든지 들으면 그럴듯하게, 보아도 또한 그럴듯하게, 속여도 속는 줄을 모를 만큼 교묘하게 말치레를 하였습니다.

그 예를 대략 들면 좌청룡(左靑龍) 우백호(右白虎)니, 자좌오향(子坐午向)이니, 꽃이 물에 뜬 형국(蓮花浮水形)이니, 아홉 용이 구슬을 다투는 형국(九龍爭珠形)이니, 사시하관(巳時下棺)에 오시발복(午時發福)이니, 일대천손지지(一代千孫之地)니, 무엇이니 하는 따위의 별가지 수작이 다 많습니다.

생각해 보시오! 썩다가 남은 백골──장차 다 썩어버리고 말 백골을 그들의 말과 같이 길지에 묻는다고 무슨 복을 받으며, 무슨 화를 받겠습니까. 그렇건만은 일반 군중은 속아 지내고 지금까지 믿어온 것입니다. 그들의 투거리로 하는 말을 들을 것같으면 "하늘이 좋은 땅을 간직하였다가 복많은 사람에게 준다(天藏吉地以賜福人)" 하니 그 말 속에서 그들의 약점과 또는 모순을 볼 수가 있습니다.

그 전시대에 복 많은 사람이라 하면 부귀공명 다자손한 놈들을 가리키어 말한 것이니, 그렇다면 착취 방법에 능숙한 그 놈들이 아닌가! 그런즉 착취에 능한 놈이라야 그 부모를 좋은 땅에 장사하고, 착취받는 자들은 그런 좋은 땅에 그 부모를 장사하지 못한다는 말이 아닌가? 바꾸어 말하면 풍수 자기가 땅을 점지하는 것에 길흉화복이 없다는 것, 더 자세히 말하면 남을 속이는데 지나지 않는다는 것을 자백한 것입니다.

그러나 그들은 지금까지 일반 군중을 속이고, 일반 군중은 속으면서도 속는 줄을 모르고 "산욕과욕에 형제도 없다"(山慾科慾無兄弟)하여 골육간에까지 묘자리 투쟁이었습니다. 그래서 소송 중에는 산송(山訟)이 가장 큰 일이었고, 가장 다수가 되었습니다.

제2절 사주팔자

사주 보는 그 법도 중국으로부터 들어온 것입니다. 중국에 있어서 그 법이 비로소 발생하던 사실을 살펴 보건대,

『문해피사(文海披似)』 이허중(李虛中)이 사람의 탄생한 그 해, 그 달, 그 날의 간지(干支)를 가지고 그 사람의 화복과 생사를 알아맞히는데, 백 번에 한번도 실수가 없고, 처음에는 그렇게 시간은 넣지 않았으나 송나라 후부터 시간을 넣어서 팔자(八字)가 되었다 하고,

『구당서(舊唐書)』「여재전(呂才傳)」 녹(祿)과 명(命)을 기록하는 중에 한무제(漢武帝)의 사실을 인증(引證)하였으되, 한무제가 을유(乙酉)년 7월 7일 아침 때에 낳았다 하였으니, 이것은 연월일시를 다 넣고 말한 것이라, 그러면 당나라 처음부터 사주에 대한 말이 있었다 하였습니다.

대저 사주란 것은 예를 들면 어떠한 사람이 경진(庚辰)년 8월 1일 오시에 낳았다 하고, 그것을 간지로 구하면 경진, 갑신(甲申), 정유(丁酉), 병오(丙午)가 될지니 그것이 곧 사주라는 것이요, 사주의 글자 수로는 모두 여덟인 까닭에 팔자(八字)라 합니다. 그리하여 사주쟁이의 말을 들으면 사람의 수명 장단과 부귀 빈천이 다 그 팔자에 달렸다고 합니다. 그 까닭에 이 세상에 팔자 타령이 생기게 된 것입니다.

그 법이 우리 동방에 들어오기는 당나라 때인지 송나라 때인지 자세히 알 수가 없으나, 그것이 크게 왕성하기는 고려 말년으로부터 이조 조선시대라고 할 것입니다. 왜 그런가 하면 『고려사』에는 공양왕 원년에 학교 열을 설립하는 그 중에 음양·풍수 등의 학(學)은 서운관(書雲觀)에 붙이었다 하고, 『이조실록(李朝實錄)』에는 태종 원년에 하륜(河崙)의 말에 의거하여 음양·풍수의 학

을 설하였다 하니, 그것에 대한 미신이 얼마나 깊었던가를 지금에도 상상할 수 있습니다.

그래서 팔자 도망은 못하느니, 팔자에 타고 났느니 하는 선천적 운명론이 일반 군중에게 깊이 박혔던 것입니다.

그리하여 고려 말년으로부터 이조 초엽에는 '보쌈'이라는 괴악망측한 일까지 있었다 합니다.

그것은 어떤 권문대가의 딸아기가 과부될 팔자라 하면 그 부모가 밤에 돌아 다니는 순라군(巡羅軍)에게 부탁하여 시골 사람 하나를 붙잡아 온답니다. 그러면 그 사람을 딸의 방에 몰아넣었다가 닭이 곧 울게 되면 하인들을 시켜 그 사람을 가죽 주머니에 넣어 고려에서는 예성강에, 이조에서는 한강에 던졌는데, 그것이 이른바 '보쌈'이요, 그렇게 한즉 그 딸이 장차 시집가서 과부되지 아니한다는 사주쟁이의 말에 미신하여서 그리한 것이었습니다.

이런 미신으로 말미암아 남 모르게 고깃배에 장사된 사람이 몇백 몇 천이던가! 이것뿐으로도 사주쟁이의 해독을 넉넉히 증명할 것입니다.

여기에 만약 사주가 똑같은 두 사람이 있다고 하면, 그 두 사람의 일평생 길흉화복도 또한 똑같아야 과연 그것을 운명이라고 믿을 것이 아닙니까. 만일 그렇지 못하다면 사주를 믿을 수가 없을 것입니다. 그런데 사주가 똑같은 두 사람이 있었는데, 한 사람은 천자가 되고 한 사람은 농촌에서 벌치기를 하였답니다. 그래서 천자 된 그 사람이 그 이유를 사주쟁이에게 물은즉, 사주쟁이의 해석은 백성을 다스리거나 벌을 치거나 그 직분은 비록 다를망정 그 두가지의 수효로 보든지, 또 기르는 것으로 보든지 하면 마치 한 가지라고 하였답니다.

이러한 해석이 사주보는 그 법의 모순을 말한 것입니다. 그러나 일반 군중은 이때까지 그것을 그냥 미신하였습니다.

제3절 관상법

상 보는 법도 중국으로부터 들어온 것인데, 그 들어온 연대에 있어서는 자세히 알 수가 없습니다. 그러나 우리 역사상의 기록으로써 보면 고주몽은 골표(骨表)가 영위(英偉)하다고, 김수로는 얼굴이 심히 거룩하다고, 석탈해는 풍신이 수랑(秀朗)하다고 하였으니 상 보는 법이 있은지도 벌써 오랫던 모양입니다.

그러면 중국과 같이 『마의상서(麻衣相書)』와 『수경집(水鏡集)』 따위의 전문적 기록이 없었을 것뿐이요, 상 보는 법이 오래 전부터 있었던 것은 사실입니다. 그런데 그것에 대한 전문업자가 생기고, 그 전문업자로 말미암아 일반 군중의 미신이 생기게 되기는 『마의상서』와 『수경집』같은 것이 중국으로부터 수입된 그 후의 일입니다.

이제 상 보는 전문업자의 말을 대개 들을 것같으면 이러합니다. 그 걷는 모양이 소처럼 뭉그적거리거나, 얼굴이 쥐상으로 생겼거나, 코가 달린 쓸개〔膽〕와 같이 생기거나 하면 부자가 된다고 합니다. 그렇게 생겼다고 착취하는 방법도 없이 능히 부자될 수가 있겠습니까? 생기기야 어떻게 생겼든지 착취만 잘하면 부자가 될 것입니다.

또는 머리 뒤에 사모털이 있거나, 입술이 붉고 이가 희거나, 남방 사람이 북방 사람처럼 생기거나, 북방 사람이 남방 사람처럼 생기거나 하면 귀인이 된다고 합니다. 그렇게 생겼다고 이조 조선으로 말하면 칠반천역(七班賤役)에 매인 사람도 능히 귀인으로 될 수가 있겠습니까? 생기기야 어떻게 생겼든지 문벌만 좋으면 귀인이 될 것입니다.

또는 잠잘 때에 거북이와 같이 숨소리가 없거나, 귀가 크고 콧부리가 튼튼하거나 하면 목숨이 길다고 합니다. 그렇게 생겼다고 위생법에 무식하고도 능히 오래 살 수가 있겠습니까? 생기기야 어떻게 생겼든지 신체의 건강만 잘 보호하면 목숨이 길 수가 있습니다.

또는 얼굴이 우는 상이거나, 입술이 들리고 이빨이 나타나면 가난하고, 종문(縱紋)이 입으로 들어가면 굶어 죽는다고 합니다. 그렇게 생겼다고 부지런히 노력하고도, 그리고 아무 착취를 받지 않고도 가난하며, 함북으로 말하면 기사년같은 흉년에 굶어 죽은 사람들도 다 종문이 입으로 들어간 사람이겠습니까? 누구든지 부지런히 일하고, 따라서 아무 착취와 약탈이 없는 새 사회가 건설되면 가난뱅이도, 굶어 죽는 이도 없을 것입니다.

그러므로 이제는 관상법의 모순을 말하려 합니다. 전국시대의 손숙오(孫叔敖)는 그 상이 조사(早死)하게 생겼는데, 누구든지 보기만 하면 죽고야 마는 양두사(兩頭蛇)를 죽인 까닭에 그 음덕으로 장수하였다 하며, 당나라 때의 배도(裵度)는 그 상이 빈천하게 생겼는데, 그 아버지의 생명을 구하려는 여자의 금대(金帶)를 얻어준 까닭에 그 음덕으로 나가면 장수가 되고, 들어오면 정승이 되어 40년의 부귀를 누렸다고 합니다.

손숙오가 조사하고 배도가 빈천하겠다던 자도 관상쟁이요, 그 두 사람이 음덕을 기리기 때문에 하나는 장수, 하나는 부귀한다는 자도 또한 관상쟁이였습니다. 이런 것이 모순이 아니고 무엇이겠습니까? 그들의 『상서(相書)』의 결론에 "상이 마음만 같지 못하다(相不如心)"고 한 것은 이 따위의 모순을 가리려고 함이올시다. 그러나 그 결론은 그 따위의 모순을 자백함에 지나지 못합니다.

사람의 신체구조에 있어 생리학상으로 보면 장부, 골격, 피부, 모발……그 어느 것이 같지 아니한 사람은 없습니다. 만일 다른 것이 있다면 생물 진화의 원칙 ──변이성(變異性), 그리고 유전성을 따라서 사람과 사람──부자 형제──사이에 그 외형이 서로 같지 않은 것뿐입니다.

그런데 피상적 관찰법으로써 각 사람의 일생을 감히 판단한다는 것은 너무도 우스운 일입니다. 그러나 이때까지의 사람들은 그런 모순을 발견하지 못하고 그냥 미신한 것입니다.

제4절 복 술

점치는 법에 대하여는 제3장 3절에도 그 대강을 말하였습니다. 그러나 그것에는 샤머니즘과 유교와의 점치는 법이 똑같은 근원에서 발생한 것을 말하여둔 것뿐입니다. 이제는 그 점치는 방식의 어떠함과, 또는 점괘에 나타난 그 예언이 맞느냐, 안맞느냐의 문제를 해결하려 합니다.

점법의 서류로는 『주역』을 근거하여 육효(六爻)에는 「역림비결(易林秘訣)」, 「화주역(畵周易)」, 사상(四象)에는 「금구비결(金口秘訣)」 등 여러 가지의 기록이 있는데, 그 중에서 「화주역」을 가지고 점치는 방식을 말하려 합니다.

「화주역」은 이순풍(李淳風)의 비전(秘傳)이라 하는데, 그것은 육십사괘를 나누어 1천 1백 62과로 하여 세상 억천 만사에 응치 아님이 없고, 미래의 길흉을 눈으로 보는 듯이 알게 한답니다.

그 점치는 방식에는 여러 가지가 있는데, 점치는 자는 의관을 정제하고 손을 씻고 정결한 곳에 동향 좌하여 향불을 피우고 산가치 스물 다섯개를 두 손에다 쥐고 이러한 축문을 읽습니다.

태세유상(太歲有象), 모년 모월 모일, 모군 모면 모동 거(居) 김창용은 그 신명에 대하여 길흉을 알지 못하와 자이복문(玆以伏問)하오니 왕고열위(往古列位) 대성대현(大聖大賢)은 강림하시고, 육갑육십 신장과 연월일시 사조신장과 배괘동자(排卦童子), 성괘동랑(成卦童郎)은 일체 감응하사 상통천문, 하달지리, 취찰인간화복, 팔팔육십사괘 중에 일괘로 내리시고, 삼백팔십사효 중에 육효를 내리사 길흉화복을 판단하게 하옵소서.

의 말을 다 마친 후에 두 손으로 잡았던 산가치를 마음대로 두 손에 갈라 쥐고, 왼손에 쥔 산가치를 상 아래에 두고 오른 손에 쥔 산가치를 상 위에 놓고 문점하는 사람의 연령 수와 상 위에 있는 산가치 수를 합하여 그것을 8로 제한 후에 그 남은 수로써 상괘(上卦)를 삼고,

그렇게 상괘를 얻은 후에 상의 아래와 상의 위에 있는 산가치를 다시 합하여 그 전과 같이 두 손으로 쥐고 또 축문을 외우되, "상괘는 이미 얻었으나 하괘(下卦)를 얻지 못하였사오니 복걸(伏乞 : 엎드리어 빎/편집자) 제위신장은 물비(勿祕 : 숨겨져 있는 사실/편집자) 암시하옵소서"의 말을 마치고 그전과 같이 산가치를 두

손에 갈라 쥐고, 오른 손에 쥔 산가치는 상 아래에 두고, 왼손에 쥔 산가치의 수를 합하여 그것을 8로 제하여 그 남은 수로 하괘를 삼고, 그 다음에 그 괘를 찾아서 그림과 해설을 보아줍니다.

만일 산가치가 없는 그 때에는 축문을 외운 후에 오른손의 둘째 손가락으로 글자 하나를 짚어 그 글자의 획수와 문점(門占 : 점을 쳐달라고 요청함/편집자)하는 사람의 연령 수를 합하여 그것을 8로써 제한 후에 그 남은 수로 하괘를 삼는다고 합니다.

이 한가지 예만 들어도 점치는 방법이 어떠한 것인가를 누구든지 짐작할 것입니다. 그리고 샤먼의 점법에도 축사가 있는데, 만일 조금 다르다면 괘를 붙이지 아니하는 그것뿐입니다. 그런데 그 방식이야 이렇든지 저렇든지 미래의 길흉화복을 예언하는 그 점으로 보아서는 조금도 다르지 않습니다.

그러나 예언이 그대로 맞는 것은 아닙니다. 만일 그 예언이 맞는다면 「홍범구주(洪範九疇)」(『서경』의 홍범에 기록되어 있는 것으로, 禹가 요순 이래의 정치 대법을 집대성한 아홉가지의 법칙/편집자)에 "세 사람이 점치면 두 사람의 말을 좇으라"고 하였겠습니까? 한 사람이 점을 쳐도 넉넉하거늘 세 사람으로 점치게 한 까닭이 또한 무엇입니까? 한 가지 일에 세 사람이 점치게 한 것은 그 예언이 맞지 아니하는 것을 밝히 증명한 것입니다.

그리고 조선 속담에 "소경이 제 죽을 날을 모른다" 하였으니, 그것은 조선의 소경은 보통으로 점치는 업을 하는데, 자기의 죽을 날도 모르면서 남의 길흉화복을 감히 예언한다는 그 조롱의 말입니다. 그러면 점치는 놈의 예언은 거짓말이라는 것이 여기에서 드러난 것입니다. 그러나 사람마다 이런 속담은 외우면서도 그냥 그것을 미신한 것은 더욱 조롱할 만한 일입니다.

제5절 일관(日官)

일관이라는 것은 『천기대요(天機大要)』와 같은 기록에 의거하여 택일하는 자의 별명입니다. 그의 말을 들을 것같으면 사람의 행위에 있어 그 길흉화복은 택일을 잘하고 못하는 것에 전혀 달렸다고 합니다.

가령, 남녀 혼인으로 말하면 그 남녀 두 사람의 부귀공명 다자손도 장가들고 시집가는 그 날을 잘 택하는데 있다고 합니다. 그래서 사람마다 무슨 일을 하든지 택일하지 않고는 감히 꼼짝도 못하였습니다. 그리고 음력이라는 것이 일찍 어떤 일관의 손을 거쳐 불의가취(不宜嫁娶), 불의성조(不宜成造), 불의출행(不宜出行), 불의동토(不宜動土), 무엇무엇 등등의 판박인 날이 예정되어 있기 때문에 만일 일관이 없는 그 때에는 아무나 그 역서를 들어 보게 됩니다. 일관된 그들도 택일할 때에 역서의 그러한 기록을 또한 좇게 됩니다.

그리하여 일수(日數)에 대한 일반 군중의 미신이 얼마나 깊었던지 이제 그 예증을 들어보시오!

그 전에 어떤 한 사람이 장마질 때에 뜰 안으로 돌아다니다가 토담이 무너지는 그 속에 그만 깔렸답니다. 그 아들은 아버지의 급한 소리를 듣고 달려나아가 그 모양을 보고 "아버지, 조금 가만히 계십시오! 역서를 들쳐보고요!" 그리고 역서를 보고 다시 나오더니, 오늘은 불의동토라 하였답니다. 그러면 그 아버지는 그만 죽고 말 것이 아닙니까? 설마 그러한 일이야 있었겠습니까? 그러나 그 말 가운데에는 택일에 대한 해독과 또 그 미신이 얼마나 깊었던가를 밝히 증거하였습니다.

춘하추동 어느 때를 물론하고 바람이 포근하고 날씨만 맑은 때면 좋은 날일 것입니다. 그 중에는 꽃이 웃고 나비가 춤추는 봄날, 녹음이 무르녹고 꾀꼬리 노래하는 여름날, 오곡이 성숙하고 바람이 선선한 가을날, 어느 때의 어느 날이든지 날씨만 청명하면 다 좋은 날일 것입니다. 그런 날에는 혼인도 마땅하고, 출행도 마땅하고, 무슨 일이든지 다 마땅할 것입니다.

그러나 비오고 바람이 분다고 좋은 날이 아니라고는 단언할 수 없는 경우가 있습니다. 가물다가 비오면 농사하는 사람은 그 날을 가장 좋은 날로 인정하며, 서쪽으로 돛 달고 가는 배는 동풍이 불면 가장 좋은 날씨로 인정합니다. 이것은 보통적 이론에 지나지 못합니다. 원리상으로 말하면 날씨야 좋든지 궂든지 마땅히 할 일이면 날짜를 스스로 예정하고 그 예정대로 행할 것뿐입니다.

소위 일관이라는 그들이 천기예보하는 기상학자의 지식이 없거니 어찌 날씨의 좋고 궂은 것을 미리 알 터입니까? 날씨의 좋고 궂은 것도 미리 알지 못하거니 빤히 없는 일수의 길흉화복을 어찌 능히 알 터입니까? 그들은 거짓말쟁이에 지나지 못하는 놈들이올시다. 그런 거짓말로써 남을 속이는 그 놈보다 속는 그 사람이야 더욱 우습지 아니합니까?

지구가 태양을 중심에 두고 하루 한 번씩 도는 것을 자전(自轉)이라 하는데, 거기에서 밤과 낮이 되고, 그렇게 자전하여 삼백예순 다섯 번을 돌면 그것을 공전(公轉)이라 하는데, 거기에서 춘하추동이 나뉘어 일년이 됩니다. 그러나 온 세계를 두고 말하면 밤과 낮도 서로 같지 아니하고, 춘하추동도 또한 서로 같지 아니합니다.

예할 것같으면 우리 조선에서 낮이라 하는 그때는 곧 미국에서 코 골고 잠자는 밤이며, 북온대에서 여름이라 하는 그 때는 곧 남온대에서 털옷 입는 겨울입니다. 그러면 밤이니 낮이니, 봄이니 겨울이니 하는 것은 자기들이 거주하는 그 지대에 대한 부분적 관념에 지나지 못한 것입니다.

그러한데 택일하는 그 자들은 아무 날, 아무 시, 예하면 경진년 8월 초하루날 오시에 혼례하는 것이 길하다 하여 거기에 대한 사주는 경진(庚辰), 갑신(甲申), 정유(丁酉), 병오(丙午)라 합니다. 그런즉 그 시기는 가을이요, 그 시간은 정낮이라는 말입니다. 우리 조선으로 말하면 그 시기가 과연 가을이요, 그 시간이 과연 정낮입니다마는, 위에 말한 바 지구의 순환으로써 보면 참으로 어리석은 수작입니다.

그뿐 아니라 일관들은 그렇게 택일할 때에 방위를 또한 봅니다. 방위에 있어서는 크게 나누면 동서남북 사방이요, 거기에 또 동남, 서남, 서북, 동북간의 방위를 더하면 팔방이 된다는데, 그 방위 중에는 식신방(食神方), 안손방(眼損方), 오귀삼살방(五鬼三殺方), 태세방(太歲方) 등의 여러 가지 명칭이 있습니다.

만일 남쪽으로나 북쪽으로 이사하려는 사람이 있어서 택일하려면 일관은 먼저 방위부터 짚어 보고 남쪽은 식신방이니 아무 날, 아무 시에 그리로 이사하면 의식이 풍족하여지리라 하고, 북쪽은 안손방이니 그리로 이사하면 눈이 먼다 하여 택일할 것 없다고 거절한답니다.

여기에 이른바 식신방이니, 안손방이니 하는 것은 이사하려는 그 사람의 현주소를 본위로 하는 말입니다. 그러나 지구의 전체로써 보게 되면 동서남북이라는 그 방위도 사람이 자기 입각지

(立脚地)를 표준하여 가지고 가정한 것뿐입니다.

왜 그러냐하면 갑이라는 사람의 집의 남쪽에 을이라는 사람의 집이 있고, 을이라는 사람의 집의 남쪽에 병이라는 사람의 집이 있다고 합시다. 그러고 보면 갑은 을의 집을 남쪽이라 하고, 을은 갑의 집을 북쪽이라 할 것이요, 병은 갑이 남쪽이라 하는 을의 집을 또한 북쪽이라 할 것이며, 만일 갑의 집의 북쪽에 어떠한 사람의 집이 있다고 하면 그 사람은 갑의 집을 남쪽이라 할 것입니다.

그러고 보면 식신방도 없고 안손방도 없는 것입니다. 그것저것이 일반 군중을 미혹하는 수단에서 나온 것임은 우리는 깨달아야 합니다.

제 8 장

예수교

제 1 절 예수교의 기원

예수교라 하면 모세를 먼저 연상하게 됩니다. 그것은 모세가 그 교의 원조가 되는 까닭입니다.

모세는 본래 히브리 사람으로써 애굽 공주의 아들로 되었다가 거기에서 종노릇하는 자기의 동족 20만 명을 거느리고 가나안 복지로 들어가려는 때, 신구약의 첫 자리를 차지한 오경(五經)——창세기, 출애굽기, 레위기, 민수기, 신명기——를 지어내고, 그것으로써 하느님을 숭배하는 의식(儀式)을 창립하였습니다. 그래서 그를 그 교의 원조라고 하는 바입니다.

그 후에 그들의 이르는바 선지자(先知者)가 대대로 나서 구약의 기록이 더욱 증가하게 되고, 하느님 밖의 다른 신은 공경치 아니하는 것이 그들의 계명으로 되었습니다.

그런데 그 교가 필경에는 두 파로 나뉘어 하나는 바리새교로 되고, 하나는 사두개교로 되었습니다. 그 때에 세례 요한이라 하는 자가 약대 털옷을 입고 허리에 가죽띠를 띠고, 음식은 메뚜기와 석청을 먹으면서 광야가 들썩하게 회개하라는 소리를 외치고,

그리고 요단강에 나아가서 회개의 세례를 베풀었습니다.

그러므로 요한은 마지막 선지자의 이름을 가진 동시에 그 교파의 유력한 개혁자로 볼 수가 있습니다. 구약과 신약의 시대가 나뉜 것은 확실히 요한으로부터 비롯하였습니다.

요한이 그 교를 개혁하던 그 때는 유대국이 로마의 영지로 되었던 그 때요, 그 압박에서 신음하는 유대 민족——요한의 개혁을 새로 맛본 그 교도——들은 사방에 헤어져서 힘써 전도하게 되었습니다. 자세히 말하면 그 교가 로마의 본토에까지 퍼졌습니다.

그런데 로마는 동로마, 서로마라는 큰 영지를 차지한 까닭에 마침내 예수의 이름을 이용하지 아니할 수 없었습니다. 이것으로부터 로마 교황이 생기게 되고, 교황의 세력이 유럽 천지를 움직이게 되었습니다. 그리하여 그 교가 장차 세계적 종교로 된 것입니다.

예수 그리스도가 있었느냐 없었느냐의 그 문제는 다음에 말하려니와, 그 교가 로마에 있어서 큰 세력을 잡았다가 루터의 개혁을 당하여 구교(舊敎)와 신교(新敎)로 갈라졌나니, 우리 조선에서 이른바 구교는 천주교라 하는 것이요, 신교는 곧 예수교라 하는 것입니다. 그리고 신교라는 그것도 개혁에 개혁을 더하여 오늘날에 이르러는 장로교, 감리교, 침례교, 안식교, 복음교 등의 여러 가지 갈래로 나뉘었습니다.

제2절 예수교의 동래(東來)

그 교가 우리 조선에 들어온 순서로 말하면 천주교가 먼저 들어오고 예수교가 그 다음에 들어왔습니다. 그런데 천주교가 어느 때에 들어왔는지 그것은 자세하지 못하나 중국의 명나라 말년에 서양 사람 이마두(李瑪竇 : 마테오릿지/편집자) 등이 중국에 들어왔을 그 때, 조선 사신이 중국으로부터 돌아와서 그들의 학술과 공예를 칭찬하여 상소한 일이 있었으니, 천주교의 서적도 또한 들어온 것을 짐작할 수가 있습니다.

그것은 그후 정조 때에 이가환(李家煥), 이승훈(李承薰), 정약종(丁若鍾)같은 전국의 이름난 선비들이 그 교를 믿게 된 그것이 우리에게 증명하여 줍니다. 그래서 1786년, 곧 정조 10년에는 북경 가는 사신에게 신칙하여 그 서적을 가져오지 못하게 하고, 15년에는 국내에 있는 그 서적을 거두어 불에 사르고, 그 교도들을 형벌하였습니다. 그러나 그 교도는 더욱 많아졌습니다.

1802년 곧 순조 원년에 황사영(黃嗣永)이 청해온 청국 소주 사람 주문모(周文謨)를 죽이고, 1839년 곧 헌종(憲宗) 5년에는 법국 선교사 세 사람과 신도 150여 인을 죽였다 하니 외국 선교사가 우리 조선에 들어오기는 이것이 처음이올시다.

그 서적을 그렇게 불사르고, 그 신도를 그렇게 학살하였으나 철종 말년에 이르러는 그 신도가 2만 명에 달하였다 하고, 그후 대원군이 정권을 잡은 10년 동안에 그 신도를 학살한 것이 30여만 명이라 합니다. 그 까닭에 병인양란(丙寅洋亂)과 신미양란(辛未洋亂)이 있었나니, 앞서 것은 1866년에 법국과의 싸움을 가리킨 것이요, 뒤의 것은 1871년에 미국과의 싸움을 가리킨 것입니다.

대원군은 두 번 전쟁에서 승전고를 울리고, 종로 네거리에 "서양놈이 침범함에 싸우지 아니하면 화친할지니, 화친을 주장하면 나라를 파는 것이다(洋夷侵犯 非戰則和 主和賣國)"고 크게 새긴

비석을 세운 일까지 있었습니다.

그러고보니 천주학장이야 다 죽고 나머지가 없을 것이 아닙니까? 그 때에는 천주학장이라 하면 그에서 더 나쁜 놈이 없고, 천주학 본 놈이라 하면 그에서 더 큰 욕이 없었습니다. 그것은 무슨 까닭이냐 하면 천주교에서는 "아버지는 하룻밤 지나간 나그네요, 어머니는 열 달 동안의 술막집이라" 한다는 까닭입니다.

이 말은 효도를 중심으로 하는 유교도의 배척운동에서 나온 것이니까 길게 말할 필요도 없거니와, 1884년에 예수교가 처음 들어오자, 그후부터는 예수교 목사는 그 교도가 죽으면 그 죽은 사람의 골을 깨고 망경단을 빼어간다느니, 또는 눈을 빼어간다느니의 횡설수설이 적지 아니하였습니다. 그러한 것들은 과학적 반종교 운동이 아니므로 아무 가치도 줄 것이 없습니다.

그러나 세계 대세는 대원군의 척화설(斥和說)을 깨뜨리고 조선 반도에서 마음대로 횡행하게 되었습니다. 그것을 따라서 예수교의 미신이 점점 그 세력을 펴게 된 것입니다. 그리하여 예수교에서는 샤머니즘과의 투쟁, 유교와의 투쟁, 불교와의 투쟁을 공개하고, 일변으로는 배재학당, 숭실학교, 청년회 등의 교육기관을 설립하며, 병원, 구제회 등의 자선사업을 실시하니, 조선 사람 중에는 조선의 문명은 예수교로 말미암아 된다는 어리석은 사람들의 말까지 있게 되었습니다.

그 뿐입니까? 조선 국권의 회복도 예수교를 믿지 아니하면 안 된다는 어리석은 사람들의 말이 또한 적지 아니합니다. 다시 말하면 하느님이 도우셔야 조선 국권을 다시 찾는다는 종교적 소부르조아 정치가들이 많았다는 말입니다.

그래서 미국의 윌슨 장로가 민족자결을 설법(說法)하는 거기에

취하여 지난 3·1 운동에 조선 민족대표의 명의로 한참 동안 춤추어 본 이도 있었습니다. 그러나 그들은 예수교의 등 뒤에는 자본주의가 있고, 자본주의가 식민지를 점령할 때 예수교가 그 앞잡이로 되는 것을 알지 못합니다.

제3절 예수교의 내용 해부

예수교의 내용을 낱낱이 해부하려면 심히 복잡하며, 비록 복잡하지 않다 하더라도 구태여 낱낱이 해부할 필요가 없습니다. 그 복잡한 사실을 대개 말하면 구약이 929장, 신약이 260장, 그것을 총합하면 1189장이요, 그리고 그 절수는 구약에 2만 3천 214절, 신약에 7천 959절, 그것을 총합하면 3만 1천 173절이요. 또 거기에 소위 기사이적(奇事異蹟)으로 말하면 구약에 69, 신약에 55, 그것을 총합하면 124가 됩니다.

그래서 그 내용을 낱낱이 해부하자면 너무 복잡하다는 것이요, 그들의 말과 같이 구약은 신약의 그림자가 된 이상에는, 또 그 대지(大旨)가 '믿음, 바람, 사랑' 그 세가지로 한 이상에는 구태여 낱낱이 해부할 필요까지도 없기는 합니다. 그러므로 그 대체만을 해부하려 합니다.

1 천지 창조설에 대한 해부

하느님이 엿새 동안에 천지 만물을 창조하였다는데 그 순서로 말하면,

태초에는 땅이 혼돈하여 공허하고 깊음 위에 캄캄함이 있었는

데, 하느님의 신이 물 위에 운동하였다 하고(「창세기」 1장 1~2절)

첫째 날에는 하느님이 빛이 있으라 하매 빛이 있거늘, 빛과 어두움을 분변하시고, 빛은 낮이라 하고 어두움은 밤이라 하였다.(「창세기」 1장 3~5절)

둘째 날에는 궁창을 만드사 궁창 아래의 물과 궁창 위의 물을 나눈 후에 궁창을 하늘이라 하였다.(「창세기」 1장 6~8절)

셋째 날에는 천하의 물이 한 곳으로 모이고, 마른 흙이 드러나게 한 후에 마른 흙은 땅이라 하며, 모인 물은 바다라 하고, 땅 위에 각 종류의 풀과 나무를 나게 하였다.(「창세기」 1장 9~13절)

넷째 날에는 해와 달과 별들을 만드사 주야 사이를 분변하여 표가 되게 하고 일자와 연한을 정하였다.(「창세기」 1장 14~19절)

다섯째 날에는 물에 있는 고기와 땅 위에 나는 새를 각기 종류대로 만들었다.(「창세기」 1장 20~23절)

여섯째 날에는 육축과 곤충과 들짐승을 각기 종류대로 만드시고, 또 자기의 형상대로 사람을 창조하시되, 땅의 흙을 빚어서 사람을 만들고 생명의 기운을 그 코에 불어 넣어 사람의 생령이 되게 하니, 그것이 곧 아담이라 하는 남자요, 아담이 잠든 후에 그 갈비대 하나를 취하여 여자를 만드니 그것이 곧 하와라는 여자입니다.(「창세기」 1장 24절, 2장 18~25절)

일곱째 날에는 하느님이 만드시는 일을 끊고 쉬었다고 하였습니다.(「창세기」 1장 1~3절)

모세 오경에, 그중에도 「창세기」를 전혀 신화로 취급한다면 별 문제될 것도 없습니다마는, 예수교의 일반 신도들은 그것을 마치 과학상 입증된 사실과 같이 그 전에도 그렇게 믿었고, 지금에도 그렇게 믿습니다. 종교는 신화라는 그 기초 위에 서있는 건물이니까 그 신도들은 물론 그 신화를 믿을 것입니다.

만일 17세기 이전——칸트, 라브라스의 성운설(星雲說), 라이엘의 지질학원리, 다윈의 진화론이 발표되기 전——이라면 그런 믿음을 별로 괴이하다 할 것도 없거니와, 지금은 과학이 그것을 용서하지 아니합니다.

천지가 창조되기 전에 물이 있었다 함은 모세의 기록으로부터 비롯한 것이 아닙니다. 애굽에도, 갈라디아에도, 바빌론에도 그런 신화가 있었습니다. 이제 들어보시오!

애굽 나일강 하류 지방의 신화에는, 태초에 하늘 누이트(Nuit)와 땅 시부(Sibu)가 둘이 꼭 끌어안고 원시(原始)바다 누(Nu) 위에 앉아 있더니, 창조하는 날에 슈(Shu)라는 신이 그 물 가운데에서 나와 두 손으로써 누이트를 떠받들어 하늘이 되게 하고, 시부는 푸른 풀 속에 숨었다가 동물과 또는 인류 생식의 근본이 되었다 하고, 바빌론의 신화에는 태초에는 어두움과 물, 그밖에는 다른 것이 없었다고 하였습니다.

그런 까닭에 애굽 궁중에서 40년 성장한 모세, 미디안에서 40년 목축하던 모세로서는 위에 말한 바 그 신화들의 영향을 받지 아니하였다고 못할 것입니다. 비록 받지 아니하였다 하더라도 그것은 어디의 원시민족이든지 공통으로 가졌던 사상으로 보아야 합니다.

「창세기」의 말과 같이 하느님이 천지 만물을 만들었다고 하자! 그렇다 하더라도 첫날에 빛을 내어 주야를 나누었다 하고, 넷째 날에 해와 달을 만들어 주야를 다스리게 하였다 하니 해와 달이 있기 전에 무슨 빛이 있으며 주야를 어떻게 분변하였을까?

그뿐 아니라, 셋째 날에 물과 육지를 나누고, 풀과 나무를 나게 하였다 하니 해가 있기 전에 식물이 어떻게 능히 생장할까? 그뿐 아니라, 짐승과 새와 사람을 다 흙으로 빚어 만들었다 하니 그러면 토기쟁이가 그릇 만들듯 하였다는 말인가? 그 중에도 사람은 자기의 형상대로 만들었다니 하느님도 이목구비 사지백체를 구비한 유형물이라는 말인가? 지구와 지구상에 있는 온갖 생물은 오늘날 우리의 보는바 그 형태대로 한 날 한 시에 발생하여 아무 진화도 없었다는 말인가?

그러한 비과학적 사상이 17세기까지는 그 세력을 유지하였나니, 이제 그 예를 들면,

1. **생물종속불변설(生物種屬不變說)** 분류적 박물학(博物學)의 원조인 스웨덴의 링엘은 18세기 반쯤에 있어서 지구상에 있는 생물의 종류는 천지개벽할 때에 하느님이 창조한 것인데, 그 후에 더하여진 것도 없고, 감하여진 것도 없고, 또는 조금도 변한 것이 없다 하였나니, 이것은 모세의 「창세기」를 그냥 긍정한 말이요.

2. **천변지이설(天變地異說)** 이 말을 주창한 큐베는 1767년 법국에서 낳았는데, 링엘의 말에 반대하여 가로되 지금에 있는 동식물의 종속은 다 개벽하는 그 때 하느님이 창조한 것인데, 그 개벽이라는 것은 한 두 번이 아니요, 최초부터 적어도 열 너더댓 번이나 된다. 그렇게 새로 개벽하는 때마다 산은 바다로 되고, 바다는 산으로 되는 큰 변동이 생기는데, 그 때까지 있던 동식물은 일시에 죽어 없어지고, 그 후에 다시 새로운 동식물이 하느님의 손에서 창조된다. 오늘날 높은 산 꼭대기에 고기와 조개의 화석이 있는 것은 바다가 갑자기 산으로 된 그 변화의 자취를 보이는

것이요, 그 화석이 서로 다른 것은 그 창조한 시기의 같지 않음을 따라서 그러하다고 하였나니, 이 말은 링엘의 말보다 얼마만큼 진보된 듯 하나 아직도 신학(神學)적 범위에서 벗어나지 못했습니다.

그런데 18세기부터 과학이 새로 그 면목을 나타내어 생물종속 불변설과 천변지이설같은 것은 누구든지 코웃음을 치게 되고, 더구나 「창세기」같은 것은 아무 소용도 없는 휴지 조각으로 쓰레기통에 던져버리게 되었습니다. 이제 과학의 발명된 그 순서를 대개 말하면,

1. **칸트 · 라브라스의 성운설(星雲說)** 덕국의 철학자 칸트는 1755년에, 법국의 수학자 라브라스는 1796년에 그 학설을 주창하였습니다. 그 두 사람의 학설이 서로 부합되는 까닭에 칸트 · 라브라스설이라고 하였습니다.

그들의 말을 보면 태초에는 태양과 그 계통에 속한 유성(遊星)들도 다 가스체——성운의 큰 덩어리——였는데, 가스의 큰 덩어리는 오늘날의 가장 멀리 있는 유성에까지 미쳤다. 그 성운이 점점 식어 쭈그러들고 적어질수록 그 회전하는 속도를 더하고 더하여 일정한 도수에 달하는 때, 태양의 적도의 평면으로부터 떨어져 나간 가스의 부분이 수축하여 하나의 유성으로 되었다고 하였습니다.

2. **라이엘의 지질학원리(地質學原理)** 지질학원리는 영국의 라이엘이 1831년에 발표하여 큐베의 천변지이설을 그 뿌리까지 뒤

집어 놓았으니, 그 요지를 들면 칸트·라브라스의 성운설과 같이 태양계는 맨 처음에는 열도가 높은 가스 덩어리였는데, 그것이 차차 응고하여 태양으로 되고, 또 그 주위에 무수한 유성도 생기게 되었다.

지구도 그의 일부분으로써 처음에는 가스 덩어리였고, 다음에 바위, 돌을 녹인 듯한 액체로 되었다가 그 표면이 응고하여 단단한 지각(地殼)을 이루었다. 분화산(噴火山)과 온천을 보든지, 또는 지면을 파면 팔수록 온도가 더하는 것을 보면 표면에 있는 단단한 지각은 불덩어리가 차차 식으면서 그리 된 것임을 알 수 있다. 그렇게 차차 식어가는 중에 조금씩 그 용적(容積)을 감하고 수축하여 필경 그 표면의 지각에 주름이 지어 옴폭한 곳, 돈우룩한 곳이 있게 되었다.

수천 길 되는 깊은 바다, 수만 척 되는 높은 산도 크나큰 지구의 표면에 대하여는 귤〔桶〕 껍질의 표면에 있는 오목하고 돋우룩한 그것보다도 오히려 드러나지 못한 것이다. 그 주름으로 말미암아 산과 바다의 구별이 생기고, 그밖에 바람, 비, 물의 작용으로 하여 산의 표면에 있는 바위돌이 조금씩 부숴져 모래와 흙으로 되어 골짜기에 떨어지고, 그 떨어진 것이 물에 흘러서 바다에 들어가 가라앉으면 새로운 지층을 이루게 된다.

그런 새로 된 지층은 처음에는 수평으로 되었으나 지구가 조금씩 식어가면 식어갈수록 그 지각에 주름이 덧놓이고 덧놓여 여러 가지 방향으로 경사(傾斜)하였다. 그러면 그 한 부분은 산이 되고, 한 부분은 지면의 아래에 묻히게 된다. 저 높은 산의 마루에 고기와 조개의 화석이 있는 것은 전혀 그러한 변동으로 된 것이요, 결코 한때의 급격한 변동으로 된 것은 아니다.

다시 말하면 산이 바다로 되는 것이나 바다가 산으로 되는 것은 바람, 비, 물의 작용으로 말미암아 몇 억 만년을 계속하여 천천히 변동한 결과라고 하였습니다.

그러면 성운설과 지질학원리가 「창세기」보다 얼마나 가치가 있으며, 증거가 충분합니까? 그리고 칸트·라브라스와 라이엘은 모세보다 얼마나 실지(実知)가 있으며, 식견이 고상합니까?

태양계의 한 부분 되는 지구성, 지구의 중심에 있는 불덩어리, 그 불덩어리의 실물되는 분화산과 온천, 지층 속에 있는 각 시대의 화석이 「창세기」의 허무맹랑한 것을 우리에게 말하여 줍니다. 「창세기」에서는 지구도 또한 유성이며, 달은 유성과 함께 태양으로부터 발생된 것은 알지 못하였습니다. 그렇기 때문에 하느님이 셋째 날에 바다와 육지를 만들고, 넷째 날에 일월성신을 만들었다고 하였습니다.

이만하면 천지는 하느님의 손에서 창조된 것이 아님과, 하느님은 모세의 입으로 만들어낸 아무 형투리도 없는 그 무엇임을 누구든지 알 것입니다. 이제부터는 지구상의 생물이 어떻게 발생하고 진화한 것을 말하려 합니다.

1. **발생학(發生學)상의 사실** 발생학이라는 것은 일개의 동물이 알에서——어떠한 동물이든지 알에서——발생하고 성장하고, 또 그 새끼를 낳기까지의 경과를 조사하는 학문입니다. 그것은 여러 가지의 실물과 현미경의 실험으로 하여 과학적 증명이 충분하므로 지금 시대에 있어서는 지구가 동(動)한다는 것과 같이 누

구든지 의심하지 아니할 상식적 사실로 되었습니다. 생물의 발생하는 그 원칙에 대하여 이것저것 다 그만두고 우리 인류가 그 발생하는 도정(途程)에 있어 어떻게 진화한 것을 들고자 합니다.

▲ 인류 발생의 제1기——이 시기는 난세포(卵細胞)와 정세포(精細胞)가 서로 결합하는 시기인데, 그것을 현미경으로 보면 그 몸덩어리의 구조가 단세포 동물과 다름이 없는데, 대체는 아메바 형상으로 되어 간단한 생활력을 가진 것뿐이요, 손, 발, 귀, 눈 따위의 기관은 도무지 없나니, 이것을 생물 발생의 원칙으로 미루어 보면 인류의 맨 처음 조상도 헤일 수 없는 몇 천만년 전에는 아메바의 형상으로서 아메바의 생활을 맛보았던 것이 확실합니다.

▲ 인류 발생의 제2기——이 시기에는 알이 태중(胎中)에서 아메바 형상으로 되었던 그것이 세포의 점점 더하여짐을 따라서 산호충(珊瑚蟲)의 형상으로 변하나니, 이것을 생물 발생의 원칙으로 미루어 보면 인류의 조상은 강장동물(腔腸動物)의 형상으로서 강장동물의 생활을 맛보았던 것이 확실합니다.

▲ 인류 발생의 제3기——이 시기는 너무 짧고 빨라서 오늘날까지 그 태중의 생활에 있어 명확한 판단을 얻지 못하였습니다.

▲ 인류 발생의 제4기——이 시기에는 머리의 양쪽에 새공(鰓孔) 두어 개가 있나니, 새공은 고기가 숨 쉬는데 쓰는 것입니다. 그러면 인류의 조상도 어떤 시기에 있어서는 고기와 같이 물 속에서 생활하였던 것을 추측할 수가 있습니다.

▲ 인류 발생의 제5기——이 시기에는 개구리 혹은 도마뱀의 형상으로 변하나니, 개구리와 도마뱀은 분류학상(分類學上)에 있어 원래 그 종류가 다른데, 인류 발생의 도중에 그 변화하여 나

아가는 것이 하도 빨라서 잠깐 개구리의 형상으로 되었다가 인하여 곧 도마뱀으로 됩니다. 그 연속이 너무 촉박하여 두 시기를 분별할 수 없는 까닭에 그 두 가지의 변태(變態)를 편의상으로 합한 것이니, 이것을 생물 발생의 원칙으로 보면 인류의 조상도 어떤 때에는 개구리의 생활, 어떤 때에는 도마뱀의 생활을 하였던 것을 짐작할 것입니다.

▲ 인류 발생의 제6기——이 시기에는 점점 고등하여 그 생긴 것이 짐승의 종류와 같이 되어 온몸에 털이 있고, 엉덩이에 꼬리가 있어 개와 고양이의 새끼와 비슷합니다. 만일 그것을 드러내어 짐승의 새끼와 섞어 놓으면 참말 분별하기 어렵습니다. 그러면 인류의 조상도 어떤 시대에 있어서는 짐승의 종류와 똑같은 신체의 구조를 가지고서 또 그와 같은 생활을 맛보았던 것이 확실합니다.

▲ 인류 발생의 제7기——이 시기에 있어서는 그 머리와 꼬리 붙었던 곳이 짐승과는 판히 달라집니다. 그러나 토끼의 새끼와는 분간하기가 어렵습니다.

위에 말한 바 일곱 시기는 한 달 남짓한 동안의 진화하는 것을 말한 것인데, 첫째 달에는 사람, 토끼, 소, 돼지, 닭, 거북, 개구리, 고기의 태아가 비교학상(比較學上)으로 보아 별로 다른 점이 없고, 두 달 되는 그 때에 이르러는 사람으로부터 거북이까지는 대략 그 형상이 비슷합니다.

인류가 한 달 남짓한 동안 어머니의 태중에 있어서 일곱 번 진화하는 그 형태를 보면, 동물은 다 하나의 조상으로부터 진화하여 사람으로도 되고, 원숭이로도 되고, 닭으로도 되고, 고기로도

……된 것은 조금도 의심할 여지가 없습니다. 만일 지금에 보는 바와 같은 사람, 새, 짐승, 고기를 각각 그 종류대로 하느님이 만들었다면 개체에 있어 그 종속(種屬)의 진화를 그렇듯 밟지 아니할 것입니다.

또 예를 들면 소, 양, 사슴에게는 앞니가 하악(下顎)에만 있고 상악(上顎)에는 없습니다. 그것들이 출생하기 전에는 앞니가 상악에도 나 있습니다. 그러나 출생하는 때에는 그 주위의 조직에 흡수되어 버리고 아무 흔적도 없게 됩니다. 그리고 고래에게는 이가 한 대도 없는데, 그것도 출생하기 전에는 아래 · 위의 이가 훌륭히 나 있습니다. 그것은 그 기관이 출생하는 날에는 아무 소용이 없는 까닭으로 그 발생의 도중에서 없어지는 것이오. 그렇게 소용없는 것이 출생하기 그 전에 나게 되는 것은 그 조상의 유전성이 잠시 나타난 것입니다.

만일 하느님이 그런 동물을 만들었다면 그런 쓸데없는 기관을 당초에 만든 것이 가장 무의미한 일이 아닙니까? 각종 생물의 기관이 그의 만든대로 조금도 변하지 아니하여야 과연 하느님이 만들었다고 할 것입니다. 그런데 생물은 쉬지 않고 진화하여 오늘날의 현상을 이룬 것입니다.

2. 해부학(解剖學)상의 사실 해부학은 생물의 생리상 구조를 비교 해부하여 그 종속(種屬)의 다르고 같은 것과, 또는 그 동안에 어떻게 진화한 것을 검사하는 학문입니다. 생물 중에는 어느 것을 물론하고 쓸데있는 기관은 더욱 발달하고, 쓸데없는 기관은 점점 퇴화하여 필경에는 없어져 버립니다.

그런데 우리 인류에게 있어서는 태중(胎中)으로부터 장성한 사람이 되는 그 동안에 아무 소용이 없는 기관이 그냥 있습니다. 예하면 귀를 움직이는 근육, 코를 움직이는 근육, 꼬리의 뼈와 꼬리를 움짓이는 근육, 피부를 떠는 근육, 맹장, 남자의 젖, 눈썹과 털 따위가 곧 그것입니다. 그런 것들이 우리 사람에게는 아무 필요도 없지만은 다른 동물에게는 지금도 필요한 것으로 되어 있습니다. 그러나 우리의 그 전 조상에게는 그 생활의 필요한 것으로 되었던 것입니다.

쓸데없는 기관은 대개 그러하거니와, 동물의 뼈를 검사하여 보면 각각 그 생활의 필요에 따라서 발달하였습니다. 개와 고양이와 같이 땅 위에 달음질하는 것의 손은 몽둥이처럼 되고, 고래와 같이 물 속에서 헤엄치는 것의 손은 고기의 지느러미처럼 되고, 박쥐의 손은 날개처럼, 두더지의 손은 호미처럼 되었습니다.

그러나 가죽의 속에 있는 뼈는 이것저것이 다 한 가지입니다. 혹 다르다면 어떤 것은 뼈가 짧고 가늘며, 어떤 것은 뼈가 길고 굵을 뿐입니다. 만일 개는 처음부터 달음질하기로 되고, 고래는 처음부터 헤엄치기로 되고, 박쥐는 처음부터 날기로 되었을 것같으면 그 뼈가 이렇게 똑같을 까닭이 없을 것입니다. 그 까닭은 그것들의 조상이 한 가지요, 한 가지 조상으로부터 그렇게 진화된 것을 알 수가 있습니다.

그러면 그 조상은 어떠한 것인가? 어쨌든 다섯 손가락을 가지고 육지에 다니던 짐승이던 것은 사실입니다. 그런데 그 자손의 가운데에서 어떤 것은 물 속에서 먹을 것을 구하고, 어떤 것은 땅 속에서 먹을 것을 구하고, 어떤 것은 땅 위에서, 또는 공중에서 먹을 것을 구하게 되어 그 겉모양이 다르고 뼈는 같다고 하는 결과를 보게 되었습니다.

사람의 손도 그러합니다. 만일 하느님이 흙으로 그것들을 빚었다면 각각 그 전지(前肢)에 그렇듯 진화한 현상이 없을 것입니다.

그 다음에 가장 알기 쉬운 짐승의 목뼈에 대하여 말하려 합니다. 목이 긴 것의 대표자로는 약대와 기린(麒麟)이 있고, 짧은 것의 대표자로는 돼지와 고래가 있습니다. 그런데 그것들의 목뼈를 헤어 보면 사람, 말, 개와 같이 다 일곱 개씩 있습니다. 그러나 기린의 목뼈 한 개는 길이가 한 자쯤 되는 반면에, 고래의 목뼈는 둥그런 지짐이(煎餅) 일곱 개를 착착 겹쳐 놓아 맞들여 붙인 것같이 되었습니다.

가령, 사람의 목뼈는 일곱 개가 가장 적당하다 하면 고래에게는 한 개, 개에게는 열 개, 말에게는 스무 개, 기린에게는 마흔 개쯤 있어야 합당할 것인데, 실제에는 그렇지 아니하여 그 목뼈는 다 일곱 개로 되었으니, 그것은 각각 그 생활 상태의 편의를 따라서 길어도 지고 짧아도 지고 맞들어도 붙은 것입니다.

그러고 보면 그 동물들이 다 한가지의 조상으로부터 그렇게 진화한 것을 또한 알 수가 있습니다. 만일 하느님이 흙으로 그것들을 빚었다면 목뼈의 수효가 똑같이 되지 아니하였을 것입니다.

그 다음에 또 고래의 부레〔肺〕를 말하려 합니다. 고래는 바다에서 나서 바다에서 죽고, 한 번도 육지 위에 다니는 기회를 얻지 못하는 짐승입니다. 그런 까닭에 만일 고래가 당초부터 바다에서 생활하기로 생겼을 것같으면 마땅히 편리하지 못한 부레보다도 편리한 새(鰓 : 아가미)를 가지었을 것이 아닌가?

그러나 새를 가지지 못한 까닭에 몇 분 동안에 한 번씩은 물 위에 나타나서 공기를 호흡할 뿐만 아니라, 그 때문에 사람에게 잡히기도 하나니 그런 불편한 일은 없을 것입니다. 그러나 고래는 지금까지도 새(鰓)를 가지지 못하였습니다. 그러면 고래의 조상은 확실히 육지에 다니던 짐승이요, 그래서 그 부레가 지금까지 오히려 유전된 것임을 알 수가 있습니다.

또 그 귀에 대하여도 공기 중에서 소리를 듣는 귀와 물 속에서 소리 듣는 귀는 반드시 그 구조가 다릅니다. 짐승의 귀에는 외이(外耳), 중이(中耳), 내이(內耳)가 있어서 외이와 중이라는 것은 공기의 진동을 내이에 전하여 주는 것입니다. 그리고 물 속에 있는 고기에게는 피부와 뼈로서 무슨 소리를 직접 그 내이에 전하므로 외이와 중이는 아무 쓸데없는 것입니다.

지금, 고기의 종류에게는 그런 쓸데없는 귀는 없습니다. 그러나 고래에게는 그것이 있는데, 점점 퇴화하여 비교적 심히 작아집니다. 만일 하느님이 고래를 만들 때에 그런 불편한 부레, 외이, 중이를 만들었다면 그에서 더 무능한 일은 없을 것입니다.

3. 고생물학(古生物學)상의 사실 고생물학은 지층 속에 있는 화석을 가지고서 각 시대의 동식물이 어떻게 진화하여 온 것을 연구하는 학문입니다. 그리하여 고생물학자들은 지층마다에 있는 화석이 곧 동식물의 진화사(進化史)라고 합니다.

생물이 화석으로 됨은 대개는 물 속에서 일어나는 현상입니다. 식물의 잎이나 그 전체가 물에 들어가면 진흙에 묻히어 물과 또 그 가운데에서 용해한 산소작용을 받지 아니하면 그 형적을 그냥 보존하다가 그 진흙이 오랜 세월을 지나 수성암(水成岩)으로 화하는 때에 그것이 따라서 화석으로 되며, 또는 홍수같은 것으로 인하여 동물의 시체가 물에 흘러 들어가서 진흙에 묻히면 가죽과 고기와 같은 부분은 썩어버리나 그 뼈는 화석으로 되는 일이 많습니다.

그런 화석을 포함한 수성암은 반드시 층을 이루고, 그 층마다 연대가 다릅니다. 그래서 그 지층마다에 있는 화석의 종류도 자연히 같지 아니합니다. 그러므로 지질학자들은 지층마다의 화석을 표준으로 하여 각 연대를 구별하였습니다.

1. 지구의 원시시대층 : 조류(藻類)와 머리도 뼈도 없는 동물
2. 지구의 고대〔原始〕층 : 양치과(羊齒科) 식물과 어류
3. 지구의 중세기층 : 침엽수와 양서류
4. 지구의 새 시대 : 활엽수와 포유류
   ① 구빙하 시대(舊氷河時代) : 혈웅(穴熊) ⎫
   ② 중간 시대 : 마몬트 ⎬ 인류의 흔적이 있음
   ③ 신빙하시대 : 훈록 ⎭
   ④ 홍적층(洪積層)
   ⑤ 충적층(沖積層) : 인류가 지배하게 됨

이같이 구별한 지층의 연대를 보면 현대의 종류와 같은 동물의 화석은 신시대층에 얼마든지 있으나 신시대에서 나는 화석이 중세기 시대에서는 나지 아니하고, 중세기 시대에 번성하던 종류는 그 다음 시대에 망한 것은 가리지 못할 사실로 증명되었습니다.

이것으로 보아도 오늘날의 동식물이 하느님의 손에서 창조되었다는 것은 아무 근거가 없는 말입니다.

화석을 가지고 고등동물의 진화한, 그 중에서 특별히 말의 진화한 경로를 말하려 합니다. 말의 화석은 아메리카에서 많이 파내었습니다. 콜럼버스가 아메리카를 발견하던 그때에는 말이라고

는 전혀 없었습니다. 오늘날 아메리카에 있는 말들은 다 유럽에서 들어간 것들의 새끼들입니다.

신시대의 마지막까지는 말이 매우 많았습니다. 그것은 지층 속에서 파낸 화석의 수백 개가 우리에게 증명하여 줍니다. 그것을 검정(檢定)한 생물학자는 신시대층에서 근대의 부분을 세 단(段)으로 나누어, 그 중에 가장 오래된 단을 에오센기(紀), 중간의 단을 미오센기, 가장 새로운 단을 부리오센기라 하고, 그 기마다 또 다시 작게 구분하였습니다.

그리고 작게 구분한 그 층에서 파낸 말의 화석은 조금씩 서로 달리되어 밝히 진화의 자취를 보였습니다. 맨 처음에 에오센기의 층에서는 개만큼 크고 앞발의 가락이 네 개, 뒷발의 가락이 세 개 되는 짐승의 화석이 나왔습니다. 그것을 얼른 보면 누구든지 말이라고는 생각지 못할텐데, 그 뒤를 이어서 나오는 화석과 비교하여 보는 때 비로소 그것이 말의 조상임을 판단하게 되었습니다.

그리고 중단(中段)되는 미오센기의 하층에 와서는 형용이 조금 크고 앞발의 가락도 세 개밖에는 없고, 그 넷째 가락은 겨우 흔적만 있을 뿐이었습니다. 그 기(紀)의 중층에서는 형용은 좀 더 크고 발가락은 역시 세 개씩 있는데, 앞뒤 발의 한가운데의 가락만 커지고, 그 남은 두 가락은 완연히 작아졌습니다.

그 다음, 부리오센기의 하층에 와서는 형용이 나귀만큼 크고 발에는 그 가운데의 가락만 땅에 대고, 그 좌우쪽의 두 가락은 형용만 있고 땅에 대지 아니하였습니다. 또 나가서 부리오센기의 중간쯤에 이르러는 지금에 우리가 보는 바의 모양으로 그의 발의 가장 발달한 가운데의 가락 하나가 땅에 대는 큰 발굽으로 되었습니다. 그러나 그 남은 두 가락의 흔적은 지금의 말에 비하여 비상히 드러났습니다.

이 위에 말한 것은 다만 그 신체의 큰 것과 발가락의 수효를 말한 것이니, 말은 처음부터 지금에 보는 것과 같은 말이 아니요, 개와 같은 형용의 것으로서 점점 진화하여 된 것임을 명확히 알게 되었습니다. 그러면 태초에 하느님이 육축의 각종을 창조하였다는 모세의 거짓말은 여기에서 또한 폭로되었습니다.

4. 도태설(淘汰說)의 사실 도태설이라 하면 다윈을 연상하게 되고, 다윈이라 하면 도태설을 연상하게 됩니다. 그는 영국 출생으로서 1859년에 『종(種)의 기원』을 발표하였는데, 거기에는 생물 진화의 사실을 조직적 · 분류적으로 설명하여, 자연도태가 아닌 것이 하나도 없다고 하였습니다. 비록 완전하지는 못하나마 다윈 이전에도 와밀크의 「용불용설(用不用說)」과 산지레르의 「외계순응설(外界順應說)」과 같은 진화론이 없는 것은 아니나, 생물 진화의 구체적 조건이 되는 도태설은 다윈의 독창인데, 스펜서는 그것을 적자생존(適者生存)이라 하였습니다.

▲ 자연도태(自然淘汰) ――다윈은 이것을 네 가지로 나누어 말하였는데,

첫째는, 생존은 시시각각으로 변하여 달라지는 경향이 있어 눈 감았다 뜰 사이도 일정불변의 정태(情態)를 가진 것이 없다. 그래서 형제와 부자간에도 서로서로 다르고 결코 같지 아니하다.

둘째에는, 생물의 증식(增殖)은 식물의 증가보다 더 빠르다. 그리고 동물의 생산하는 것은 생숙(生熟)에 달하는 그 수효보다도 오히려 많다. 예할 것같으면 대구라는 고기 한 개가 한 철에 9백

만개의 알을 낳는 것이 있나니, 만일 그 알이 다 생장하여 대구 한 개씩 된다면 바다는 오래지 않아 대구로 차고 말 것이다. 그 나머지 어떠한 동물을 보든지 그의 증식율이 적지 아니하다. 그와 같이 많은 자손을 낳을지라도 자연은 그러한 생물을 도태함에 관하여 그 기관의 자연계에 적응한 것만을 생존케 하고, 그렇지 아니한 것은 없애버린다. 동물이 해마다 그 수효에 있어 크게 많아지거나 적어지는 것이 없는 까닭은 전혀 그 법칙에 의거하여 도태됨이었다.

셋째에는, 생존경쟁, 우승열패는 항상 동식물에게 행하여 자연계에 우승한 지위를 차지하고서 생장하여 자기의 자손을 기리는 것들은 남보다 강하고 나은 개체, 또는 어떠한 편익을 가진 것이 분명하다. 그런데 어떠한 동물에게든지 그들의 사이에 얼만큼의 다름이 있고, 따라서 무수한 변이(變異)가 있다. 그러면 어떠한 동물에게 그 가진 변이가 특별히 다른 것보다도 먹을 것을 얻음에 편하고, 또는 원수와의 싸움에 이하다면 그런 변이를 가진 것은 남아 있어 생장하여 자기의 자손을 기리게 된다. 그렇게 가장 생존조건이 적당한 것은 남기어 있고, 그렇지 못한 것은 죽어 없어지나니, 그것을 우승열패, 또는 적자생존이라 한다.

넷째에는, 생물은 유전성이 있어 혈족(血族)이 서로 비슷한 것은 다투지 못할 사실이다. 그래서 자연에 적응한 형용과 성질은 대대로 그냥 유전하여 그것으로서 자기 종족의 번성함을 도모하려 한다. 그러나 그 부모의 가진 유전(長處만)을 전할 뿐이요, 여러 대를 계속하여 변이가 없으면 반드시 멸망한다.

자연계는 때때로 변화하여 조금도 쉬지 아니하는데, 풍토, 지미(地味), 기후와 같은 것도 쉬지 않고 변화함은 지질학이 가르친 바이다. 그러므로 자연계에 생존하는 것은 또한 시시각각으로 거기에 적응할 만한 성질을 얻으려고 힘쓰지 아니하면 안되게 되었다. 그것이 다만 그 아버지나 할아버지에게 있던 유전뿐으로서는 길게 생존하고 발전할 수 없는 까닭으로 되었다고 하였습니다.

▲ 자웅도태(雌雄淘汰)——이것은 자연도태설을 제창한지 열두해 뒤에 『인류의 조선(祖先)』이란 거기에 말한 것인데, 같은 종류의 암컷 수컷이 서로 그 이성(異性)—배필을 택하는 그것이다. 자연도태에 있어서는 온갖 자연의 정태(情態), 또 그 경우가 생물에게 작용하여 그 경우에 적응한 것은 길이 있게 하고, 그렇지 못한 것은 용서없이 멸망시킴으로써 자연도태의 작용을 받는 것은 자연에 순응할 만한 여러가지의 기관(器官)이 발달한다.

그러나 자웅도태의 작용을 받는 것은 이성을 기쁘게 할만한 형체 구조를 가지는 그 반대로 어떤 것은 자연의 경우에 적응하지 못한 형체를 가지게 되어 그 생활에 있어서는 큰 불편을 느끼는 것이 적지 아니하다.

생물 가운데에는 암컷과 수컷의 수효가 같지 아니하여, 혹은 숫놈 하나가 암놈 여럿을 두게 되는 경우에 있어 자웅도태의 작용이 가장 맹렬하게 된다. 그리고 자웅의 수효가 같은 것이 또한 많다. 혹은 숫놈이 암놈을 선택할 때 그 암컷에게 곱게 보이려고 하는 것도 있고, 암컷이 숫놈을 선택할 때 숫놈은 좋은 음성과 아름다운 빛깔을 가지려고 하는 것이 많다. 이러한 자웅도태의 작용으로부터 좋은 음성, 아름다운 빛깔, 장식하는 것 따위의 둘째 특질이 암컷, 수컷에게 발달한다. 이러한 특질은 생식작용에 대한 직접 작용은 아니요, 자웅이 서로 그 이성을 즐기는 관계로 되나니 그러므로 생식작용에는 간접관계가 있다.

자웅은 다 그 이성을 즐기는 뜻이 심히 맹렬하여 여러 가지 변종(變種)의 동물을 한 곳에 둘지라도 조금도 혼동되는 일이 없이 각 종류가 따로따로 그 새끼를 치게 된다.

동물은 흘레할 시기가 되면 암놈을 얻으려고 서로 경쟁한다. 그 경쟁은 실제의 투쟁으로 되어, 혹은 아름다운 날개를 떨치며, 혹은 듣기 좋은 목소리를 내어서 암놈을 유인한다. 이렇게 경쟁하여 승리한 자는 암컷을 얻어 그 자손을 기리게 된다.

그런데 자웅의 둘째 특질은 한갓 아름다운 빛깔, 듣기좋은 음성에만 끝날 뿐 아니라 날카로운 무기를 그 형체에 유전하는 것도 있나니, 숫사슴의 뿔과 수탉의 면지발톱같은 것이 곧 그것이다.

자웅도태는 새들에게 가장 현저히 행하고, 그 다음에는 포유류요, 그리고 파충류, 양서류, 어류, 곤충, 또는 거미들 사이에서도 행한다. 우리 사람에게 있어서는 다만 외모뿐 아니라 지력(智力)의 정도, 인격의 고하, 취미의 어떠함을 더하여서 이성 선택의 표준을 삼는다. 지금 어떤 생물을 보든지 먹을 것을 구함과 생식을 위하는 그밖에는 아무 목적도 없다. 개체의 유지는 영양으로서 하고, 종족의 생존은 생식으로서 한다. 영양과 생식이 그렇게 생존상의 필요로 되매 먹을 것을 얻으려고 생존경쟁하는 그밖에 그 자손을 생식하려는 생존경쟁도 당연히 행할 것이다.

그런즉 그것으로서 생물진화의 방향을 정하는 원인의 하나로 볼 것이라고 하였습니다.

▲ 인위도태(人爲淘汰)──다윈이 자연도태로써 생물의 진화를 설명하게 된 것은 인위도태의 현상을 깊이 연구한 결과라고 합니다. 동식물 중에 사람의 재배(栽培), 또는 사양(飼養)을 받는 그것들은 재배하는 자와 사양하는 자의 좋아하는 대로 변화하나니,

그과 같이 인위로써 하는 도태를 인위도태라고 한다.

자연도태의 처지에 있어서는 어떤 생물이든지 원종(原種)보다 변화하여 환경에 적응하도록 되고, 인위도태의 처지에 있어서는 사양자 또는 재배자의 좋아하는 형태의 것으로 변화한다.

인위도태의 방법은 매우 간단하다. 우리가 사양 혹은 재배하는 동식물을 인위적으로 도태하여 좋은 품종을 만들고, 따라서 그것을 보존하려 함에는 먼저 그 사양하는 동물 중에서 사양자의 가장 좋아하는 자웅을 선택하여 짝을 묶어 새끼를 치게 하고, 다시 그 새끼로부터 사양자의 좋아하는 그것을 선택하여 짝을 묶어 주고 새끼를 치게 한다.

오늘날 사양 혹은 재배하는 동식물들은 다 그러한 방법으로 변종한 것이다. 예할 것같으면 육용돈(肉用豚)은 온몸이 고깃덩어리로 되어 마치 커다란 전대에 짧은 발 네 개를 붙인 듯하며, 면양(綿羊)은 부드러운 털이 너무도 발달하여 큰 솜덩이에 발 네 개를 박은 듯하며, 유우(乳牛)는 젖통이 너무도 발달하여 많은 유즙(乳汁)이 나오는 것이 마치 유즙을 제조하는 산 기계와 같다고 하였습니다.

만일 하느님이 동식물을 창조하였다면 창조하던 그 때의 형태대로 그냥 있을 것이 아닌가? 그러나 동식물은 쉬지 않고 시시각각으로 변화하면서, 또는 도태하면서 하느님이 없다는 것을 말하여 줍니다.

2 예수 탄생에 대한 해부

예수라는 인자(人子)가 있었느냐 없었느냐 하는 문제는 과거

여러 학자들 사이에도 의논이 매우 분분하였던 모양입니다. 그 의논은 두 가지로 구분할 수 있는데, 하나는 예수가 있었다는 긍정설이요, 하나는 예수가 없었다는 부정설입니다.

그 긍정설에 있어서는 예수는 일개의 사생아로써 열 세 살부터(예루살렘에 가서 유월절을 지키던 그 해) 서른 살까지는 인도 지방에 가서 진비술(眞秘術, 곧 최면술의 일종)같은 것을 배우고, 그리고 요단강에서 세례를 받은 후 자칭 하느님의 아들이라 하고, 여러가지의 기사이적을 행하였다 하며, 부정설에 있어서는 모세교—바리새교—에 대한 개혁을 단행하던 세례 요한과 같은 자가 구약시대부터 그들이 기다리던 '메시아'를 빌어서 없는 그 무엇의 하나인 예수를 만들어 낸 것이라고 합니다.

지금에는 부정설에 찬동하는 사람이 가장 많습니다. 우리도 또한 찬동합니다. 하느님이 본래 없는 것과 같이 예수도 또한 없는 것입니다. 만일 하느님이 있다면 예수도 있었을 것입니다. 그러나 하느님도 없고 예수도 없습니다.

이제는 예수 탄생에 대한 신약의 기록을 봅시다.

예수 그리스도의 나심은 이러하니라. 그 모친 마리아가 요셉과 정혼하고 성례하기 전에 성신으로 잉태함이 되었더니, 그 남편 요셉은 의로운 사람이라 드러내지 아니하고 가만히 끊고저 하여 이 일을 생각할 때에 주의 사자가 현몽하여 가로되, 다윗의 자손 요셉아, 네 아내 마리아 데려오기를 무서워 하지 마라. 저에게 잉태한 것이 성신으로 되었으니 아들을 낳거든 이름을 예수라 하라. 이는 자기 백성을 저의 죄에서 구원하시리라 하더라.(「마태」 1장 18~21절까지)

여섯째 달에 천사 가브리엘이 요셉이라 하는 자의 정혼한 처녀에게 이르니, 그 처녀의 이름은 마리아라. 천사가 마리아에게 들어가 가로되, 은혜를 받은 자여 평안할지어다. 주께서 너와 한가지로 하시도다 하니 처녀가 그 말을 듣고 놀라, 이런 인사가 어찌함인고 생각한대 천사가 일러 가로되, 마리아여, 무서워 말지어다. 네가 이미 하느님께 은혜를 얻었나니라. 볼지어다. 수태하여 아들을 낳으리니 그 이름을 예수라 하라. 저가 크게 되고 높은 이의 아들이라 일컬을 것이요, 주 하느님께서 그 조상 다윗의 위를 주시리니 세세로 야곱의 집에 왕이 되사 그 나라가 무궁하리라 하니 마리아가 천사더러 일러 가로되, 나는 사나이를 알지 못하니 어찌 이 일이 있으리이까 하거늘 천사가 대답하여 가로되, 성신이 장차 네게 임하시고 지극히 높은 이의 능력이 너를 덮으시니 이러므로 나실 이가 거룩한 자요, 하느님의 아들이라 일컬으리라.(「누가」 1장 26~35절까지)

이 때에 마리아가 일어나 빨리 산중에 가서 유대 한 읍내에 이르러 사가랴의 집에 들어가 엘리사벳에게 문안하니,…… 마리아가 석 달쯤 같이 있다가 본집으로 돌아가니라.(「누가」 1장 39~56절까지)

이 기록을 보면 예수는 다른 사람과 같이 육신 가진 양성(兩性)의 결합으로 난 것이 아니요, 그 어머니 마리아가 하느님과 한가지로 하여 성신으로 잉태한 것입니다. 자세히 말하면 마리아와 하느님의 힘을 입어 그 무엇이 서로 관계있었다는 말입니다. 이 하느님은 사람들이 자기의 형상대로 상상하는 아무 것도 아닌 하느님을 가리킨 것이 아니요, 확실히 형상있는 사람을 신격화하여 그 이름을 하느님이라고도 하고 성신이라고도 한 것입니다.

그렇지 않으면 천사의 말에 놀랄 것도 없고, 무서워 할 것도 없고, 이런 인사가 어찌함인고의 생각도 없을 것이며, 또는 자기의 이모되는 엘리사벳의 집으로 달아나서 거기에서 석 달 동안이나 유할 까닭이 없을 것입니다.

그 중에서 음모를 발견할 수 있습니다. 가브리엘 천사가 요한과 예수의 수태한 소식을 전한 것도, 아들을 낳거든 그 이름을 요한이라 예수라 하라는 그 가르침도 한 가지의 방식으로서 두 가지의 형식을 만든 것이니, 이런 것으로 보아 예수는 성신으로 잉태하였다는 그것도 그 방식을 꾸며낸 그 사람의 수단임을 짐작할 수가 있습니다.

그 사람은 누구냐하면 제사장 사가랴──마리아의 이모 남편입니다. 그 방식은 마리아가 유하는 석 달 동안에 완전히 성립된 것이요, 세례 요한이 요단강에서 "나는 물로 세례를 주거니와 내 뒤에 오시는 이는 불과 성신으로 세례를 준다"(「마태」 3장 11절)고, "세상 죄를 지고 가는 하느님의 어린 양을 보라"(「요한」 1장 29절)고, "성신이 비둘기 모양으로 하늘로서 내려와서 그 위에 머물렀다"(「요한」 1장 32절)고의 증거는 그 방식의 부속 조건으로 또한 보아야 합니다.

이것은 예수가 있었다는 긍정설은 아닙니다. 신약의 기록대로 말하면 그렇다는 것뿐입니다. 예수가 육체를 가졌다면, 그 육체가 물질이라면 성신으로 잉태하였다는 것은 흙을 빚어서 아담을 만들었다는 그것보다도 더욱 허무한 말입니다. 누구든지 위에 말한 바 인류 발생의 일곱 가지를 참고하여도 넉넉히 해혹할 것입니다마는, 이제 또 생물의 생식상 원칙을 말하지 아니할 수 없습니다.

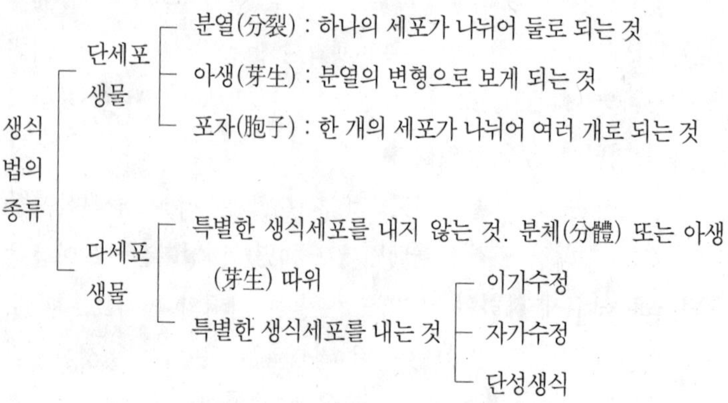

이것을 간단히 분류하면 유성생식(有性生殖)과 무성생식(無性生殖) 두 가지에 지나지 못합니다. 특별한 생식세포를 내는 것은 유성생식이요, 그밖의 것은 다 무성생식이니 무성생식은 암컷 수컷의 구별, 다시 말하면 수정작용이 없는 것들을 가리킨 것입니다. 그 생식법을 말하면 대개 이러합니다.

① 단세포 생물의 무성생식

첫째, 그 분열법으로 말하면 박테리아같은 것은 그 생장이 가장 빠른데, 그 생장함에 미쳐서는 둘로 분열합니다. 그렇게 분열된 두 개도 그 분열되기 전의 본 모양대로 되어서 빨리 생장하여 다시 분열합니다. 그것은 분열될 때에 유계(有系)분열이라고 하는 세포 속의 핵이 똑같은 두 개로 나뉘어서 따로따로 세포의 으뜸인 자로 되는 까닭입니다.

둘째, 포자(胞子)로 말하면, 그것은 양치류(羊齒類)의 고비, 고

사리같은 것이 어머니의 일개 세포로부터 생겨난 포자가 분리하여 각각 싹이 나고 생장하여 그 어머니의 형용대로 되는 것을 가리킴이니, 포자는 그 어머니의 몸에서 끊어져 나온 조각으로 보아야 합니다.

② 다세포 생물의 생식

간단한 다세포 생물에 있어서는 신체의 한 부분이 분리하여 독립한 생물체로 됩니다. 이를테면 담수해면(淡水海綿)은 싹이 나면 그것으로부터 새 해면이 생기게 되고, 산호(珊瑚)도 싹이 나면 그것으로부터 나뭇가지의 형상이 생기게 됩니다. 그리고 지렁이같은 것은 두 조각으로 끊으면 두 개의 지렁이로 되고, 해반차(海盤車 : 불가사리)같은 것은 그 팔을 끊은즉 한 개의 팔에서 네 개의 팔이 나고, 네 개의 팔로서는 한 개의 팔이 나서 두 개의 해반차로 됩니다.

특히 식물에 있어서는 그러한 예가 더욱 많습니다. 전태(錢苔)의 싹은 분리하여 독립한 전태로 되고, 초모(草茅 : 잔디)도 그러하고, 마령서(馬鈴薯 : 감자)도 그러하고, 국화, 버들……도 또한 그러합니다. 그것은 신체 내부의 조직과 기관의 분화가 낮으며, 신체세포와 생식세포의 구별이 없는 까닭입니다.

③ 자가수정(自家受精)

유성생식에 있어서는 보통으로 웅성(雄性)의 세포와 자성(雌性)의 세포가 합하여야 하나의 새로운 개체를 나게 하는 것인데, 한 개체 가운데에 웅기(雄器)와 자기(雌器)가 있어 그 두 가지의 생식세포를 합하는 일, 곧 자가수정하는 것이 있나니 동물에는 지렁이, 식물에는 완두, 벼, 보리의 따위가 그러한 것입니다.

④ 이가수정(異家受精)

이것은 자성(雌性)의 세포와 웅성(雄性)의 세포가 합한 것인데, 보통 동물로 말하면 자성의 난자가 웅성의 정자(혹은 精蟲)를 받아서 비로소 생식한다는 말입니다. 고등식물에 있어서도 자예(雌蘂)의 배주(胚珠)가 웅예(雄蘂)의 화분(花粉)을 받아서 열매를 맺게 되는 것이니, 이러한 것을 이가수정이라 합니다.

⑤ 단성(單性)생식

자웅의 구별이 있는 생물 중에도 혹 그 자성만이 생식을 행하는 예가 있나니 그것을 처녀생식, 또는 단위(單爲)생식이라 합니다. 그것은 자성의 생식세포가 웅성의 생식세포의 배합을 받지 않고서 새로운 개체를 낳는다는 말입니다. 동물에 있어서는 죽슬(竹蝨 : 대나무 벌레), 식물에 있어서는 차축조(車軸藻)류, 흰꽃의 무슨둘네(浦公英 : 민들레)같은 것이 있습니다.

이제부터는 고등동물, 그 중에도 우리 인류의 생식법에 대하여 더 말하려고 합니다. 사람이라는 것은 어머니의 생식세포 곧 난자(卵子), 아버지의 생식세포 곧 정자(精子), 그 두 가지의 물질이 서로 합하지 않고서는 생길 수도 없고 날 수도 없습니다.

그런데 난자는 생활물질과 비생활물질(非生活物質) 두 가지로 되었습니다.

그중에 생활물질이라는 것은 비교적 그 분량이 많으니, 그것은 세포질(細胞質)이라 하는 것이요, 세포질의 가운데에는 엷다란 막으로써 싸인 핵(核)이 있고, 핵의 가운데에는 그물과 같은 모양의 일정한 조직이 있고, 그 속에는 염색질이라 하는 것이 들어있습니다. 염색질은 그물 모양으로 되어 가지런히 놓이었는데, 난자가 있는 시기까지 성숙하면 여러 개의 덩어리로 됩니다.

덩어리가 되면 그것을 염색체라 하는데, 그 수효는 열 여섯이라 합니다. 핵의 가운데에는 또한 핵액(核液)이 차 있고, 그물 모양의 조직과 염색체의 밖에 동그란 작은 핵이 있는데, 그것은 세포중에 그다지 중요한 것은 아닙니다.

그리고 비생활적 물질이라는 것은 난황(卵黄), 색소(色素), 유정(油精) 따위인데, 그것도 물론 중요하기는 하나 생활물질에 비교할 수는 없습니다.

정자는 난자에 비하여 매우 작은데, 닭의 알과 같이 난황이 많이 있는 그것에 비하면 백만 분의 일만큼도 못합니다. 그 세포질의 대부분은 털이요, 또는 꼬리가 있으며, 머리는 핵으로 볼 수가 있습니다. 꼬리에는 운동성이 있고, 머리는 앞을 향하여 올챙이가 헤엄치듯이 나아갑니다. 머리―핵―에는 염색질이 있는데, 그것이 성숙하면 난자의 속에 있는 그것과 똑같은 수효의 염색체로 됩니다. 그리고 머리와 꼬리 사이에 있는 부분은 중앙체(中央體)로 보게 됩니다.

그런데 생식작용으로 보면 그것이 성숙한 정자와 난자와의 접합으로 됩니다. 정자는 그 수효가 많은데, 그 중에서 한 개가 먼저 난자에 가서 그 속으로 들어갑니다. 정자의 머리―핵이 알 속에 들어가면 꼬리(세포질)는 쓸데없으므로 밖에서 떨어져 버립니다. 그것을 따라서 알의 주위의 막은 단단하게 되어 다른 정자들이 들어오지 못하게 합니다. 그런즉 알 속에 들어간 정자의 중앙체는 활발히 작용하여 정자와 난자와의 핵이 서로 접근하게 하고, 거기로서 첫째의 세포 분열이 생기게 됩니다.

첫째의 분열은 각기 두 세포로 똑같이 분배되어 하나는 신체를 구성하나니 그것은 신체세포라 하는 것이요, 다른 하나는 생식기를 형성하나니 그것은 생식세포라 하는 것입니다. 그 다음부터는 둘이 넷으로 되고, 여덟로 분열하여 여러 가지로 배열, 성장, 증식하여 마침내 한 개의 생물체를 낳아 놓습니다. 그것이 곧 자식이라 하는 것입니다.

그 자식이 만일 황인종이라 하면 살빛이 누렇고 눈알과 머리털이 검게 되는 것이나, 만일 백인종이라면 살빛이 희고 눈알이 푸르게 되나니, 그것은 그 부모의 염색체 곧 유전질로 말미암아서 그렇게 됩니다.

위에도 말하였거니와 다세포 생물에 있어서는 세포 사이에 분업 작용이 있어 하나는 영양(營養)을 차지한 신체세포로 되고, 하나는 생식세포로 되는데, 신체세포는 그 당대에 죽어 없어지나, 생식세포는 영원히 살아서 계속합니다. 그러므로 우리 인류 중에 어떤 사람이 죽었다 하면 그것은 신체물질이 죽는 것을 이름이요, 생식물질은 부모로부터 아들에게, 아들로부터 손자에게 그렇게 대대로 계속한다고 와이즈만은 힘있게 말하였습니다.

어떠한 생물이든지 각각 그 생식의 법칙을 어기지 못합니다. 꼭꼭 그 법칙대로 생식합니다. 우리 인류도 또한 그러합니다. 그렇다면 다세포 생물인 사람은 단세포 생물과 같이 분열 혹은 아생(芽生)으로써 생식하지 못함은 물론이요, 또는 다른 다세포 생물처럼 자가수정할 수도 없으며, 단성생식할 수도 없음이 사실입니다.

그런데 마리아는 성신으로 잉태하여 예수를 낳았다 하니, 성신은 정자(精子)가 아니요, 하느님은 물질적 생물이 아닌 이상 일개의 생물체인 예수를 잉태할 수가 없을 것입니다. 그러므로 예수는 없었다고 합니다. 만일 있었다면 누구든지 사생자(私生子)가 아니라고 변호하지 못할 것이며, 사생자라고 하면 그 친척되는 세례 요한의 부모가 구약의 예언에 의지하여 그런 거짓 사실을 지어내지 아니하지 못할 것입니다.

확실히 지어내었습니다. 그 사실을 지어낸 것으로 인정한다면 예수가 있었느냐 없었느냐 하는 문제를 세울 것은 없습니다. 그러나 예수는 없었습니다. 그와 같이 하느님도 없습니다. 우리는 하느님이란 없다는 과학의 증명을 믿기 때문에 그 아들 예수도 없다고 합니다.

예수가 없는 이상에는 십자가에 못박힌지 사흘만에 부활하였다는 그것도, 부활한지 사흘만에 승천하였다는 그것도 구약의 예언에 의지하여 꾸며낸 것임을 넉넉히 알 수 있습니다. 로마의 법률을 상고하여 보면 십자가의 형벌을 써본 적이 없습니다. 그리고 지금에 유행하는 예수의 성상(聖像)은 로마의 밀라노성에서 찬송가를 부르고 돌아다니던 밴디넬리의 화상이올시다. 예수를 팔아먹었다는 가룟 유다의 흉악한 화상도, 예수의 성상으로 찍힌지 열 다섯 해 뒤 방탕생활하는 밴디넬리의 화상입니다.

그러고 보니까 십자가도 없고, 예수도 없고, 유다도 없습니다. 십자가의 형벌이 없었으니 그 형벌에 죽은 것도 없을 것이요, 죽은 것이 없었으니 부활할 것도 없을 것이요, 죽은 것, 부활한 것이 다 없었으니 승천할 것도 없을 것이 아닙니까? 이것저것이 모두 다 없는 것 뿐입니다. 그러나 그 교도들은 있다고 합니다.

구주 탄일은 유대국의 주위에 있는 각 민족들의 지켜오던 습관적 명절을 취한 것이며, 유다는 로마의 세력에 반항하던 그 군중의 영솔자, 지금으로 말하면 '빨치산 대장', 그 당시에는 가장 미움을 받던 그 사람이올시다. 그는 유산계급의 재산을 약탈하여 그 군중으로 더불어 공동식당에서 공동생활하였습니다. 그래서 은 열냥을 받고서 예수를 팔아먹었다는 누명을 그에게 뒤집어 씌운 것입니다.

그놈들은 독생자 예수를 믿으면 영생하고 멸망하지 않는다는(「요한」 3장 16절) 그 말로, 천당에는 옥보석같은 무지개, 수정같은 유리바다(「묵시록」 4장 1~11절), 지옥에는 유황불이 펄펄 끓는 무수한 구멍이 있다는(「묵시록」 9장 1~2절) 그 말로 어리석은 군중들을 지금까지 위협합니다.

옥보석의 무지개와 유리바다는 사람마다 바라보는 천체의 빛을 형용한 것이며, 천당 혹은 지옥으로 간다는 그 영혼설은 사람마다의 에네르기 작용을 오해한 것입니다. 18세기부터 각 과학이 점점 발달되자 당시에 가장 큰 세력을 잡았던 신학자의 영혼생식설(靈魂生殖說), 또는 영혼불멸설은 벌써 그 면목을 잃어버린지 오래입니다.

제9장

구력과 절일에 대한 미신

제1절 구력의 미신

역서라는 것은 연한을 정하여 사시를 나누며, 달수, 날수, 또는 시간을 정하여 우리 사람의 일상생활에 그 편리를 얻고자 하는 거기에 지나지 못한 것입니다.

한 옛날에는 사람의 생활이 그다지 복잡하지 않으므로 하루에 있어서는 해가 뜨면 일하고(日出而作), 해가 지면 쉬고(日入而息), 일년에 있어서는 꽃피면 봄이고, 잎피면 여름이고, 단풍들면 가을이고, 백설이 휘날리면 겨울인가 하여도 아무 불만족한 느낌이 없었습니다. 그러나 그런 생활은 그냥 계속할 수 없었습니다. 인류의 사회는 갈수록 복잡하였습니다.

그것을 따라서 시간 계산의 필요를 피할 수 없이 느끼게 되었습니다. 그래서 사람마다의 인식하는 바, 한번 추우면 한번 더운 것(一寒一暑), 한번 차면 한번 이즈러지는 것(一盈一昃), 한번 낮이면 한번 밤되는 것(一晝一夜)의 따위로써 단위를 정하니, 이것이 곧 한 해, 한 달, 한 날로 되었습니다.

날을 다시 나누어 낮에는 아침, 점심, 저녁으로, 밤에는 아시낮

우, 밤중, 새벽으로 정하였으며, 하루의 시간을 다시 나누어 한 시는 8각으로, 1각은 15분으로 정하였으며, 한해는 열 두달, 한 달은 크면 설흔 날 작으면 스무 아흐레로, 3년만에 한번씩 윤달을 정한 것이 곧 우리 조상들이 써오던 구력으로 되었습니다.

구력의 발생한 역사를 참고하여 보면 중국에 있어 5천여년 전 황제(黃帝) 때에 시작되었다는데, 당요(唐堯)에 이르러는 명협(蓂莢)이라는 풀의 잎이 날마다 피고 떨어지는 그것을 보고 한 달의 날수를 정하였다 하며, 그 세수(歲首)에 있어서는 하(夏)에서는 자월(子月, 지금 11월)로, 상(商)에서는 축월(丑月, 지금 12월)로, 주(周)에서는 인월(寅月, 지금 정월)로 정하였습니다.

우리 조선으로 말하여도 삼국시대로부터 역서를 사용하였는데, 그 역법은 중국으로서 가지고 온 것입니다. 그러나 고려 때에 칠정력(七精曆), 둔갑력(遁甲曆)과 같은 명칭이 있었던 것을 보면 그 내용은 알길이 없지마는 역술에 대한 전문적 연구가 깊었던 것은 사실입니다. 그리고 이조 조선의 시대에 사용하던 시헌력(時憲曆)——지금까지 전하여 오는 구력은 연구에 연구를 더하여 대단히 진화된 것입니다.

위에도 말하였거니와 인월(寅月) 곧 정월로 세수를 삼고, 큰 달은 30일, 작은 달은 29일, 12개월로 1년, 그러면 1년의 총일수가 350일, 혹은 355일이 됩니다. 그 일수가 회귀년(回歸年)보다 열하루의 차가 있기 때문에 3년에 한번씩 윤달, 5년에 두번 윤달, 19년에 일곱 윤달을 두게 되었습니다.

그런데 그 역법에 회귀년(태양의 視하는 운동, 곧 지구상에서 視하여 태양의 1주년을 요하는 시간)을 표준하여 한 해를 정하고, 달의 차고 이즈러지는 것을 표준하여 한 달을 정하였으니, 그것이 학리적(學理的)으로 안되었다고 못할 것입니다. 그러나 달의 크고 작은 것이 해마다 다르고, 24절기의 날이 해마다 같지 아니합니다. 그것이 양력보다 결점이면 큰 결점이 될 것입니다.

구력—태음양력(太陰陽曆)이 그렇게 시간 계산의 필요로 생기었다면 시간만 계산하면 그뿐이련마는, 연 · 월 · 일의 기법(記法)에 대한 기억적 부호이던 육십화갑자(六十花甲子)——갑자(甲子), 을축(乙丑), 병인(丙寅), 정묘(丁卯)……의 따위가 미신의 근원으로 되었습니다.

육십화갑자는 황제(黃帝) 때의 대요씨(大撓氏)가 지어내어 연월일을 기록하는 부호로만 쓰게 하였다는데, 그 후 음양술수의 잡동사니 놈들이 갑, 을, 병, 정, 무, 기, 신, 임, 계의 천간(天干)에, 자, 축, 인, 묘, 진, 사, 오, 미, 신, 유, 술, 해의 지지(地支)에 별별 미신의 수작을 다 붙이게 되었습니다.

예할 것같으면,

천간(天干)	방위(方位)	수(數)	오행(五行)	신(神)
갑(甲) 을(乙)	동방	삼팔(三八)	목(木)	청제(青帝)
병(丙) 정(丁)	남방	이칠(二七)	화(火)	적제(赤帝)
무(戊) 기(己)	중앙	오십(五十)	토(土)	황제(黃帝)
경(庚) 신(辛)	서방	사구(四九)	금(金)	백제(白帝)
임(壬) 계(癸)	북방	일육(一六)	수(水)	흑제(黑帝)

지지(地支)	방위	수류(獸類)	오행	팔괘(八卦)	월수(月數)	신(神)
자(子)	북	쥐	물	감(坎)	11월	현무(玄武)
축(丑)	북동	소	흙	간(艮)	12월	구진(句陳)
인(寅)	동북	범	나무	간(艮)	정월	청룡(靑龍)
묘(卯)	동	토끼	나무	진(震)	2월	청룡
진(辰)	동남	용	흙	손(巽)	3월	구진
사(巳)	남동	뱀	불	손(巽)	4월	등사(螣蛇)
오(午)	남	말	불	이(離)	5월	주작(朱雀)
미(未)	남서	양	흙	곤(坤)	6월	구진
신(申)	서남	원숭이	금	곤(坤)	7월	백호(白虎)
유(酉)	서	닭	금	태(兌)	8월	백호
술(戌)	서북	개	흙	건(乾)	9월	구진
해(亥)	북서	돼지	물	건(乾)	10월	현무

이것은 천간, 지지에 미신적 재료가 어떻게 배정된 것을 말한 것뿐입니다. 그러므로 이제부터는 구력의 미신적 내용을 대개 말하려 합니다. 예할 것같으면,

일수	1일	2일	3일	4일	5일	6일	7일	8일	9일	10일	11일	12일	13일	14일	15일
일진	丁亥	戊子	己丑	庚寅	辛卯	壬辰	癸巳	甲午	乙未	丙申	丁酉	戊戌	己亥	庚子	辛丑
구성	一白	二黑	三碧	四綠	五黃	六白	七赤	八白	九紫	一白	二黑	三碧	四綠	五黃	六白
육요	先勝	友引	先負	佛滅	大安	赤口	先勝	友引	先負	佛滅	大安	赤口	先勝	友引	先負
십이직	建	除	充	平	定	執	破	危	成	納	開	閉	建	除	充
이십팔수	角	亢	氐	房	心	尾	箕	斗	牛	女	虛	危	室	壁	奎

일수	16일	17일	18일	19일	20일	21일	22일	23일	24일	25일	26일	27일	28일	29일	30일
일진	壬寅	癸卯	甲辰	乙巳	丙午	丁未	戊申	己酉	庚戌	辛亥	壬子	癸丑	甲寅	乙卯	丙辰
구성	七赤	八白	九紫	一白	二黑	三碧	四綠	五黃	六白	七赤	八白	九紫	一白	二黑	三碧
육요	佛滅	大安	赤口	先勝	友引	先負	佛滅	大安	赤口	先勝	友引	先負	佛滅	大安	赤口
십이직	平	定	執	破	危	成	納	開	閉	建	除	充	平	定	執
이십팔수	婁	胃	昴	畢	觜	參	井	鬼	柳	星	張	翼	軫	角	亢

달은 정월이라 하고 그 수가 이와 같이 배정되었다면 닷새만에 신(辛)을 얻고(五日得辛), 여섯 용이 물을 다스린다고(六龍治水) 할지니, 이것으로써 그 해의 흉풍(凶豊), 또는 가물고 장마질 것을 점치며, 구성(九星), 육요(六曜), 십이직(十二直), 이십팔수(二十八宿)로서는 날마다의 길흉을 점치나니 거기에 대한 길흉설은 이러합니다.

1 구성(九星)의 길흉

일백(一白) 이 날에는 온갖 일이 다 잘된다. 남을 거역하면 흉하다. 삼벽, 사록, 육백, 칠적의 사람은 길하고, 그밖의 사람에게는 흉하다.

이흑(二黑) 이 날에는 좋은 사람과 함께 일하면 길하다. 육백, 칠적, 구자의 사람은 길하고, 그밖의 사람에게는 흉하다.

삼벽(三碧) 이 날에는 싸움을 삼가야 할지니 성만 내면 손해를 받는다. 일백, 사록, 구자의 사람에게는 길하고, 그밖의 사람에게는 흉하다.

사록(四綠) 이 날에는 물건이나 일이나 변하기가 쉽다. 새로 일을 시작하면 흉하다. 일백, 구자의 사람에게는 길하고, 그밖의 사람에게는 흉하다.

오황(五黃) 이 날에는 다투지 말아야 할지니 가만히 있으면 좋다. 육백, 칠적, 구자의 사람에게는 길하고, 삼벽의 사람에게는 흉하다.

육백(六白) 이 날에는 온갖 일에 게을리 말아야 할 것이다. 일백, 이흑, 오황, 팔백의 사람에게는 길하고, 그밖의 사람에게는 흉하다.

칠적(七赤) 이 날에는 온갖 일이 다 길하나 번거로이 하여서는 아니된다. 일백, 이흑, 오황, 팔백의 사람에게는 길하고, 그밖의 사람에게는 흉하다.

팔백(八白) 이 날에는 만사를 보살피어야 할 것이다. 육백, 칠적, 구자의 사람에게는 길하고, 그밖의 사람에게는 흉하다.

구자(九紫) 이 날에는 변화가 있으나 조용히 일하면 길하다. 이흑, 삼벽, 사록, 오황, 팔백의 사람에게는 길하고, 그밖의 사람에게는 흉하다.

2 육요(六曜)의 길흉

선승(先勝) 온갖 일을 일찍이 하면 길하다. 오후는 흉하다.

우인(友引) 승부가 없는 날이다. 아침과 저녁은 길하다.

선부(先負) 조용히 하는 일에는 길하다. 오전은 흉하고, 오후는 길하다.

불멸(佛滅) 크게 흉한 날이다. 이 날부터 병들면 오래간다.

대안(大安) 크게 길한 날이다. 혼인, 여행, 개점(開店), 이사에 길하다.

적구(赤口)　나쁜 날이다. 아무 일도 말아야 한다.

3 십이직(十二直)의 길흉

건(建)　새로 일을 시작하는 데는 길하고, 그 나머지는 흉하다.

제(除)　병 치료, 무겁을 쓸어버리는 데는 길하고, 그 나머지는 흉하다.

충(充)　오곡과 재물을 가지어 오거나 혼인이나 파종에 다 길하다.

평(平)　만사에 다 길한데 다만 파종에만 흉하다.

정(定)　만사에 결심하면 길하다. 소송, 출행에는 흉하다.

집(執)　재물을 가지고 오거나 새로 건축하거나 파종하거나 우물을 파거나에는 다 길하고, 이사에는 흉하다.

파(破)　만사에 다 흉한데, 다만 사냥하고 집을 허는 데에 길하다.

위(危)　만사에 다 흉하다. 아무 일도 말아야 한다.

성(成)　혼인, 여행, 입학, 이사, 파종에 길하고 소송에 흉하다.

납(納)　오곡과 재물을 취하여 들이는 데는 길하고, 여행, 장식(葬式)에는 흉하다.

개(開)　만사에 다 길한데, 오직 장식(葬式)과 같은 깨끗하지 못한 일에는 흉하다.

폐(閉)　만사에 조용히 할 것이다. 다못 성분(成墳)하는 데에만 길하다.

4 이십팔수(二十八宿)의 길흉

각(角)　입학, 약혼, 입주(立柱) 따위에는 길하고, 재봉(裁縫)

은 흉하다.

항(亢) 말이나 배나 수레같은 것을 타고 다니는 데와 파종에는 길하고, 조작(造作)에는 흉하다.

저(氐) 가취(嫁娶), 파종, 양조(釀酒), 조작에는 길하고, 토지를 구하거나 장사(葬事)에는 흉하다.

방(房) 약혼, 입학 따위에는 길하고, 재봉과 토지를 구하는 데는 흉하다.

심(心) 군사, 승부, 이사에는 길하고, 발매(發賣), 대차(貸借)에는 흉하다.

미(尾) 제약, 성조(成造), 군사, 수렵에는 길하고, 재봉에는 흉하다.

기(箕) 비밀한 이야기, 승부, 제사에는 길하고, 혼인에는 흉하다.

두(斗) 가취, 입학, 건축에는 길하고, 대차(貸借), 여행에는 흉하다.

우(牛) 이 별은 깊이 들어가 있기 때문에 일진(日辰)에 배당이 없다.

여(女) 말과 차와 배같은 것을 타는 데와 파종, 병기(兵器)를 만드는 일에는 길하고, 장례에는 흉하다.

허(虛) 가취, 파종, 기승(騎乘)에는 길하고, 장례에는 흉하다.

위(危) 성조, 여행, 양주에는 길하고, 재봉, 고처조작(高處造作)에는 흉하다.

실(室) 공성(攻城), 수렵, 가취, 제사에는 길하고, 예사로운 일에는 흉하다.

벽(壁) 조작, 파종, 가취, 입학에 길하고, 승부, 여행에는 흉하다.

규(奎) 입학, 건축, 여행, 가취에는 길하고, 조상하고 제지내는 것같은 일에는 흉하다.

루(婁) 조작, 가취, 승부에는 길하고, 그런데 남쪽으로 행하면 흉하다.

위(胃) 임관(任官), 가취, 대차(貸借)에는 길하고, 재봉에는 흉하다.

묘(昴) 우마를 구하고 가취, 이사, 장례에는 길하고, 조작, 재봉에는 흉하다.

필(畢) 가취, 건축, 파종, 제사에는 길하고, 대차, 승부, 출행에는 흉하다.

자(觜) 입학, 약혼, 나무베는 데는 길하고, 재봉, 조제(弔祭)에는 흉하다.

삼(參) 군사, 승부, 수렵에는 길하고, 재봉에는 흉하다.

정(井) 기승, 파종, 신사(神事), 우물파기에는 길하고, 그 나머지는 흉하다.

귀(鬼) 대차, 출행, 불사(佛事), 건축 등 온갖 일에 다 길하고, 혼례에는 흉하다.

유(柳) 동병(動兵)에는 매우 좋고, 조작, 장식(葬式), 화의(和議)에는 흉하다.

성(星) 비밀한 이야기, 승부, 제사, 수렵에는 길하고, 혼례, 파종에는 흉하다.

장(張) 임관, 혼례, 신사, 재봉 등 만사에 길하다.

익(翼) 건축, 파종, 혼례, 입학에는 길하고, 승부, 출행에는 흉하다.

진(軫)　매매, 대차에는 길하고, 북방으로 여행하면 흉하다.

그리고 또 1년중에 팔신장이 차지한 방위, 세덕(歲德)과 금신이 차지한 방위가 있고, 매달에는 특별히 고정한 삼린망일(三隣亡日), 천일상천일(天一上天日), 천사일(天赦日)이 또한 있다.

1 팔신장이 차지한 방위

태세(太歲)　자방—조작, 치료에는 크게 길하고, 나무베는 것은 꺼린다.

대장군(大將軍)　유방—온갖 일에 다 피해야 한다.

태음(太陰)　술방—만사에 흉한데 특별히 가취에 흉하다.

세형(歲刑)　묘방—흙을 다루면 흉하고, 다만 병기(兵器)를 거둠에 있어 크게 길하다.

세파(歲破)　오방—바다와 강물을 건너지 말며, 조작(造作)을 말 것이다.

세살(歲殺)　미방—가취와 품꾼을 내면 흉하다.

황번(黃幡)　진방—군사에는 길하고, 재물을 거둠에는 크게 흉하다.

표미(豹尾)　술방—대소변도 누지 말며, 육축의 종류를 구하지 말 것이다.

2 세덕과 금신의 방위

세덕의 방위가 인묘(寅卯)의 사이면 만사에 길하다 하고, 금신이 오·미·신·유(午未申酉)에 있으면 만사에 흉하다고 한다.

3 삼린망일(三隣亡日)

정월에는 16일, 28일
2월에는 14일, 26일
3월에는 12일, 24일
4월에는 9일, 21일
5월에는 3일, 8일, 20일
6월에는 1일, 16일, 28일
7월에는 14일, 26일
8월에는 7일, 12일, 24일
9월에는 5일, 8일, 20일
10월에는 2일, 18일, 30일
11월에는 16일, 28일
12월에는 13일, 25일

이러한 날에 건축을 꺼리는데, 만일 범하기만 하면 재앙이나 손해를 받는다고 한다.

4 천일상천일(天一上天日)

1월 15일, 3월 15일, 5월 14일, 7월 13일, 9월 11일, 11월 11일.

이것들은 천일신이 하늘에 올라가는 날이라는데, 그 날부터 16일 동안은 만사에 다 길하다고 한다.

5 천사일(天赦日)

2월 29일, 4월 29일, 5월 15일, 7월 14일, 9월 26일, 12월 11일.

이것들은 간지(干支)가 상생하는 날인데, 만사에 다 길하다고 한다.

이밖에도 미신적 조건이 한량없으나 낱낱이 다 기록할 수가 없습니다. 해마다 어느 달, 어느 날 길흉이 붙지 아니한 날이 없습니다. 사람치고는 자유 동작을 조금도 못하게 되었습니다. 아니, 이것으로써 그 날의 길흉——일생의 운명——을 판단하였습니다. 그러면 구력은 시간 계산의 필요로 되었다 하기보다 일관들이 사용하는 천기대요(天機大要)의 일종으로 보아도 가하며, 또는 다신교(多神教)의 계명으로 보아도 가하며, 번쇄철학(煩瑣哲學 : 스콜라 철학. 8~17세기에 걸쳐 유럽 중세기의 신학 중심의 철학/편집자)의 운명설로 보아도 가합니다.

반 만년 동안의 조선 사람은 이러한 미신에서 낳고 살았고 죽고 하였습니다. 웃는 일도 여기에 있고, 통곡할 일도 여기에 있는 것을 누구든지 깨달아야 합니다. 그런 미신으로 말미암아 생활이 남보다 낮아지고 문화가 남보다 뒤진 것입니다. 미신의 결과는 이러한 것뿐입니다. 이제부터는 그러한 꿈을 꾸지 말아야 할 것입니다. 마땅히 깨어야 할 것입니다.

제2절 절일(節日)의 미신

낡은 해를 보내고 새해를 맞는 때, 꽃피는 아침, 달밝은 저녁, 방초는 우거지고 녹음은 숙어진 때, 뜰앞의 과실, 들밖의 곡식이 먹음직하게 익은 그때, 봄이면 밭갈이하던 여가에, 여름이면 김매던 여가에, 가을이면 추수하던 여가에, 떡치고 술빚고 남녀노소가 한 곳에 모이어 거문고, 가야금, 세피리(국악기의 한가지. 향피리와 비슷하나 조금 가늘고 작은데, 細樂에 편성되며, 가곡 · 가사 · 시조 등의 반주용으로 쓰임/편집자), 무고(舞鼓)장고 지둥당둥 노래하는 이, 춤추는 이 모두 만판 푸지게 노는 것이야 얼마나 흥취있고 유쾌한 일이겠습니까? 그러한 날에도 미신이 붙은 것은 참말 괴이한 일입니다.

1 한설날

시루떡을 만들어서 신(神)에게 제사하나니, 그것은 신년제(新年祭)라 하는 것이오.

삼두응(三頭鷹)을 그리어 문앞에 붙이나니, 그것은 삼재(三災)가 물러간다 함이오.

친구와 노소간에 서로 세배하면서, 새해에 벼슬을 하였다니 반갑습니다, 돈을 많이 모았다니 기쁩니다, 아들을 낳았다니 기쁩니다……따위의 말로 축하들 하나니 그것은 덕담이라 하는 것이오.

첫 새벽에 방향없이 거리로 나아가다가 처음 듣는 소리로써 그 1년 동안의 좋고 궂은 것을 점치나니, 그것은 '청참(聽讖)'이라 하는 것이오.

경주(慶州)에서는 서로 경축하면서 일월신(日月神)을 숭배하나니 그것은 새해를 의미한 것이오.

바둑돌같이 만든 다섯개의 나무 조각에 금·목·수·화·토(金木水火土)를 각각 새기어 가지고 윷치듯이 일시에 던지고, 그것들의 엎어진 것과 번디어진 것을 보아서 새해의 신수(身數)를 점치나니 그것은 '오행점(五行占)'이라 하는 것이오.

첫 묘(卯)일은 토끼라 하여 이 날에는 무명실을 만들어 차면 재앙을 물리친다 하나니, 그것은 토사(兎絲)라 하는 것이오. 그리고 다른 집의 사람과 나무로 만든 기구를 들이지 않는데, 그중에도 특별히 여자가 먼저 들어오는 것을 꺼립니다.

첫 사(巳)일에는 머리를 빗지 아니하나니, 빗으면 뱀이 집으로 들어온다 함이오.

첫 자(子)일은 쥐라 하여 농촌에서는 불에다가 콩을 튀기면서 쥐부리를 지진다 하나니, 그러면 쥐가 곡식을 해하지 않는다 함이오.

첫 해(亥)일은 돝(돼지)이라 하여 충청도에서는 여러 사람이 횃불을 켜들고 쥐와 돝을 지진다 하나니, 그리하면 쥐와 돝이 곡식을 해하지 않는다고 합니다.

2 한보름

① 신사(神事)에 관한 것

신라 소지왕(炤智王) 15년, 정월 보름에 왕이 그 왕후와 더불어 천천사(天泉寺)에 놀이를 갔답니다. 그때에 까마귀 한마리가 편지 한 장을 물고 와서 왕에게 드렸답니다. 왕이 그 편지의 겉봉을 본즉, "떼어보면 두 사람이 죽고, 떼어보지 아니하면 한 사람이 죽는다(開見二人死 不開見一人死)"고 쓰였답니다.

왕은 일인(一人)을 한 사람으로 해석하고는 말하되, 두 사람이 죽는 것보다 차라리 한 사람만 죽는 것이 낫다 하고 편지를 떼어보지 않았습니다. 그때에 점치는 이가 여쭈오되 일인(一人)은 첫째되는 사람을 가리킨 것이니 떼어보지 아니하면 대왕께서 죽는다고 하였습니다. 그래서 왕이 그것을 떼어본즉, 그 속에 다만 "금갑을 쏘라(射琴匣)"는 글이 있더랍니다.

왕의 생각에 하도 야릇하여 활에 살대를 메우어 가지고 왕후가 있는 그 방으로 가서 왕후의 뒤에 세워 놓은 금갑을 쏘았습니다. 그러자 그 금갑으로부터 피가 나왔답니다. 드디어 그 갑을 열고 보니 왕후와 간통하던 그 절의 중놈이 죽은 것을 알게 되었습니다. 그래서 왕후를 또한 죽이니 과연 두 사람이 죽었습니다. 그 후에 신라 백성들은 자기의 임금이 살아난 것은 까마귀의 덕이라 하여 해마다 이 날을 당하면 찰밥을 지어 까마귀에게 제사하니, 그 날의 이름을 '까막달기'라 하였습니다.

제주 풍속에는 산, 물, 나무, 돌들을 숭배하는데, 해마다 설날부터 한보름날까지 무당이 신독(纛 : 큰 기)을 들고 난희(儺戱)를 하며, 징, 장고를 울리면서 동리로 들어가면 사람들이 서로 다투어 돈을 주나니 그 굿의 이름은 '화반(花盤)'이라 합니다.

② 농사에 관한 것

초저녁에 횃불을 들고 높은 데에 올가가서 달을 먼저 보는 사람이 좋다고 합니다. 그리고 달빛이 붉으면 가물다 하고, 희면 물이 진다고 하며, 또는 달이 올라올 때에 그 형체의 크고 작은 것과 높이 뜨고 낮게 뜨는 것과, 그 바퀴의 네모가 두텁고 엷은 것으로써 사방의 연사(年事)를 점치는데, 두터운 지방에는 풍년이 들고, 엷은 지방에는 흉년이 든다고 합니다.

서울 삼문(三門) 밖의 사람과 애오개 사람이 각기 두 편이 되어 석전(石戰)하는데, 삼문 밖의 사람이 이기면 기내(幾內)가 풍년 들고, 애오개 사람들이 이기면 각도가 풍년든다고 합니다.

충청도에서는 횃불 싸움도 하고, 줄당기기도 하는데, 이기는 편의 지방은 풍년이 든다고 합니다.

영남에서는 칡동아줄을 가지고서 편싸움을 하는데, 그것도 이기는 편의 지방에 풍년이 든다고 합니다.

그날밤에 키에다가 재를 펴 지붕 위에 놓아두면 곡식 종자가 하늘로부터 거기에 떨어진다는데, 그 이튿날 아침에 그 떨어진 곡식종자를 보아서 그 해에 어떤 곡식이 잘 될 것을 안다고 합니다.

첫 닭 울기에 닭의 울음소리를 헤어보는데, 그 울음의 수효가 열번이 지나면 그해에는 풍년이 든다고 합니다.

평안도와 황해도에서는 그 전날 밤에 첫닭이 바로 울자, 집마다 부인들이 동아줄을 가지고 남보다 먼저 우물을 길으려고 경쟁하는데, 그것은 용의 알을 떠오는 것이라 하여 남보다 먼저 떠오는 집은 그 해의 농사가 잘 된다고 합니다.

또는 콩 열 두알을 열 두달로 하여 수숫대 속에 차례대로 넣고 노끈으로 찬찬 동이어서 우물에 잠가두었다가 새벽에 들어내어 보고 콩이 불은 그 달에는 장마진다 하고, 불지 아니한 그 달에는 가물다고 하나니, 그것을 이름하여 '달보기'라고 합니다.

또는 그 동네의 호수대로 콩알을 수숫대 속에 넣어서 노끈으로 찬찬 동이어 우물에 잠갔다가 이튿날 새벽에 들어내어 보고 콩알이 불은 그 집은 그 해의 농사가 잘 된다고 합니다.

강원도 영동에서는 아이들이 새벽에 일어나서 각가지 새들의 이름을 부르면서 휘— 휘— 모는 소리를 내니, 그리하면 새들이 곡식을 해하지 않는다고 합니다.

③ 길흉에 관한 것

남녀간에 그 연령에 나후직성(羅喉直星, 제웅직선 : 나이에 따른 사람의 운수를 맡아 본다는 아홉 직성의 하나. 남자는 열 살, 여자는 열한살에 처음 돌며 9년에 한번씩 돌아온다고 함. 나후는 해와 달을 가리어 일식과 월식을 일으킨다고 하는 악마의 이름/편집자)을 만난 자는 그 액막이로 추령(芻靈 : 풀을 묶어 만든 인형. 순사자의 대신으로 쓰던 것/편집자)을 만들고, 동전을 꿍지어 그 머리속에 넣어서 그 전날 밤에 길거리에 내어버리는데, 초저녁이 되면 아이놈들이 벌써 문 앞에 와서 "추령을 내어 보내시오!" 하고 소리를 칩니다.

그것을 내어 보내면 제각기 돈을 꺼내어 가지려고 머리를 깨뜨립니다. 그렇게 아이들이 두루 다니면서 하는 것을 '타추희(打芻戱)' 라고 합니다.

그리고 일월직성(日月直星)을 만난 자는 종이로 해와 달을 만들어 나무에 끼워 지붕 꼭대기에 꽂아 두었다가 달이 올라올 때에 혹 횃불을 들고서 영접하며, 수직성(水直星)을 만난 자는 종이에다 밥을 싸서 우물에 던지나니 그리하면 액막이가 된다고 합니다.

새벽에 일어나서 생율(生栗), 호도(胡桃), 은행, 잣, 무우같은 것을 먹으면 일년 열 두달에 무사태평하며, 헌데가 나지 말게 하여 달라고 비나니, 그리하는 것을 이르되 헌데를 먹는다고 하며, 또는 이를 튼튼히 하는 방법이라고도 합니다.

의주(義州) 풍속에는 새벽에 이닦기엿과 귀밝이술을 먹습니다.

오이, 가지, 무의 잎을 말려 두었다가 삶아먹으면 더위가 아니 든다 하며, 나물잎이나 해의(海衣 : 김)에 밥을 싸서 먹으면서 그 이름을 '복쌈' 이라고 합니다.

일찍이 일어나서 사람을 만나는 때, 갑자기 불러서 응답하는 자가 있으면 나의 더위병을 사라고 합니다. 그렇게 팔기만 하면 그 해의 더위병을 만나지 않는다고 합니다.

여위는 병에 걸린 아이가 백집의 밥을 빌어가지고, 방아확(절구)을 가로타고 개와 마주 앉아서 개에게 밥 한술을 먼저 주고 그 다음에 자기가 한술을 먹으면 다시는 여위는 병에 걸리지 않는다고 합니다.

이 날에 개는 아무 것도 먹이지 아니하나니, 먹이기만 하면 파리의 성화를 받아서 여윈다고 합니다. 그래서 "개 보름쇠듯 한다"는 속담이 있습니다.

이 날 저녁에 남녀노소가 한 곳에 모여 '달윷'을 두는데, 그 두는 방식으로 말하면 정화수 한 그릇을 떠 상 위에 놓고, 또 그 상을 마당자리 한데다가 놓고 한 사람 한 사람 그 상 앞에 나가서 달을 향하여 절하고 다시 꿇어앉아 나무조각으로 만든 윷을 두 손에 마주 쥐어 상 위에 둡니다. 그렇게 세번을 둔 후에 책을 보아 그 일년 신수의 좋고 나쁜 것을 판단합니다.

이 날에 아이들이 종이로 연(鳶)을 만들어 거기에 집안 식구들의 '모생신액소멸(某生身厄消滅)'이라는 글을 써서 공중에 띄우다가 저녁 때에 줄을 끊어 가는대로 떠가게 하나니, 그러면 액막이가 된다고 합니다.

3 한 식

한식은 동지 후 105일되는 날인데, 구력으로는 2월 혹은 3월에 들게 됩니다. 세상에서 이 날을 가리켜 개자추(介子椎)의 죽은 날이라고 합니다. 그러나 그 실상은 그렇지 아니합니다. 중국의 역사를 상고하여 보면 한식이라는 이름이 벌써 있은지 오랩니다.

『형초세시기(荊楚歲時記)』에는 이 날에 사나운 바람이 불고 모진 비가 오므로 사흘 동안 불을 금하고, 그 이름을 한식이라 하였다 하고,

『안어람인유향별록(按御覽引劉向別錄)』에는 한식에 제기(蹋鞠)를 차는 것은 황제(黃帝)의 지은바 병세(兵勢)니, 그것으로 보아

삼대(三代) 이전에 벌써 한식의 이름이 있었다 하고,

또는『주례(周禮)』에 사항씨(司烜氏)가 중춘(仲春 : 2월)에 목탁을 두드리면서 국내(國內)의 불을 금하였나니, 그러면 불을 금하는 법은 주나라 때에 비롯한 것인데, 이 날은 개자추의 죽은 날이라 하여 불을 금한다 함을『한담신론(桓譚新論)』과『후한서』「주거전(周擧傳)」에서 비롯하였다고,

『전국책(戰國策)』에 의거하면 개자추는 진문공(晉文公)이 19년 동안 외국에 도망하였을 때 좇아다니던 사람 가운데 하나였는데, 문공이 본국에 돌아와서 임금이 되고 모든 좇아 다니던 사람의 공을 써줄 때 개자추는 빼놓았습니다. 그래서 자추는 면성산에 들어가서 그 자취를 감추었습니다. 그 후에 문공이 깨닫고 그를 암만 찾으려 하되 찾을 도리가 없었습니다. 그러므로 그 산에 불을 놓으면 그가 행여 나올까 하여 불을 놓았습니다. 그러나 자추는 거기에서 나무를 안고 그냥 타서 죽으니, 문공이 심히 애통하여 해마다 그 날을 당하면 백성이 불 때는 것을 엄금하니, 한식이라는 명칭이 그때부터 시작되었다고 하였습니다.

이 위의 기록을 종합하여 보면 한식이라는 그 이름은 불을 금하는 그리로써 발생한 것이오. 그런데 그 화금의 법은 가깝게 말하여도 주나라 때에 비롯한 것이 확실합니다. 아무리 보아도 그 날에는 미신이 본래 없었고, 미신을 붙일 이유도 없습니다. 그러나 그 후에 자기 조상의 사당과 무덤에 제사하는 풍속이 있게 되었습니다. 그 풍속이 우리 조선에까지 들어와서 일종의 미신적 절일로 되었습니다.

4 사월팔일

이 날은 석가모니가 탄생한 날인데, 불교에서는 욕불절(浴佛節) 혹은 연등절(燃燈節)이라고 합니다. 불교의 가장 왕성 시대이던 신라 말년, 또는 고려의 5백년 동안에는 물론이어니와 유교가 전국을 지배하던 이조시대, 지금부터 30년 전까지도 그 유풍이 그냥 전하여 왔었습니다.

이 날을 당하기 수일 전부터 거리에는 여러가지 등롱(燈籠), 또는 어린아이들의 놀음감을 팔며,. 촌사람들은 구경하려고 도시로 향하여 구름 모이듯 모아듭니다.

여드레날과 아흐레날에는 저녁이 되면 집마다 등불을 혜고, 혹은 꿩의 장목을 꽂은 남색기(藍色旗)를 달아맨 등대 위에 그 집의 아들, 딸의 수효대로 등롱을 달고, 혹은 나무로 만든 허우잡이—박첨지—를 등대의 앞에 달아놓고 놀리는 일도 있습니다. 등대 아래에서는 물동이에 바가지를 띄워놓고 장단치며, 혹은 풍류를 울리기도 합니다.

그리고 집있는 먼방에서는 화화(火花), 오독똑이(爆竹) 등의 유희도 합니다. 그 먹는 것으로 말하면, 혹은 물푸레잎으로 싼 시루떡과 찐 검정콩을 먹기도 하며, 혹은 산에 가서 꽃전놀이하는 일도 있습니다.

이리하는 것은 불교야 믿거나 말거나 석가의 생일을 축하하던 그전의 풍습이 그냥 전하여 온 것입니다.

그중에도 불교를 미신하는 남녀들은 절에 가서 불공하며, 불공할 절이 없는 데에서는, 특히 신한촌같은 곳에서는 산제(山祭)하는 미신이 지금까지 있습니다. 그러면 불교의 미신이 우리 아령에도 없지 아니합니다.

5 단 오

단오라는 것은 5월 5일의 이름인데, 그밖에도 단양(端陽), 중오절(重午節), 천중절(天中節)의 여러가지 명칭이 있습니다. 그런데 단오라는 그 명칭은 중국으로서 전하여 온 것입니다.

우리 조선에서도 그전부터 이 날의 명칭이 있었나니, 『삼국유사』에 의거하면 신라 때에는 거의(車衣)날이라 하고, 『동국세시기(東國歲時記)』에는 술의(戌衣)날이라 하였습니다.

거의(車衣)와 술의(戌衣)는 똑같은 말이니, 만일 다르다면 이두체의 기록하는 법이 조금 다른 것뿐입니다. 왜 그런가 하면 수레 거(車)자를 새긴즉 술(戌)이 되는 까닭입니다. 지금까지도 농촌에서 술이취(수리취 : 국화과의 다년초. 산이나 들의 양지바른 곳에 나는데, 줄기에서 나온 길둥근 잎은 뒷면에 흰털이 있으며, 가을에 자줏빛 꽃이 핌. 수리취떡은 수리취의 연한 싹이나 잎을 섞어서 만든 절편/편집자)로 떡을 만들어 이 날에 먹는 풍속이 있나니, 그 풍속이 일찍 신라 시대로부터 전하여 온 것은 거의(車衣)라는 그 기록이 우리에게 확실히 증명하여 줍니다.

그리고 『여지승람』을 보면 고려 때에는 이 날에 제기를 차고 그네를 뛰었다 하고, 이조 조선에 와서는 이 날에 술이취떡 혹은 송피(松皮)떡을 만들어 먹고, 그네도 뛰고, 씨름도 하면서 놀았습니다. 지금도 그 유풍이 그냥 있습니다.

그러면 이 날이 남자에게 있어서는 제기를 차거나 혹은 씨름하는 육상경기의 날로 되었고, 여자에게 있어서는 그네뛰는 공중경기의 날로 된 것입니다. 농사에 골몰하던 남녀가 하루 동안 맘판 푸지게 먹고 운동대회하는 그중에서 즐겁게 노는 것이 그럴 듯한 일입니다. 그런데 이 날에도 미신적 조건이 또한 적지 아니합니다.

① 액을 물리치기 위하여 부적을 써 문이나 기둥에 붙이나니, 그것은 단오부(端午符)라 하는 것이오.

② 이 날 오시에 쑥을 베어두면 온갖 병에 약효가 있다 하나니, 그것은 단오쑥이라 하는 것이오.

③ 밥을 지어 가묘 혹은 무덤에 제사하나니, 그것은 단오제라 하는 것입니다.

이 날에 이 따위의 미신도 숭상하며 잘 먹고, 잘 놀기도 하는 풍습은 멀리 신라시대에만 있는 것이 아닙니다. 그보다 더 멀리 삼한(三韓)시대에도 있었던 것을 엿볼 수가 있습니다.

『삼국지』「마한전(馬韓傳)」을 보면, 마한에서는 오월에 파종이 끝나면 귀신에게 제사하고 군중이 모여서 노래하고 춤을 추었다 하고, 그 기록 가운데 비록 『삼국유사』와 같이 거의(車衣)날이라고 내세우지는 아니하였으나, 우리는 파종이 끝난 오월이라는 그것을 보아서, 귀신에게 제사하였다는 그것을 보아서, 노래하고 춤추면서 놀았다는 그것을 보아서 그 기록 중에는 확실히 거의(車衣)날이 숨어 있음을 짐작할 것입니다.

그렇다면 이 날의 미신이 전하여 온지가 벌써 오래입니다. 초(楚)나라의 굴원(屈原)이 이 날에 멱라수(汨羅水)의 어복혼(魚腹魂)이 되었다 하여 제사하는 미신이 생기었다함은 중국을 숭배하는 유교학자들의 편견에 지나지 못한 것입니다.

6 추 석

8월 15일의 명칭은 한가지가 아닙니다. 추석이라는 그밖에도 가배(嘉俳) 혹은 한가위라는 이름도 있습니다. 그런데 추석은 중국으로부터 들어온 이름이요, 가배와 한가위는 신라 때에 생기어 난 이름이올시다. 신라 때에 유리왕(儒理王)이라는 임금이 육부(六部)의 여자를 모아 두 편에 갈라놓고, 자기의 딸 두 사람으로 하여금 각기 편장이 되어 칠월 보름날부터 넓은 뜰에서 길쌈하게 하다가 팔월 보름에 이르러 그 성적을 고사하였습니다.

그렇게 고사한 결과 진 편에서 술과 기타 여러가지 먹을 것을 갖추어 놓고 서로 노래하고 춤추면서 한바탕 잘 놀게 하였습니다. 그래서 이 날의 이름을 가배 혹은 한가위라고 하였습니다.

그러면 한가위라는 그 이름은 실업을 장려하는 거기에서 생긴 것입니다. 그리고 중국의 추석도 그 악부(樂符)에 상아곡(孀娥曲, 姮娥曲 : 상아는 달 속에 산다는 선녀/편집자)이 있는 것을 보아서 한(漢)나라 때에 비로소 생긴듯 합니다.

추석이 어떻게 생기어난 것을 자세히 알 수도 없고, 또는 알려고 할 필요도 없습니다. 그러나 대체로 말하면 농업국의 백성으로서는 오곡이 다 성숙하고, 하물며 달밝은 이 날 밤에 팔월선(八月仙)의 놀이는 지금까지 전하여 오는 것을 본즉 아마도 달을 숭배하는 거기에서 추석이 생긴듯 합니다.

한가위와 추석의 생기어난 그 시대는 서로 같습니다. 그런데 추석이라는 그 이름이 우리 동방에 들어오기는 중국을 절대 숭배하던 그 시대에 비롯한 듯합니다. 그 이름이야 무엇이라 하든지 별문제 될 것 없습니다. 거기에도 가묘와 무덤에 제사하는 미신이 또한 있습니다.

7 상산날

상산이라는 그 명칭은 오랜 역사를 가졌습니다. 지금까지도 영남과 함북 지방에서는 해마다 10월 3일을 당하면 상산제 드리는 집이 많이 있습니다. 그러나 그들은 상산제의 내용 의미는 알지 못하고 전설적 풍습에 의지하여 그 제사를 그냥 지내는 것입니다.

이제 그 의미를 해석하면, 상산은 단군숭배하는 그 제사의 이름이올시다. 그런데 그 제사의 이름은 시대를 따라서 같지 아니하였습니다. 말할 것같으면 부여에서는 영고(迎鼓), 예(濊)에서는 무천(舞天), 고구려에서는 동맹, 신라와 고려에서는 팔관이 곧 그것입니다. 그러나 그 제사하는 시기는 보통으로 10월이었고, 그 모임은 제천회(祭天會)라 하여 그 제사한 끝에는 노래도 하고, 춤도 추고, 각가지 유희로써 즐겁게 놀았습니다.

지금에도 상산제 지내는 지방에서는 소찬(素饌)으로 차린 음식을 4,5일 동안 서로 나누어 먹으면서 일반 군중이 즐겁게 놉니다.

상산이라는 그 명칭이 어느 때에 발생하였는지 알 수가 없으나 그 명칭에 대한 해석은 두가지가 있습니다.

하나는 단군이 강림하였다는 태백산을 지금의 백두산이라 하여, 상산은 곧 향산(向山)이니 그 산을 향하여 제사하는 것이라 하고, 또 하나는 태백산은 지금의 영변 향산(香山)이라 하여, 상산은 곧 향산(香山)이니 그 산에 망제하는 것이라 합니다. '상'을 '향'으로 해석하는 것은 조선 습관음에 ㅎ이 ㅅ으로 변하는 예, 말하자면 형님을 성님, 힘을 심이라 하는 그 따위를 증거함에서 나온 것입니다.

그러고보면 둘째의 해석보다 첫째의 해석이 그럴듯합니다. 그 해석이야 어느 것이 옳든지 그 제사가 단군에게 대한 제사인 것만 알아두면 넉넉합니다.

그런데 당초에는 단군을 한울님이라 하여 임금으로부터 백성들까지 다같이 하늘에 제사하였던 것이 중간에 와서 그 제사하는 방식도 계급적으로 구별되어 임금은 하늘에 제사하게 되고, 백성은 산에 제사하게 된 것을 엿볼 수가 있습니다.

단군은 역사의 기록한 바와 같이 동방의 처음 임금이라면 착취계급과 피착취계급을 갈라놓은 첫 사람이요, 그리고 착취계급의 첫 수령으로 되었던 것입니다. 살아서도 우리들의 피와 땀을 착취하고 죽어서도 반만년을 내려 오면서 우리들의 피와 땀을 착취하였습니다. 아니, 우리들은 그에게 제사하고, 그는 우리에게 제사를 받았습니다.

또 근일에 와서는 대종교에서 그 날을 개천절(開天節)이라 하여 상산제를 매우 중요하게 보는 모양입니다. 대종교에서는 물론 그럴 것입니다. 그러나 우리들은 속지 말아야 합니다. 다시는 착취를 받지 말아야 할 것입니다.

이밖에도 굴억의 머리를 찐다는 2월 1일, 구제비가 박씨를 물어왔다는 3월 3일, 동으로 흘러가는 물에 머리를 감으면 액땜한다는 6월 15일, 오작이 놓은 은하수의 다리를 건너 견우직녀가 서로 만난다는 칠월칠석, 우란분회(盂蘭盆會 : 불교에서 하안거의 끝날인 7월 보름에 지내는 행사. 아귀도에 떨어져 괴로워 하는 망령을 위안하는 행사임/편집자)의 남은 풍습으로 수단(水團 : 햇보리를 삶아 녹말에 묻혀 끓는 물에 데치거나, 흰떡을 앵두만하게 썰어서 둥글게 빚어 꿀물에 넣고 실백을 띄운 음식/편집자)과 백종실과를 먹는 7월 15일, 머리에 산수유 가지를 꽂으면 화단을 면한다는 9월 9일, 붉은 팥으로 죽을 쑤면 악귀가 무서워 한다는 동지가 있습니다.

어느 달의 어느 절이든지 미신이 없는 절일은 없습니다.

결 론

달마다 있고 날마다 있는 그 미신, 금년에도 있고 명년에도, 몇십 명년에도 있을 그 미신, 그러한 미신을 퇴치하려면 구력을 폐지하고, 태양력을 사용하는 것에서 더 선량한 방법은 없을 것입니다.

태양력에도 그 내용을 보면 미신이 없는 것은 아니나 구력보다는 천양의 차이가 있습니다. 그리고 또 태양력은 과학적이요 세계적이며, 구력은 종교적이요 국부적입니다. 어느 방면으로 보든지 구력을 폐지하고 태양력을 사용하여야 할 것입니다.

제10장

통속적 미신

제1절 명령에 관한 미신

1. 밤에 머리를 빗으면 헛것이 들린다.

–머리를 빗지 말라고 직접 명령하는 대신 그런 미신을 붙인 것.

2. 당울치(黃飯)를 먹으면 발탈이 안난다.

–이것은 그 전에 어떠한 여자가 당울치를 먹기 싫어 이런 말을 한 것인데, 길만 가면 발탈 나는 자기 남편이 그 말에 속아서 항상 그것을 먹은 것.

3. 깎은 손톱을 변소에 파묻고서 귀잡고 절하면 며칠 후에 구슬이 된다.

–이것은 어린아이를 심부름시키기 위하여 그런 미신을 붙인 것.

4. 아이들이 이가 빠지면 두 다리를 쭉 벌리고 서서 그것을 지붕에 올리어 던지면 크고 고운 이가 된다.

–이것은 이를 아무데나 함부로 버리지 말라고 직접 명령하는 대신에 그런 미신을 붙인 것.

5. 받았던 상에서 음식 그릇을 내려 놓고 먹으면 그 남편을 남에게 빼앗긴다.

—이것은 상을 그냥 받은 채로 먹으라고 직접 명령하는 대신에 그런 미신을 붙인 것.

6. 비 끝을 깔고 앉으면 남의 구설에 오르내린다.

—이것은 비를 깔지 말라고 직접 명령하는 대신에 그런 미신을 붙인 것.

7. 그릇 위에 그릇을 덧놓으면 남의 첩질을 한다.

—이것은 그릇을 덧놓지 말라 하는 대신에 그런 미신을 붙인 것.

8. 술치의 끝을 쥐고 먹으면 먼데로 시집을 간다.

—이것은 숟가락의 대목을 쥐고 먹으라 하는 대신에 그런 미신을 붙인 것.

9. 해 저물녁에 빨래를 하면 어린 자식을 두고 죽는다.

—이것은 빨래를 말라고 명령하는 대신에 그런 미신을 붙인 것.

10. 머리 감은 물에 발을 씻으면 과부가 된다.

—이것은 머리 감은 물은 깨끗하지 못하니까 발을 씻지 말라고 명령하는 대신에 그런 미신을 붙인 것.

11. 한 그릇에 물을 담고서 두 사람이 세수하면 서로 싸운다.

—이것은 각기 깨끗한 물에 세수하자고 말하는 대신에 그런 미신을 붙인 것.

12. 어둡기 전에 등불을 켜놓으면 영악한 며느리가 들어온다.

—이것은 불을 일찍 켜지 말라고 명령하는 대신에 그런 미신을 붙인 것.

13. 상 모서리에 앉아서 음식을 먹으면 뭇사람의 시비를 듣는다.

—이것은 상 모서리에 앉아서 먹지 말라고 명령하는 대신에 그런 미신을 붙인 것.

14. 남의 얼굴에 침뱉으면 소버즘이 먹는다.

-이것은 남의 얼굴에 침뱉지 말라고 명령하는 대신에 그런 미신을 붙인 것.

15. 구정물로 부엌 매질을 하면 눈먼 자식을 낳는다.

-이것은 구정물로 부엌 매질을 말라고 명령하는 대신에 그런 미신을 붙인 것.

16. 마지막 잔의 술을 먹으면 아들을 낳는다.

-이것은 술을 기어이 먹도록 명령하는 대신에 그런 미신을 붙인 것.

17. 제비를 붙잡으면 학질이 들린다.

-이것은 제비를 붙잡지 말라고 명령하는 대신에 그런 미신을 붙인 것.

18. 발저릴 때에 티가치에 침을 발라서 코끝에 붙이면 낫는다.

-이것은 조금만 운동하면 혈기가 통하여 발저린 것이 없어진다고 명령하는 대신에 그런 미신을 붙인 것.

19. 주걱에 붙은 밥알을 뜯어먹으면 마누라에게 뺨을 맞는다.

-이것은 아이들에게 주걱의 밥알을 먹지 말라고 명령하는 대신에 그런 미신을 붙인 것.

제2절 해설에 관한 미신

1. 눈이 웃으면 말다툼을 한다.
2. 왼귀가 가려우면 누구가 욕하는 것.
3. 밥에 깨가 끼면 떡을 얻어먹는다.
4. 턱이 가려우면 떡을 얻어먹는다.

5. 윗옷의 등골이 터지면 딸을 낳는다.

6. 옷이 불탄 자리를 붉은 헝겊으로 기우면 그 옷이 다시 불에 타지 않는다.

7. 천둥칠 때에 머리 끝을 태우면 좋다.

8. 실물한 뒤에 고양이를 찌면 도둑놈이 죽는다.

9. 거미가 줄타고 내려오면 손이 온다.

10. 까마귀 울면 사람이 죽는다.

11. 부엉이 울 때에 그 부리를 향한 집은 흉하다.

12. 아침 까치가 뜰 앞에서 울면 기쁜 소식이 있다.

13. 뱀이 집으로 들어오면 흉한 일이 있다.

14. 초저녁에 닭이 울면 흉한 일이 있다.

15. 개가 마당을 파면 흉한 일이 있다.

16. 날새가 집으로 날아들면 좋지 못하다.

제3절 꿈에 관한 미신

1. 물에 빠져 보이든지, 혹은 물이 건네다 보이면 술이나 국수를 얻어 먹는다.

2. 똥을 보면 재물을 얻는다.

3. 송장을 만져 보면 재리가 좋다.

4. 용을 보면 귀한 자식을 낳든지 벼슬을 하게 된다.

5. 나무를 지게 되면 큰 근심이 생긴다.

6. 음식을 잘 먹으면 감기가 들린다.

7. 낡은 의복을 입으면 몸에 병이 난다.

8. 새옷을 입으면 몸에 아무 탈도 없다.

9. 삼밭에 서 보이면 상자(喪者)가 된다.

10. 웃니가 빠지면 윗사람이 죽고, 아랫니가 빠지면 아랫사람이 죽는다.

11. 새로 지은 집에 들어가면 죽는다.

12. 울면 기쁜 일이 있다.

13. 즐거우면 슬픈 일이 생긴다.

14. 남에게 맞게 되면 몸이 평안하지 못하다.

15. 신을 잃으면 아내를 잃는다.

16. 울타리가 넘어지면 남편이 죽는다.

17. 집이 불에 타면 발복한다.

18. 지붕마루나 들보가 꺾어지면 윗사람이 죽는다.

중아령령(중앙아시아)에 흔히 유행하는 '야휘(押會)'는 전혀 꿈을 미신하는 것인데, 거기에서 재료를 구하지 못한 것이 유감이며, 또는 조선에서 보통 사용하는 「주공 해몽편(周公 解夢篇)」을 참고하지 못한 것이 유감이올시다.

제4절 흉풍(凶豊)에 관한 미신

1. 정월 초하루날에 흐리면 풍년의 징조라 한다.

2. 정월 초하루날에 누런 구름이 오방(五方)에 일어나면 풍년이 든다.

3. 정월 초하루날이 병자(丙子)면 몹시 가물고, 남풍이 불면 풍

년의 징조요, 동풍이 불면 흉년의 징조라 한다.

4. 정월 초하루날이 자일(子日)이면 오곡이 익지 못하고 물이 진다고 하며, 술일(戌日)이면 백곡이 다 잘되나 질병이 많다.

5. 정월 초하루날에 눈이 오면 흉년이 든다.

6. 정월 초이튿날에 첫꿈으로 물고기를 보면 농사가 잘된다.

7. 정월 초이튿날에 까치가 울면 그 해는 풍년이다.

8. 정월 초사흗날 안에 갑일(甲日)이 있으면 대풍이 들고, 인류가 번성한다.

9. 정월 초열흘 안에 갑자일(甲子日)이 있으면 풍년이 든다.

10. 정월 열나흗날에 보리밥을 지어 그 맛이 좋고 좋지 못한 것에 따라서 그 해의 흉풍을 안다.

11. 정월 보름날에 여러가지 곡식 종자를 똑같이 저울에 달아서 종이에 싸 집에 달아 두었다가 이튿날에 다시 저울질하여 제일 무거운 것을 그 해에 심으면 풍년이 든다.

12. 정월 보름날 아침에 소에게 밥과 채소를 주어 밥을 먼저 먹는 때는 그 해가 길하다 하고, 채소를 먼저 먹으면 그 해가 양호하다.

13. 정월 보름에 소에게 각종 작물의 종자를 주어 맨처음에 먹는 작물을 심으면 풍년이 든다.

14. 정월 보름이 무자(戊子)면 그 해는 흉년이 든다.

15. 2월 초하루날에 바람이 불면 흔히 흉년이 들고, 비가 오면 풍년의 징조라 한다.

16. 입춘날이 갑을(甲乙)이면 풍년이 든다.

17. 2월 초엿새날 밤에 별과 달이 서로 멀리 있으면 풍년의 징조요, 가까이 붙으면 흉년이 든다.

18. 2월 스무날에 비가 오면 대풍이요, 흐리면 중풍, 날씨가 맑으면 흉년이 든다.

19. 봄에 바다의 얼음이 일찍 풀리면 흉년, 또는 그 해 역서에 금신(金神)이 많으면 그 해는 풍년이 든다.

20. 봄, 사일(社日)에 비가 오면 풍년이 든다.

21. 청명(淸明)날에 남풍이 불면 풍년이 든다.

22. 4월 8일에 비가 오면 풍년이 든다.

23. 4월 초하루날에 남풍이 아침부터 저녁까지 불면 풍년이 든다.

24. 곡우(穀雨)에 눈이 오면 풍년의 징조라 한다.

25. 오월 오일에 비가 오면 그 해는 흉년이다.

26. 소만(小滿)이 사일(巳日)이면 그 해는 흉년이다.

27. 초복날부터 상강(霜降)날까지 백날이 못차면 백곡이 잘되고, 백날 이상이면 풍년이다.

28. 6월 초엿새날 이른 아침에 우뢰가 울면 풍년, 석양에 우뢰가 울면 흉년이다.

29. 처서(處暑)에 비가 오면 매 십리에 곡식 천섬씩 내려온다.

30. 반하(半夏 : 약 이름)의 싹이 나는 것을 보아서 그 해의 흉풍을 안다.

31. 입추(立秋)날에 동풍이 불면 풍년이 든다.

32. 8월 보름에 비가 오면 그 이듬해에 모맥(牟麥 : 밀과 보리)이 안된다.

33. 9월 초하루날에 바람이 불면 이듬해 여름에 물이 지고 뇌성벽력이 많을 징조로 하여 크게 흉년이 든다.

34. 입동날에 닭이 열 번 이상 울면 이듬해에 풍년, 열 번 이하

면 흉년이 든다.

35. 동지날 오후 열 두시에 뇌성이 울면 양기가 먼저 동한다고 하여 풍년이 들 징조라 한다.

36. 섣달에 얼음이 깊이 얼면 이듬해에 풍년이 든다.

제 5 절 기상에 관한 미신

1. 정월 초하루날이 갑자(甲子)면 그 해에 바람이 많고, 병자(丙子)면 그 해에 몹시 가문다.

2. 정월 초하루날이 자(子)면 물이 지고, 축(丑)이면 바람이 많고, 진(辰)이면 먼저 한재(旱災)가 있고 후에 수재(水災)가 있으며, 사(巳)면 한재가 심하다.

3. 정월 초하루날이 병(丙)이면 4,5월에 가물고, 사(巳)면 바람이 많고, 계(癸)면 비가 많이 온다.

4. 정월 초사흗날에 동남방에 붉은 구름이 있으면 가뭄이 심하고, 검은 구름이 있으면 큰 장마가 있다.

5. 정월 초열흘 안에 병자일(丙子日)이 있으면 가물다.

6. 정월 보름 안에 임자일(壬子日)이 있으면 그 해에는 장마물이 많이 진다.

7. 2월 초하루날에 바람이 불면 그 해에는 모진 바람이 많이 분다.

8. 2월 중순에 묘일(卯日)이 있으면 가물다.

9. 입춘날이 병정(丙丁)이면 왕가뭄, 임계(壬癸)면 홍수의 해가 많다.

10. 춘상갑자일(春上甲子日)에 비가 오면 한재가 심하여 적지천리(赤地千里), 하상갑자일(夏上甲子日)에 비가 오면 장마와 홍수가 많아서 배를 타고 집으로 돌아가게 된다.

11. 해일(亥日)에 하늘에 구름 한 점도 없으면 사흘 후에는 큰 비가 온다.

12. 백일홍(百日紅)이 꽃핀 후 백날만에 서리가 오므로 늦게 피면 좋다.

13. 뇌성이 처음 난 날로부터 180일만에 서리가 온다.

14. 메밀의 싹이 나오는 때 껍질을 쓰고 나오면 서리가 일찍 온다.

15. 입춘날이 임계(壬癸)면 물이 개울에 찬다.

16. 상사(上巳 : 3월 3일)에 개구리 소리를 들으면 그 해는 가물다.

17. 초복날에 비가 오면 삼복에 다 비가 온다.

18. 한식날에 비가 오면 그 해에는 가뭄이 심하여 땅속이 석자까지 탄다.

19. 6월 보름날 새벽에 뇌성이 울면 서리가 일찍 오고, 저녁에 울면 서리가 늦게 온다.

20. 입추날에 바람이 태방(兌方)으로 불어 오면 비가 오고, 유방(酉方)으로 불어 오면 가뭄이 심하고, 건방(乾方)으로 불어 오면 큰 비가 오고 사나운 바람이 불어 곡식을 해한다.

21. 9월 초하루날에 바람이 불면서 비가 오면 그 이듬해 여름에 큰 비와 뇌성벽력의 재해가 있어 크게 흉년이 든다.

22. 11월 초하루날에 바람이 불면 모맥이 잘되고, 그믐날에 바람이 불면 봄이 차다.

23. 섣달에 눈이 많이 오면 그 이듬해 여름에 비기 많이 온다.

24. 동지날에 바람이 유방(酉方)으로 불어 오면 그 이듬해에 가을비가 많이 오고, 곤방(坤方)으로 불어 오면 여름에 크게 가물다.

25. 섣달 초하루날에 캄캄해지면서 바람 불고 비오면 봄에 가물다.

제6절 경종(耕種)에 관한 미신

1. 정월 초하루날에 청명하면 백화(百花)에 길하다.

2. 정월 초하루날에 오색 구름이 뜨면 모맥을 심어야 한다.

3. 정월 초하루날이 자(子)면 오곡이 익지 못하고 물이 많이 지며, 묘(卯)면 오곡은 잘 익으나 삼이 잘못된다 하고, 술(戌)이면 백곡이 잘 되나 질병이 많다.

4. 정월 초하루날에 부자의 집에 가서 그 변소의 재 한줌을 가져다가 자기 변소에 두면 그 해에는 그 집의 농작물이 잘 되어 부자가 된다.

5. 정월 초하루날이 갑(甲)이면 쌀은 많으나 사람의 병이 많고, 기(己)면 조가 귀하고, 신(辛)이면 삼, 보리, 솜이 귀하다.

6. 정월 초이튿날 안에 동남풍이 불면 사람이 많이 죽고 곡식이 잘못되며, 서남풍이 불면 가축이 잘 생육하고 곡식이 또한 잘 된다.

7. 정월 초사흗날부터 초나흗날 안에 신(辛)일이 있으면, 벼가 잘 결실한다.

8. 정월 초하루날부터 초여드레까지의 동안에 신일(辛日)이 있

으면 백곡이 잘되고, 또 비가 알맞게 온다.

9. 정월 보름 이내에 유일(酉日)이 있어 청명하면 초면(草棉)이 잘 된다.

10. 정월 열나흗날 밤에 수수로써 보리의 형용을 만들고, 또 대추나무의 마른 가지에 솜을 붙여서 그것을 거름더미 위에 꽂아두면 그 해에 보리와 솜이 잘 된다.

11. 정월 보름날에 달빛이 희면 흰벼를 심어야 하고, 붉으면 붉은 벼를 심어야 한다 하며, 그런즉 물, 벌레 등의 해가 없다.

12. 정월 보름에 김치같은 것을 먹으면 밭과 논에 잡초가 번성한다.

13. 2월 중에 묘일(卯日)이 세번 있으면 두류(豆類)를 심어야 하고, 없으면 가물기 때문에 화류(禾類)를 심어야 한다.

14. 3월 곡일(穀日)에 벼의 종자를 물에 담그면 좋은 싹이 난다.

15. 곡일에 머리를 빗으면 밭에 잡초가 많이 난다.

16. 봄에 흰꽃이 많이 피는 해에는 흰벼를 심고, 붉은 꽃이 많이 피는 해에는 붉은 벼를 심으면 잘 된다.

17. 봄철이 늦고 가을철이 일찍한 해에는 늦벼가 마땅하고, 그와 반대되는 해에는 올벼가 마땅하다.

18. 3월중에 삼묘(三卯)가 있으면 두류(豆類)가 마땅하고, 만일 없으면 삼과 보리가 마땅하다.

19. 파종을 을일(乙日)에 하면 좋지 못하다.

20. 봄에 얼음이 일찍 풀리면 모맥이 잘 안된다.

21. 파종하는 날에 머리를 깎으면 씨가 겉에 나온다.

22. 벼의 파종은 무기일(戊己日)이 마땅하다.

23. 벼의 파종은 인 · 묘 · 진일(寅卯辰日)을 꺼린다.

24. 4월중에 삼묘(三卯)가 있으면 삼이 마땅하고, 그와 반대되면 모맥이 잘못 된다.

25. 4월 초하루날에 동풍이 불면 두류(豆類)가 마땅하고, 남풍이 불면 기장이 마땅하다.

26. 목화를 파종하는 날에 기장밥을 먹거나 떡을 치어서 먹지 아니하면 결과가 좋지 못하다.

27. 벼묘를 옮기는 것은 하지의 3일 전후가 마땅하다. 또는 그 날에 무의 잎으로써 즙을 내어 먹으면 결실이 잘된다.

28. 벼묘 옮기는 날은 신미(辛味), 계유(癸酉), 임오(壬午), 계미(癸未), 갑오(甲午), 갑진(甲辰), 병오(丙午), 을묘(乙卯), 신유(辛酉), 정 · 무 · 갑 · 기(丁戊甲己)가 길하다.

29. 6월 초엿새날에 여자가 논밭을 돌아보면 수량(收量)이 감한다.

30. 6월이 작으면 모든 과물(果物)이 잘못된다.

31. 삼복에 비가 오면 과실이 많이 떨어진다.

32. 복날에 비가 오면 대추의 열매가 떨어진다.

33. 콩과 팥의 꽃이 필 때에 비가 오면 결실을 못한다.

34. 7월 초나흗날에 비가 오면 벼의 쭉정이가 많다.

35. 칠월칠석날 이른 아침에 천곡귀신(天穀鬼神)이 나려와서 백곡의 잘되고 못된 것을 살피고, 논밭의 수확 석수(石數)를 정한다. 이 날에 사람의 발자취가 나면 자세히 살펴 볼 겨를이 없기 때문에 수량(收量)이 감한다고 하여 농가에서는 논밭에 나가지 아니하고 휴업한다.

36. 호박꽃에 손가락질하면 떨어진다.

37. 참외가 결실할 때에 불결한 사람이 지나가면 다 썩어진다.

38. 벼꽃이 필 때에 겨를 온돌에 때면 꽃이 떨어지고, 또는 해충이 많은 짚을 때면 말라 죽는 것이 많다.

39. 이삭이 필 때에 걸터 앉으면 이삭이 꼿꼿이 나오지 아니하고, 반드시 가르 나온다.

40. 11월 초하루날에 바람이 불면 모맥이 잘된다.

41. 서리가 나무가지에 새하얗게 붙는 해에는 목화가 잘 된다.

42. 12월 납일 전에 서리가 세번 오면 그 이듬해에 벼가 잘 된다.

43. 모판에 파종한 그 이튿날에 팥밥을 모판에 뿌리면 풍작된다.

44. 울릉도(鬱陵桃)를 심는 사람은 결실하면 죽는다.

45. 추상갑자일(秋上甲子日)에 비가 오면 장마가 지어 곡식 이삭에 싹이 난다.

46. 양년(陽年)에는 물을 대고서 밭갈이할 것이요, 음년(陰年)에는 마른 채로 밭갈이할 것이요, 논물을 대는 어구에 유황을 파묻으면 벼가 잘 자란다.

47. 갑일(甲日)에 창고를 열면 불가하다.

48. 무일(戊日)에 논밭을 사면 불가하다.

49. 주검을 보고 파종하면 나지 않는다.

50. 파종할 때에 보리는 자일(子日)을 꺼리고, 밀은 무일(戊日)을 꺼린다.

51. 삼은 임신(壬申), 신사(辛巳), 갑신(甲申), 을해(乙亥), 무신(戊申), 신해(辛亥), 경신(庚申)일에 심으면 좋다.

52. 식목하는 날은 갑술(甲戌), 병자(丙子), 정축(丁丑), 기묘(己卯), 임진(壬辰), 계미(癸未)가 좋다.

제7절 축산에 관한 미신

1. 정월 초하루날에서 초여드레까지는 닭, 개, 원숭이, 양, 말, 사람, 곡식의 날이라 하여 각 날로써 증험하되 날씨가 맑고 따뜻하면 아무 병없이 번식한다 하고, 바람이 불거나 비가 오거나 날씨가 흐리고 차면 질병과 손해가 있다.

2. 정월 초이틀 이내에 서북풍이 불면 축류(畜類)가 잘 생육한다.

3. 정월 보름은 소의 날이라 하여 부인들의 외양간 출입을 금한다.

4. 정월 열나흗날은 개보름이라 하여 해돋기 전에 동쪽으로 뻗은 복숭아 나무의 가지를 꺾어다 바퀴를 만들어 소의 머리에 걸어주면 모기, 파리 등의 침해가 없이 소가 건강하다.

5. 정월 보름에 마른 먹이에 목화씨, 또는 여러가지 곡식의 밥을 한 그릇에 놓아 소에게 주면 소가 맨처음 입을 대는 것이 풍작한다.

6. 정월 보름에 개고기를 먹으면 그 1년 동안에 유행병이 범하지 못한다.

7. 정월 보름에 먹을 것을 개에게 맨먼저 주면 가난하다.

8. 춘상갑자일에 비가 오면 추위가 심하여 소와 양이 얼어 죽는다.

9. 입춘날에 "말은 범과 비슷하여 하루에 천리를 가고(馬似虎一日行千里), 소는 용과 비슷하여 하루에 백 이랑을 간다(牛似龍一日耕百畝)"라는 글을 써서 외양에 붙이면 그 1년 동안에 소와 말이 튼튼하다.

10. 또 이 날에 파란 종이나 붉은 종이에 "귀신형(鬼神形), 사자형(獅子形)" 등의 글을 써 외양에 붙이고, 혹은 "남산의 범과 같고(如南山之虎), 북해의 용과 같다(如北海之龍)"의 시를 써 외양에 붙이면 그 해 동안에 아무 탈이 없다.

11. 우만(牛滿)의 날이 있는 달에는 소값이 떨어진다. 그것은 만(滿)은 다수가 됨으로써 낙가(洛價)된다는 뜻이다.

12. 쥐기에 알맞춤한 작은 돌에 구멍을 뚫어놓고 거기에 노끈을 꿰어 외양 출입구에 달면 소의 귀신이 오지 아니하며, 소가 더욱 튼튼하게 되고 암송아지를 낳는다.

13. 구멍이 있는 돌을 주워다가 노끈을 꿰어 외양에 달되, 그런 돌의 수효가 더함에 따라서 소의 수효가 더하여진다.

14. 암소가 새끼를 낳은지 사흘 안에는 어떠한 일이 있을지라도 외양 안에 다른 사람들의 출입과 물품의 출입을 엄금하나니, 금하지 아니하면 소가 놀란다.

15. 암소가 새끼를 낳을 때에는 일곱 겹, 다섯 겹, 세 겹의 노끈을 꼬아서 거기에 솔잎을 매어 문에 달고 부정한 사람의 출입을 금한다.

16. 암소가 새끼를 낳으면 즉시 그 새끼의 발굽에 붙은 무엇을 긁어 베 조각에 싸서 어미소의 왼뺨에 달아매면 그 새끼가 길 다닐 때에 어미를 잃어버리지 않는다.

17. 소가 새끼를 낳은 후에 즉시 그 태를 먹으면 살찌고 젖이 많이 난다.

18. 소가 흘레한 후에 즉시 강물을 건너면 수태(受胎) 못한다.

19. 소와 양을 한 집에서 기르면 소가 점점 여윈다.

20. 소는 닭을 보지 못한다.

21. 꿈에 소를 보면 그 사람은 자기의 조상을 만나보는 것이다.

22. 밑창 빠진 초신(짚신)을 외양의 출입구에 달아두면 소가 더욱 건전하여 진다.

23. 개가 지붕에 올라가면 가운이 쇠한다.

24. 닭이 초저녁에 울면 가운이 쇠한다.

25. 벌치던 남자가 죽을 때는 벌이 다 달아난다.

26. 소뿔의 맨끝이 흰빛을 띠면 주인이 파가한다.

27. 주검을 넣었던 관 널로써 말의 외양을 지으면 말이 잘 자란다.

28. 양이 지붕에 올라가면 화단이 생긴다.

29. 산양(山羊)이 촌으로 들어오면 그 촌이 부귀한다.

30. 톳이 새끼를 낳을 때 부인이 보면 어미톳이 그 새끼를 먹는다.

31. 수탉이 알을 낳으면 그 집이 부자되고, 암닭이 울면 그 집이 멸망한다.

32. 월식은 개(불개살이)가 먹으므로 생기는 것.

33. 닭이 해지기 전에 홰에 들어가면 그 해에는 쌀값이 오른다.

34. 암탉이 밤중에 울면 그 집에 화단이 있다 하며, 그 목을 베어 땅에 파묻으면 그 화단을 면한다.

35. 닭이 알을 낳을 때, 홰 아래에 도끼를 달아두면 큰 알을 낳는다.

36. 정월 열나흗날에 솔씨를 먹이면 닭이 번식한다.

37. 깊은 밤에 닭이나 기타 새가 울면 난리가 난다.

38. 개가 풀을 뜯어 먹으면 큰 비가 온다.

39. 개를 타면 후에 산에 다니다가 범에게 물린다.

40. 개가 무리를 지어서 기뻐 뛰면 큰 바람이 일어난다.

41. 개가 가마 앞의 흙을 파면 아내에게 불행한 일이 있다.

42. 개가 그 집에서 지푸라기를 붙이고 있으면 그 날에 손이 반드시 온다.

43. 고양이를 죽이면 그 사람은 죽을 때에 고양이와 똑같이 된다.

44. 고양이의 털을 먹으면 죽은 후에 극락으로 못간다.

45. 가축이 낳는 때, 물색옷을 입고 그 집에 가면 낳은 새끼가 죽는다.

46. 개는 5년 이상, 닭은 3년 이상 묵으면 악귀로 되어 주인집에 해를 준다.

47. 잉태한 부인이 말의 고삐를 넘어가면 열 두달만에 아이를 낳는다.

48. 복숭아 가지로 미친 개를 치면 죽는다.

49. 닭병이 드는 때, 옻나무를 홰에 걸어두면 병이 없어진다.

50. 2월 초하루날에 여자가 오면 닭이 잘 되지 않는다.

51. 소, 말, 양, 산양 등이 새끼를 낳은지 이레 안에 장이나 기름을 남에게 주면 그 어미의 젖이 나지 않는다.

제 8 절 수역(獸疫) 예방에 관한 미신

1. 주사(수은과 황의 화합물)를 물에 풀어서 소의 두 뿔에 바른다.

2. 일곱 겹, 다섯 겹, 세 겹의 노를 꼬아서 거기에 번초(蕃椒 : 고추) 또는 목탄(木炭) 세 네 조각을 꿰어 소의 머리에 건다.

3. 석웅황(石雄黃 : 천연으로 나는 등황색 비소 화합물/편집자)을 무명실에 싸서 소의 뺨에 건다.

4. 범의 뼈를 소의 목에 건다.

5. 소의 머리뼈를 외양에 건다.

6. 다른 도(道)의 작은 돌을 가져다가 그 돌에 구멍을 뚫어 외양에 달아맨다.

7. 초를 단지에 넣어 외양의 출입구에 파묻어 둔다.

8. 아가목(산사위〔山査子〕 나무/편집자)의 껍질을 소의 머리가 향하는 천정에 단다.

9. 범과 같고 용과 같다는 글을 써 붙인다.

10. 가시가 많은 나무껍질을 가져다가 외양 앞에 둔다.

11. 달걀 흰자위에 묵장을 환타서 소머리에 바른다.

12. 베조각에 묵장, 밥, 번초(蕃椒)를 싸서 소뿔에 걸어둔다.

13. 사향, 박하, 장뇌(樟腦) 등과 같이 향기 많은 것을 베 조각에 싸서 소의 머리에 걸어둔다.

14. 외양의 한 구석, 또는 구유의 아래에 탁주를 빚어두고 소에게 가죽(假竹)이라는 나무가지를 던진다.

15. 길이가 두자 다섯치, 너비가 네치쯤 되는 널판에 창원 마산포 최효자지비(昌原 馬山浦 崔孝子之碑)라는 아홉자를 쓰고, 그 하부에 붉은 흙칠을 하여 외양의 출입구에 걸어둔다.

–옛적에 최효자가 있었는데, 그의 늙은 아버지가 소고기를 좋아하시나 집이 하도 가난하여 그것을 사오기 어려웠습니다. 그래서 마산포 소고기 장사하는 사람에게 가서 그 몸을 낮춰 아버지의 만족을 준 일이 있었습니다. 이것은 예사로운 사람으로는 불가능한 일임으로써 역신(疫神)도 그의 효도에 감동하여 후에 그

비(碑)를 달아둔 집에는 들어가지 않는다고 함이올시다.

제9절 양잠에 관한 미신

1. 정월 초하루날이 병(丙)이면 양잠이 적당하지 못하고 바람이 많이 분다.

2. 2월 초닷새날에 잠실의 벽을 발라야 한다.

3. 4월 초닷새날에 가물면 양잠에 적당하지 못하다.

4. 누에를 올리는 때에 머리를 빗으면 누에들이 실만 빼앗고 죽는다.

5. 누에를 내어버리면 천벌을 받는다.

6. 뱀을 죽인 사람이 누에를 보면 누에는 마치 뱀의 죽은 모양으로 되어 죽는다.

7. 몸에 헌데가 많은 사람이 누에를 보면 누에도 또한 헌데가 많이 난다.

8. 누에가 잠자는 때에 빨래를 하면 누에가 병난다.

9. 어린아이가 난 그 해에 누에를 먹으면 해가 있다.

10. 누에를 올리는 때에 부추쌈을 먹으면 고치의 품질이 좋지 못하다.

11. 누에를 올린 뒤에 천동 혹은 지동이 있으면 누에가 섶에서 떨어지어 고치를 짓지 못한다.

12. 누에를 올린 뒤에 물고기를 먹으면 고치의 품질이 좋지 못하다.

13. 누에가 섶에 오른 후에 다수한 사람을 보면 고치의 품질이

좋지 못하다.

14. 누에를 올린 후에 신(神)에게 빌면 고치를 많이 짓는다.

15. 누에를 올린 후에 집안의 것이 남의 집에 가면 고치를 잘 못 짓는다.

16. 일년에 누에를 두번 먹으면 좋지 못하다.

17. 누에는 하늘에서 온 것이니 버리는 것이 불가하다.

18. 뱀을 보고 누에 기르는데 들어오면 병든 누에가 많아진다.

19. 누에를 올리려는 때에 떡을 찌어 섶을 줄 그 집에 두면 좋은 고치를 많이 거두게 된다.

20. 콩, 팥, 고추 세가지를 버무려서 섶을 줄 그 집 안에 던지면 고치가 단단하다.

21. 더러운 것을 보고 누에 먹이는 집안에 들어가면 누에가 부패한다.

22. 누에를 올린 후에 묵장을 남에게 주면 누에가 부패한다.

23. 누에를 쓸어 놓을(掃立) 날은 무진(戊辰), 임오(壬午), 갑오(甲午), 을사(乙巳), 정사(丁巳), 무오(戊午)일이 좋다고 하며, 3월에는 술진(戌辰), 4월에는 묘유(卯酉), 12월에는 자축(子丑)일에 소립(掃立), 교미(交尾), 제종(製種)을 꺼린다.

24. 잠실은 사 · 오 · 미(巳午未)년에는 축(丑)의 방향에, 신 · 유 · 술(申酉戌)년에는 진(辰)의 방향에 건축함이 불가하다. 만일 그 방향에 건축하면 봄의 지진이 있는 때 누에와 뽕나무와 함께 없어져 버린다.

25. 잠종은 외양간에 달아두어야 한다.

26. 누에를 먹이는 중에 금전을 출납하면 고치를 잘 짓지 못한다.

27. 개를 죽이고 그 고기를 먹은 후 뽕을 주면 누에가 다 죽는다.

제10절 농작물의 병, 해충 기타에 관한 미신

1. 정월 초하루날부터 보름까지 날씨가 좋으면 그 해에는 해충이 없고, 또는 곡일(穀日)에 머리를 빗으면 밭에 잡초가 난다.

2. 정월중 자일(子日)에 논밭의 두덕에 불을 놓으면 들쥐와 해충이 구제(驅除)된다.

3. 정월 초열흘 안에 무자(戊子)가 있으면 황충의 해가 있다.

4. 2월 초하루날에 찹쌀로 쥐의 형용을 만들어 삶아서 해오르는 방향에 달아두면 쥐의 해가 적어진다.

5. 2월 초하루날에 콩을 닦아(볶아) 먹으면 집과 논밭에 쥐의 해가 적어진다.

6. 목화꽃이 피는 시기에 비가 오면 새가 솜을 물어가지 않는다.

7. 동지에 몹시 추우면 그 이듬해에 충해가 적다.

8. 납일(동지 뒤의 세째 未日/편집자) 눈의 물을 담아 두었다가 이듬해에 곡식 종자를 담그면 충해를 당하지 않는다.

9. 겨를 온돌에 때면 벼의 꽃이 떨어지고 또는 충해가 많다.

10. 자기의 논밭 부근에서 남의 논밭의 병해를 말하면 거기에 전염된다.

11. 해충이 생긴 밭에서 해충을 태워 죽이면 해충이 다 도망한다.

12. 동지날에 눈이 많이 오면 그 이듬해에 해충이 없다.

13. 논밭에 해충이 생기는 때, 주인이 밤중에 논밭에 가서 방성통곡하면 해충이 없어진다.

제11절 전답 기타 제신(祭神), 또는 기원에 관한 미신

1. 정월 초하루날에 날씨가 맑기를 기원하나니, 그러면 풍년이 든다.

2. 정월 초하루날에 향불을 피우고 촛불을 켜놓고 술, 과실, 나물 등을 상 위에 갖추어 놓고 온집 식구가 모여 산하, 토시, 오곡의 신에게 곡물의 풍작을 기원한다.

3. 정월 보름에 논밭에 제사하면 해충을 막는다.

4. 2월 상술일(上戌日)에 농구(農具)에 제사하여 곡물의 풍작을 기원한다.

5. 봄의 사일(社日)에는 오곡의 신에게 제사하여 곡식의 풍작을 기원한다.

6. 2월 초하루날에 바람이 없기를 기원한다.

7. 봄에는 동방청제장군을, 가을에는 북방흑제장군을 제사하면서 그 해 농작물의 잘 되기를 기원한다.

8. 5월 5일에 잠신(蠶神)에게 제사한다.

9. 누에를 올린 후에 신에게 빌면 고치를 많이 딴다.

10. 8월 보름에 날씨가 흐리기를 기원하나니, 그러면 가을의 천기가 좋다.

11. 오이밭의 결과가 많기와 도적맞지 않기를 기원한다.

12. 가물 때에는 산에 올라가 기우제를 지낸다.

13. 농작물이 풍수하기를 두번 김맨 후에 제사하면서 기원한다.

14. 곡식이 익는 때에 전신(田神)에게 제사한다.

15. 천하대장군과 지하여장군은 그 촌의 수호신인데, 전염병이

돌 때에 그 신이 그것을 막아준다 하며, 또는 농작물의 신이라 하여 풍년이 든 때에는 풍년제를 드린다.

16. 새로 익은 곡식은 어느 것을 물론하고 먼저 신에게 제사하지 않으면 신이 노여워한다.

17. 가을의 사일(社日)에는 추수를 다함으로써 생고기와 술 따위의 음식을 갖추어 가지고 사창(司倉)의 신에게 제사한다.

18. 논밭에서 천제(天祭)를 지내면 풍년이 든다.

19. 질병이 있는 때, 사람이 통행하지 않는 곳의 제일 큰나무의 껍질을 벗기고 그 껍질의 액즙을 마시는데, 그 나무가 마르는 때에 병이 낫는다.

20. 전답의 신은 농민의 신이라 하여 5월에는 풍년들게 하여 달라고 제사하고, 8월 보름에는 새 곡식으로 떡을 만들어 제하고, 10월에는 곡식을 잘되게 하였다는 제사를 지낸다.

21. 동네에 가까운 산은 그 동네의 주산(主山)으로 하여 산신에게 제사한다.